왼손이 만든 **역사**

람세스에서 빌 클린턴까지, 위대한 왼손잡이들의 역사

왼손이 만든 역사

에드 라이트 지음 | 송설희 · 송남주 공역

말글빛냄

차례

머리말 | "세계 역사를 바꾼 위대한 왼손잡이들" 006

람세스 Ramses the Great 020

알렉산드로스 대왕 Alexander the Great 035

율리우스 카이사르 Julius Caesar 052

잔 다르크 Joan of Arc 065

레오나르도 다 빈치 Leonardo da Vinci 078

미켈란젤로 Michelangelo 093

라파엘로 Raphael 108

아이작 뉴턴 Isaac Newton 120

나폴레옹 보나파르트 Napoleon Bonaparte 133

베토벤 Beethoven 151

빅토리아 여왕 Queen Victoria 165

루이스 캐럴 Lewis Carroll 185

마크 트웨인 Mark Twain 198

Contents

프리드리히 니체 Friedrich Nietzsche   212

헨리 포드 Henry Ford   224

마리퀴리 Marie Curie   238

마하트마 간디 Mahatma Gandhi   253

찰리 채플린 Charlie Chaplin   270

베이브 루스 Babe Ruth   286

앨런 튜링 Alan Turing   300

지미 헨드릭스 Jimi Hendrix   313

폴 매카트니 Paul McCartney   328

빌 게이츠 Bill Gates   344

나브라틸로바 & 존 매켄로 Navratilova & John McEnroe   357

백악관의 왼손잡이 집단 The Lefty White House Cluster   375
_ 제럴드 포드 | 로널드 레이건 | 조지 부시 | 빌 클린턴

참고자료   397
찾아보기   400

"세계 역사를 바꾼 위대한 왼손잡이들"

Introduction

우리는 이 책을 통해 역사상 위대했던 인물들을 만날 것이다. 그리고 그들이 모두 왼손잡이였다는 사실에 놀랄 것이다. 이 책에 소개된 위대한 왼손잡이들이 없었다면 세상은 지금과 완전히 다른 모습이었을 것이다. 레오나르도 다 빈치와 미켈란젤로, 라파엘로가 없는 이탈리아 르네상스를 상상해보라. 뉴턴과 마리 퀴리가 없는 과학을, 마크 트웨인이 없는 미국 문학을, 앨런 튜링과 빌 게이츠가 없는 컴퓨터 산업을, 베이브 루스가 없는 야구를 상상해보라. 그뿐만이 아니다. 역사에 등장한 무수히 많은 왼손잡이 정치인들, 군인들, 지도자들 그리고 정복자들이 없었다면 역사는 시시해졌을 것이다. 그런데 아직까지 그 누구도 그들에 대해 말하지 않았다.

물론 왼손잡이들 중에는 세계 역사에서 불화를 일으킨 존재들도 많다. 이 책의 차례를 보기만 해도 역사를 통해서 왼손잡이들은 특별한 재능과 통찰력으로 자신의 뜻을 이루었음을 알 수 있다. 하지만 안타깝게도 왼손잡이들이 인류 발전에 기여한 업적에 대한 정당한 평가를 받지 못하는 것이 사실이다. 역사적으로 왼손잡이들은 줄곧 차별받아왔다. 마녀로 몰려 화형을 당하기도 했고 결혼 상대자로서 부적합하다고 거절당했으며 왼손으로 글씨를 쓰려 하면 등 뒤로 손이 묶이기도 했고 정통 신앙의 이름으로 매질을 당하기도 했다.

▶ 아이작 뉴턴(1643~1727). 만유인력의 법칙과 빛의 스펙트럼을 발견했으며 반사망원경을 완성했다.

왼손잡이에 대한 차별은 현존하는 가장 뿌리 깊은 편견 중 하나이다. BC 3000년경에 사용된 고대 인도-유럽어(proto-Indo European: 이 언어는 산스크리트어, 그리스어, 라틴어를 비롯해 대부분의 유럽 언어의 원류이다)에는 '오른쪽(의)'이라는 단어는 있었으나 '왼쪽(의)'이라는 단어는 존재하지 않았다. 몸의 왼편과 관련된 터부들 때문이었음이 분명하다. 그 이후의 언어들은 '왼쪽(의)'이라는 단어를 만들어냈지만 그 단어들은 대부분 불길하고 무서운 의미를 함축했다. 라틴어에서 왼쪽을 의미하는 'sinistre'에서 영어의 'sinister(불길한/나쁜/왼쪽의)'가 파생되었으며 오른쪽을 의미하는 'dexter'에서는 'dextrous(솜씨 좋은/영리한/오른손잡이의)'가 파생되었다. 그리스어의 'skaios'는 '왼손잡이의'라는 뜻 외에도 '불길한/서투른/불편한/꼴사나운'이라는 뜻도 있다. 원시 인도-유럽어에서 발생된 힌디어에서 왼손을 뜻하는 단어 'Ulta Haanth'는 말 그대로 '틀린 손'이라는 뜻이다. 프랑스어에서 왼쪽을 뜻하는 'gauche' 또한 영어에 전파되면서 '서투른(특히나 사회적 상황에 있어)'이라는 뜻을 갖게 된다. 프랑스어의 '오른쪽(의)'인 'droit'는 '법'을 뜻하기도 한다.

독일어의 경우 상황은 더 나빠진다. 'recht'는 '오른손잡이의/법/옳은'을 뜻하는 반면 'links'는 '왼손잡이의/약한'을 뜻한다. 영어에서는 '오른손잡이 right'들은 '권리rights'를 갖고, 그렇지 않은 사람들은 뒤에 처져 '남겨진다 left behind'. 영어 단어인 'left(왼쪽)'는 네덜란드와 독일의 북해안 지역인 프리슬란드 언어에 그 어원을 두고 있다. 영어 'left'의 어원인 프리슬란드어 'luf'는 '약함/쓸모없음'을 뜻하며 고대 영어의 'lyft'는 한때 'ädl'과 결합하여 '마비/중풍'을 뜻하는 단어를 형성했다. 이쯤 되면 왼손잡이들은 오른손잡이들보다 난독증에 걸리기 더 쉽다는 뜻이 된다. 그래서인지 많은 위대한 왼손잡이들은 수학이나 과학, 기술 또는 시각 미술 등 비언어적인 분야에서 두각을 나타냈는지도 모른다.

왼손잡이는 세계 인구의 약 10%를 차지하고 있다. 이런 비율은 역사와 문화를 막론하고 비교적 꾸준히 이어져온 것으로 보인다. 그러나 왼손잡이 차별이 특히 심한 곳에서는 자신이 왼손잡이임을 드러내려 하지 않는 경향이 강하게 나타난다. 그로 인해 타고난 왼손잡이들의 대부분이 차별의 압박에 굴복하여 오른손을 쓰게 된다. 그 예로 순종적 문화를 지닌 일본과 같은 경우 인구의 5%만이 왼손잡이로 추정된다. 거의 모든 문화권에 걸쳐 발견되는 왼손잡이에 대한 차별을 감안하면 역사 속에서 얼마나 많은 위대한 왼손잡이들이 간과되었는지 알 수 있다. 그들 중 다수가 왼손잡이임을 숨겼을 수도 있고 혹은 억지로 오른손을 썼을지도 모르며 혹은 아예 그 사실 자체가 기록되지 않아 당연히 오른손잡이로 여겨졌을 수도 있다(왼손잡이는 운이 좋다고 여겨졌던 고대 잉카 문화만은 예외이다). 인구의 약 10%가 왼손잡이로 집계되지만 남성의 경우 12%가 왼손잡이이며 여성은 8%만이 왼손잡이이다. 그러므로 남성이 왼손잡이가 될 확률은 여성보다 더 높다. 이 통계는 자궁 안에서 태아가 과도한 남성 호르몬에 노출될 경우 왼손잡이가 될 가능성이 높다는 가설을 뒷받침한다.

왼손잡이들은 모험 성향이 강하다. 아마 이것이 인류 업적의 연대기에서 왼손잡이들이 비정상적인 비율을 차지하고 있는 이유인지도 모른다. 그들은 모험을 무릅쓰고 또 가끔은 그 모험에서 성공을 거둔다. 그 모험은 알렉산드로스 대왕이나 나폴레옹의 경우처럼 전쟁터의 육체적 모험이 될 수도 있고, 철학자 니체처럼 정신적·지적 모험일 수도 있다. 역사적으로 이런 모험을 좋아하는 기질은 남성의 영역에 국한되었고 그 때문에 잔 다르크의 짧고 강렬한 삶이 그토록 두드러지게 된 것이다. 아마도 이런 경향은 출산 자체가 이미 엄청난 모험이기 때문일 수도 있다.

영장류 중에서 오직 인간만이 왼손잡이의 비율이 10%에 이르며 그 이유를 설명할 만한 과학적인 증거는 아직 밝혀지지 않았다. 인간을 제외한 다른 영장류 동물들은 오른손잡이나 왼손잡이의 비율이 대략 비슷하다. 오른손잡이의 우세는 언어의 사용이 뇌의 좌반구에 의해 행해지는 것과 관련이 있다는 주장이 있다. 또한 가위와 같이 복잡한 도구의 발전이 한 손을 다른 한 손보다 특화시키게 되었다는 가설도 있다. 그러나 어쨌든 인류역사상 이런 비율은 비교적 꾸준히 이어져 온 것으로 보인다. 그렇다면 도대체 왜 이런 비율이 존재하는 것일까?

한 이론에 따르면 주먹다짐에 있어서 '기습'의 이점을 지닌 왼손잡이들이 진화를 통해 그 명맥을 유지해올 수 있었다고 한다. 대부분의 사람들은 오른손으로 공격당할 것을 예상하기 때문에 왼손에 의한 공격에 대해서는 방어가 불리하기 때문이다. 그러나 너무 많은 수의 왼손잡이가 존재하게 되면 그런 예상치 못한 이점은 확연히 줄어들게 된다.

어느 정도의 범위까지는 이 이론이 테니스, 야구, 크리켓 등의 스포츠에 있어 왼손잡이 선수의 비정상적 비율을 설명할 수도 있다. 왼손잡이 선수는 동작의 각도가 완전히 다르기 때문에 공격을 예측하기가 어려워진다. 그러나 왼손잡이들이 물리적인 측면의 이런 유리함을 향유했다면 그들의 의식은 이런 유리함을 정신적 혹은 추상적인 측면에서도 유지하도록 진화해왔을 것이라고 반박할 수도 있다. 즉 왼손잡이의 예상을 깨는 능력은 주먹다짐이나 스포츠에만 국한되지 않는다는 말이다. 이 사실은 알렉산드로스 대왕이나 나폴레옹과 같은 군사적 천재들의 삶에서 엿볼 수 있다. 그들은 전장에서 의외의 전략으로 적군의 허를 찌르는 능력으로 큰 성공을 거두었다. 더 나아가 왼손잡이의 이런 기습 능력은 삶의 다른 영역에서도 구태를 타파하는 방식으로 전환된다. 철학자인 발터 벤야민Walter Benjamin이 "결정적인 타격은 모두 왼손으로 행해졌다"고 말한 것도 같은 맥락이다. 이 책의 위대한 왼손잡이들 모두는 아니지만 대부분은 획기적인 수단을 취했다. 그들은 세상을 깜짝 놀라게 하고 변혁을 일으킨 주역이었고 인류 삶의 방향을 수정한 주인공들이었다.

"오직 왼손잡이들만이 제정신이다"라는 표현이 있다. 여기서 '제정신right mind'은 '오른쪽 정신'이라는 뜻이 된다. 이는 몸의 왼편은 뇌의 우반구가 통제하기 때문이다. 그러므로 신경학적 관점에서 왼손잡이들은 우뇌지배형이 되기 쉽다. 많은 연구를 통해 좌뇌와 우뇌는 각각 다른 인지능력을 수행한다는 것은 익히 알려진 사실이다.

우뇌는 지각능력에 있어 주로 시각과 공간의 영역을 주관한다. 일례로 건축가 중에는 왼손잡이가 많기로 유명하다. 특화된 시각-공간 능력은 여러 분야에서 이점이 될 수 있다. 예를 들어 시각 미술(다 빈치, 미켈란젤로, 라파엘로)부터 산업디자인(헨리 포드), 스포츠(베이브 루스, 마르티나 나브라틸로바, 존 매켄로) 그리고 전쟁터(나폴레옹은 지도를 시각화하는 데 뛰어난 능력이 있었다)와 같은 분야까지도 포함된다. 이 능력은 또한 추상 시각화의 능력과도 연관이 있으며 이 때문에 종종 수학적 천재를 낳기도 한다. 이 책에 소개된 이들 중 1/4 이상이 —다 빈치, 뉴턴, 나폴레옹, 루이스 캐럴, 마리 퀴리, 앨런 튜링, 빌 게이츠 등— 수학에 뛰어난 재능을 보인 인물들이었다.

수학적 능력과 음악적 능력 사이의 연관성 또한 쉽게 짐작된다. 공감각 현상에 대한 최근의 연구에 의하면 두 가지 능력 모두 두뇌의 특화된 시각-공간 능력과 연관이 있다는 점이 증명되었다. 그렇다면 이 책에 소개된 위대한 왼손잡이들 중 다수가 과학자이거나 시각예술가, 수학자, 음악가라는 사실은 더 이상 놀랍지 않다.

그러나 뇌의 양 반구의 기능은 단지 좌뇌지배형이냐 우뇌지배형이냐의 구분보다 더 복잡하다. 이는 특히 왼손잡이의 경우에 해당된다. 크리스 맥마너스Chris McManus는 그의 저서 〈오른손과 왼손Right Hand, Left Hand〉에서 거의 대부분의 오른손잡이들은 좌뇌지배형이지만 왼손잡이들의 경우는 조금 더 복잡하다고 주장한다. 그 예로 오른손잡이의 95%는 좌뇌에 의해 언어능력이 지배당하지만 왼손잡이의 경우 70%만이 언어능력이 좌뇌에 지배당한다. 맥마너스는 왼손잡이들이 평균적으로 오른손잡이들보다 뇌 사용의 가변성이 더 뛰어나다는 점을 지적한다. 즉 왼손잡이들은 신경학적 관점에서도 모험가인 셈이다. 왼손잡이들의 두뇌는 애초에 남들과 다르도록 설계되어 있다. 이는 그들이 변화의 선구자이거나 아니면 현상 유지의 방해꾼이 될 가능성이 더 높

☞ 이 책에 등장하는 위대한 왼손잡이들의 대부분은 관습적으로 옳다고 생각되는 행동을 하지 않았다. 그들은 인류 역사의 진로를 바꿨고, 세상을 전환시켰으며, 놀라운 변화를 이끌어냈다.

은 이유로 해석된다.

왼손잡이들의 이러한 선천적인 차별성은 그들에게 들어맞지 않는 세상에서 살아가야 하는 상황 때문에 더욱 강화된다. 사회의 강요에 좌절한 몇몇은 사회를 향한 저항자가 되기도 하지만 나머지 왼손잡이들은 그들의 특별함을 자유롭게 펼칠 수 있는, 주로 고독한 분야를 피난처로 삼아 천재성을 쏟아 붓는다. 그러나 평범한 왼손잡이들은 종종 모든 것이 그들에게는 반대 방향인 세상에 적응해야만 한다. 그것이 병따개든 가위든 톱이든 왼손잡이들은 사용 자체에 장애를 느껴야만 한다. 이런 현실 때문에 오른손잡이에 비해 왼손잡이의 의식은 환경에 적응하는 데에 더 잘 훈련되어 있다.

우리는 주위 세계를 모방하면서 학습하며, 대부분은 오른손잡이들을 모방하게 되는데 이런 학습은 왼손잡이에게는 일련의 전환 과정과 적응을 요구한다. 그것은 순전히 별도의 인지 단계를 거치는 번거로운 일이다. 그러므로 왼손잡이들은 요구되는 행동이 무엇인지에 대해 더 집중해서 풀어내야 한다. 아마 이 때문에 배우들 중에 왼손잡이가 많은지도 모른다. 이러한 별개의 인지 단계 학습은 이 책에 실린 왼손잡이들에게서 주로 발견되는 '수평사고'를 발생시키는 데에 기여한다.

특징과 해설

위대한 왼손잡이들의 성격과 업적을 파헤치다 보면 어떤 특성이 왼손잡이에게서 뚜렷이 나타나는 경향이 있다. 각 인물의 소개에서 설명되겠지만 모든 왼손잡이들이 그러한 특성 모두를 공통적으로 가진 것은 아니다. 그러나 대부분 그런 특성의 다양한 결합을 보여준다. 많은 경우 개개인의 환경에 따라 잠재된 재능이 발견되고 확장된다. 이런 특징들은 물론 왼손잡이들에게만 국한된 것은 아니지만 이 왼손잡이들은 놀랄 정도로 그러한 재능을 부여받았다.

◀ 테니스 선수 마르티나 나브라틸로바. 그녀는 메이저 대회에서 단식 우승 18회, 복식(혼합복식 포함) 우승 40회의 대 기록을 보유하고 있다.

이 사실이 시사하는 바를 우리는 놓쳐서는 안 된다. 이 책 〈왼손이 만든 역사〉를 읽으면서 '왼손잡이의 공통점'에 주목할 때 우리는 다양한 왼손잡이들의 명백하고도 놀라운 연결점을 찾을 수 있다. 나아가 우리의 운명을 결정지은 많은 위대한 왼손잡이들에 대해 배우게 된다.

직관력 | 왼손잡이는 상황을 파악하거나 문제를 해결하는 데에 있어 특별한 직관, 인식 능력을 보여준다. 이는 관습적인 단계를 뛰어넘어 문제의 핵심에 도달하고 주위를 놀라게 하는 예상치 못한 해결책을 제시하는 능력이다. 그 능력은 알렉산드로스 대왕의 경우 전쟁 전술이었으며 뉴턴의 경우 수학적 구조에 대한 깊은 애정이었으며 헨리 포드의 경우 전수받은 지혜를 효과적인 방법으로 재배치하는 능력이었다. 왼손잡이의 직관력은 그들의 학습과정의 일부였던 특별한 인지 단계의 결과물일 수도 있다. 오른손잡이들의 세상에 적응해야만 하는 상황이 그들로 하여금 자신에 대한 자각을 더욱 강화시켰기 때문이다.

감정이입 능력 | 어떤 왼손잡이들은 자신의 직관력을 자기 자신 혹은 수학적, 음악적 영역에 쏟아 붓지만 다른 왼손잡이들은 이 능력을 타인을 이해하기 위해 사용한다. 이 능력은 오른손잡이 사회의 권력층에 참여하려는 왼손잡이들에게서 특히 잘 관찰된다. 알렉산드로스 대왕은 카이사르처럼 원할 때마다 그 능력을 발휘할 수 있었다. 찰리 채플린이나 빌 클린턴 또한 같은 능력으로 유명하다. 이러한 감정이입 능력은 그 밑바탕에 자리한 무자비한 야망의 위장 수단이 되기도 한다.

시각·공간 능력 | 주로 우뇌지배적인 위대한 왼손잡이들은 시각·공간 개념의 영역에 있어서 뛰어난 재능을 타고났다. 앞에서 설명한 것처럼 이 능력은 주로 수학적 재능, 음악적 재능과 관련이 있다. 왼손잡이의 특성 중 가장

▶루드비히 반 베토벤은 삶의 꽤나 긴 기간 동안 청력 상실에 고통받으면서도 위대한 음악을 작곡해 냈다.

신경학적인 이 특성은 예술, 과학, 전술의 분야에 주로 적용된다.

수평사고 | 수평사고는 인습적이지 않은 연결고리를 만들어내는 능력이다. 이는 은유의 성질과도 관련이 있는데, 같은 사물을 전혀 다른 시각에서 볼 수 있는 능력이기 때문이다. 우리는 왼손잡이의 두뇌가 작용하는 방식이 좀더 다양하다는 것을 알고 있다. 그렇다면 왼손잡이들은 생각하는 방식 또한 다양하다고 짐작할 수 있다. 같은 사물을 다른 시각으로 보는 능력은 뉴턴을 통해 이미 입증되었다. 뉴턴은 과수원의 나무에서 사과가 떨어지는 움직임을 관찰함으로써 천체 운동을 시각화시킬 수 있었다. 또한 알렉산드로스 대왕의 경우 들판에 세워진 변사들의 천막을 보고는 그것을 뗏목의 소함대로 변형시켜 군대가 강을 건너 적군을 무찌를 수 있게 했다.

왼손잡이 천재들의 특징으로 두드러지는 두 가지 종류의 수평사고는 적응적 수평사고와 변형적 수평사고이다. 적응적 수평사고는 오른손잡이 세계에 적응하고 그 세계를 이용하는 방법을 배워야만 하는 필요에서 발생했다. 이 때문에 왼손잡이들은 상황의 요구에 따라 카멜레온처럼 변할 수 있는 능력을 지니게 되었다. 변형적 수평사고는 이 능력의 강화된 변형이라고 할 수 있다. 이 종류의 수평사고는 배우 중에 왼손잡이가 많은 이유가 되기도 한다. 자신이 아닌 다른 사람이 되는 것은 모방 뒤에 따르는, 자기 자신을 변화시키는 능력을 요하기 때문이다.

다른 시각에서 논하자면, 이러한 변환에 대한 욕구는 왼손잡이들이 자신에게 맞지 않는 세상에 살고 있다는 사실 때문에 더욱 강해진다고 할 수 있다. 극단적인 경우 이런 욕구는 강박관념에 사로잡힌 정복자들의 건설적인(동시에 파괴적인) 원동력이 되기도 한다. 그 예로 알렉산드로스 대왕이나 나폴레옹과 같은 경우 일단 권력을 손에 넣자 세상을 완전히 뒤바꾸고자 하는 불가능한 목표에 착수했다.

◀지난 일곱 명의 미국 대통령 중 네 명이 왼손잡이였다. 1993년부터 2001년까지 재임한 42대 대통령 빌 클린턴도 그 중 한 명이다.

화를 잘 내는 성격 | 이는 부정할 수 없는 사실이다. 많은 왼손잡이들은 성격이 사납다. 알렉산드로스 대왕부터 존 매켄로까지, 그들은 유치한 성내기부터 냉혹한 전장의 분노까지 분노의 다양한 스펙트럼을 보여준다. 이는 왼손잡이들이 그들의 삶에서 마주치는 차별에서 비롯된 것일 수도 있지만 극복해야 할 또 다른 장애이기도 하다. 이것은 또한 자궁에서 남성호르몬에 과도하게 노출되면 왼손잡이가 된다는 이론과도 관계가 있을 수 있다.

고독 | 당신이 세상에 맞추기 어렵다고 느껴질 때, 당신을 제외한 나머지는 아예 존재하지도 않는다는 듯이 행동하는 것도 한 방책이 되기도 한다. 베토벤, 니체, 미켈란젤로, 뉴턴, 앨런 튜링, 루이스 캐럴, 잔 다르크 모두 이러한 고독한 왼손잡이에 속한다. 다 빈치와 빌 게이츠 또한 이런 성향을 보인다.

인습타파 | 앞에서 강조했듯이 왼손잡이들은 타고난 변화의 주역이다. 그들은 전통과 법을 멀리하고 자신만의 규범에 따라 행동한다. 많은 왼손잡이들이 현재의 사회적, 지적 구조를 질색해 하며 그런 구조를 무너뜨리고 자신만의 개성을 꽃피울 자리를 찾으려 한다.

독학 | 학교에서 낙제하는 것이 당신에게 낭떠러지 끝에 서 있는 만큼이나 절망이라면 이 책을 읽고 다시 생각하길 바란다. 역사의 위대한 인물들 중 몇몇은 학업에 절망적일 정도로 소질이 없었다. 앨런 튜링과 같은 경우는 복잡한 수학 과목을 듣느라 다른 과목을 무시해 곤경에 빠지기도 했다. 마크 트웨인, 헨리 포드, 잔 다르크, 찰리 채플린은 제대로 된 교육을 거의 받지 못했다. 그러나 그들의 공통점은 책을 통한 것보다 경험을 통한 학습에 영향을 받았다는 점이다. 경험은 이론보다 더 가치 있는 법이다. 이러한 특성은 자연에 대한 다 빈치의 태도에서도 발견되며 이론보다는 실험을 더 중시했던 마리 퀴리 또한 지니고 있었다. 마크 트웨인의 작품에 쓰인 '진짜 미국 영어'와 지미 헨드

릭스의 기타 연주도 그 예가 된다.

실험정신 | 인습타파주의와 실험정신, 독학과 수평사고의 결합은 왼손잡이들이 규칙을 지키는 것보다 "만약…… 하다면?"이라는 신조에 따라 행동하게 만든다. 나아가 그런 궁금증을 해결하기 위해 직접 시도를 한다. 이 특성은 왼손잡이의 타고난 변화주도적인 성격과 관련이 있다.

공상가 | 왼손잡이의 가변적인 사고방식은 커다란 성공을 이끌어낼 수도 있지만 더 커다란 실패작을 만들어낼 수도 있다. 독특함 그 자체는 성공을 보장해주지는 않기 때문이다. 상상하는 변화가 항상 가능성의 범위 안에 존재하는 것은 아니다. 그러나 가능한 변화가 보통 여러 세대에 걸쳐 일어나는 반면, 주어진 현실을 뛰어넘는 힘을 가진 왼손잡이들은 가끔 불가능해 보이는 것을 단기간에 현실로 만들어낸다. 또 다른 경우에 공상은 자신을 돌아보는 거울이 되기도 한다. 그것은 말 그대로 오른손을 바라보는 왼손이다.

Ramses the Great

이집트에는 람세스라는 이름의 왕이 13명이 있었지만 오직 왼손잡이에 빨강머리였던 람세스 2세만이 람세스 대왕의 칭호를 받았다. 기원전 1279년, 아버지인 선왕 세티 1세Seti I에게서 왕위를 물려받은 19대 왕조의 파라오 람세스 2세는 히타이트족에 맞서 용감하게 싸웠다. 가장 유명한 전투는 카데시Kadesh 전투로 나일왕국의 영토를 확장시켰다. 람세스 2세는 인류 역사상 처음으로 히타이트족과 평화조약이라는 것을 맺기도 했는데, 그 조약에서는 현대의 평화조약에서도 나타나는 비슷한 부분을 찾을 수 있다.

당시의 이집트인의 수명이 평균 30~40세 사이였던 것을 감안할 때 67년에 걸친 그의 통치는 놀라운 것이었다. 그 때문에 가능했던 정치적 안정이 나일왕국에 엄청난 번영을 가져다주었다. 이런 부를 토대로 람세스 2세는 모든 고대인들에게 알려진 가장 뛰어난 기념물들을 지었다. 그는 또한 하렘의 수많은 아내들과의 사이에서 100명에서 400명 사이의 엄청난 수의 자식을 두었는데 그의 장수 때문에 그의 자식들 중 다수가 그보다 먼저 사망했다. 그의 왕위를 물려받은 것은 열세 번째 아들인 메렌프타Merenptah였다. 람세스 2세의 위대한 파라오로서의 명성은 수천년을 이어 내려온다. 1976년에 그의 미라가 세균처리를 위해 이집트에서 파리로 수송되었을 때 공항에는 프랑스의 친위대 전

▶이집트 고대 도시 테베Thebes의 룩소르에 있는 람세스 조각상. 람세스 2세는 위대한 파라오로 전해진다.

체가 그를 명예롭게 맞이했다.

집권 초기 | 람세스 2세는 명문 군인집안 출신으로 19대 왕조의 세 번째 파라오였다. 19대 왕조는 18대 왕조의 마지막 파라오 호렘헤브Horemheb가 세운 것으로 그는 자식이 없어 장군인 람세스 1세를 후계자로 삼았는데, 그 이유는 람세스 1세에게는 그의 뒤를 이을 후계자인 아들 세티Seti가 있어 안정된 정권을 유지시킬 수 있었기 때문이었다. 그러나 람세스 1세는 공동 통치자였던 아들이 왕권을 물려받기까지 2년 밖에 통치하지 못했다. 세티는 그의 아들인 람세스 2세를 어린 나이에 군대에 입대시켰다. 공식 기록에서마저도 고대 이집트인들은 뽐내기를 좋아했지만 상형문자 기록에 따르면 람세스 2세는 전장에서 용맹을 떨쳤으며, 10세의 나이에 사령관이 되었다. 그의 나이 14세일 때 세티는 그를 공동 통치자로 임명했으며 BC 1279년에 세티가 사망하자 람세스는 20대 초반의 나이로 파라오의 자리에 등극했다.

혁신적인 파라오 | 시작부터 람세스는 혁신적인 파라오였다. 그가 처음 맞닥뜨린 도전 중 하나는 해적들이었다. 터키 해변에서 건너온 해적들은 샤르다나 해안을 무차별 침략해 이집트의 지중해 무역에 큰 문제를 일으키고 있었다. 람세스는 통치 2년째에 지중해를 바라보는 이집트 해안에 해군을 배치시키고 후방에 기병대를 주둔시켜 해군을 지원토록 했다. 그는 해적들의 공격에 맞상대를 하는 대신 서서히 뒤로 물러나 안으로 유인했다. 그리고는 역습을 개시해 그들을 단번에 패퇴시켰다.

승리를 거둔 람세스는 왼손잡이의 전형적인 수평사고를 발휘했다. 그들을 학살하거나 누비아의 금광에 보내 노역을 시키는 대신 해적들을 자신의 용병으로 고용한 것이다(물론 충성을 맹세토록 하기 위해 가족을 인질로 잡아두었을 것이다). 해적들의 곧은 검과 뿔 달린 투구, 둥근 방패는 카데시 전투를 포함한 다양한 전투에서 큰 역할을 했다.

그 후 몇 년 동안 람세스는 현재 알렉산드리아 지역의 북동쪽에 일련의 군 기지를 우물곁에 세움으로써 자급자족이 가능하게 했다. 이로써 이집트는 그 지역에서 세력을 확장하고 있던 리비아의 약탈 무리들로부터 나라를 지킬 수 있었다.

카데시 전투 | 람세스가 치른 전쟁 중 가장 유명한 것은 카데시 전투이다. 이 전투는 람세스의 변덕스러운 왼손잡이 기질의 장점과 단점 모두를 단적으로 보여준다. 선왕인 세티는 통치 초기에 터키에 본거지를 둔 히타이트족들을 내쫓고 시리아에서 꽤 넓은 영토를 획득했다. 그러나 그가 죽자 히타이트족들은 이 영토를 회복하면서 도시국가 아무루(Amurru: 현재 레바논에 위치)와 카데시(현재 시리아에 위치)의 요새화된 도시를 탈환했다. 카데시에는 많은 보물들이 지켜져 오고 있었다.

통치 5년째에 람세스는 이 지역을 재탈환하기 위해 20,000명의 군사를 배치했는데 이 군사는 이집트 신의 이름을 따 아문Amun, 레Re, 프타Ptah, 세트Seth 네 부대로 이루어졌다. 그들은 남부 시리아의 베카 계곡을 지나 가나안 해안으로 행군해 남쪽으로부터 카데시에 접근했다. 부대는 카데시에 접근하면서 잠복하던 두 명의 베두인을 생포하여 심문했다. 그들은 람세스에게 히타이트의 왕 무와탈리스Muwatallis의 부대는 아직도 북쪽으로 190km나 떨어진 곳에 있다고 알려주었다. 유리한 입장에 있다고 판단한 람세스는 아문부대를 카데시로 파견했다. 람세스와 그의 엘리트 부대가 도시의 북서쪽 가장자리에 기지를 세우기 위해 먼저 출발한 사이에, 거대한 규모의 적군과 맞닥뜨리리라는 것을 예상치 못한 세 부대는 뒤에 남았다.

역사적으로 위대한 왼손잡이 군사 지도자들의 특징인 전략에 대한 직관력보다 람세스의 성급한 왼손잡이 기질이 그의 피를 더 달구었다. 람세스의 부대가 기지를 세우자마자 그들은 히타이트의 스파이 두 명을 더 생포했다. 그러나 그들에게서 얻어낸 정보는 이전에 붙잡은 두 명의 실토가 거짓이었음을 알려주었다. 약 37,000명으로 이루어진 히타이트의 부대는 기습공격을 하기 위해 이미 카데시 배후에 주둔하고 있었다. 람세스는 다급하게 세 부대에게 소식을 전하고, 그의 여러 후궁을 포함한 원정대의 비전투원 무리를 안전한 지역으로 대피시키려 했다.

그러나 경고는 너무 늦게 도착했다. 레 부대가 왕의 기지에 도착할 즈음, 명성이 자자한 히타이트의 전차부대 2,500대가 기습했고 대량 학살이 일어났다. 히타이트의 전차부대는 이집트군의 전선을 무너뜨린 뒤 기지를 공격하기 시작했고 아문부대는 전멸의 위기에 처했다. 람세스는 '전장에서 포획된 이집트의 첫 파라오'가 되어 치명적 불명예로 기록될 순간에 처했다. 그러나 상황에 굴복하지 않는 람세스는 전차에 올라 친위대를 이끌고 히타이트군에게 반격을 가했다. 히타이트군은 이미 승리의 노획물을 즐기고 있던 터였다.

그러나 람세스는 용맹하게 싸웠고 병사들을 격려했으며, 곧 시리아 해안에서부터 샤르다나 해적 용병을 포함한 지원 부대가 도착하기 시작했다. 공격의 흉포함에 놀란 히타이트군은 혼란에 빠졌고 죽음을 모면한 병사들은 본대가 주둔하고 있던 비교적 안전한 오론테스 강 건너로 헤엄쳐 달아났다. 두 군대는 어두워지자 전투를 중지했다.

다음날 서로를 마주하고 진열을 가다듬었을 때 두 군대가 예상할 수 있는 결말은 대량의 죽음과 지루한 교착 상태였다. 두 군대 모두 그러한 상황은 피하고 싶었기에 곧 휴전이 맺어졌다. 람세스는 자신의 군대의 2배 규모를 갖춘 군대를 상대로 —완전하지는 않지만— 승리를 거두고 적을 물리친 것이다. 이러한 승리는 그의 왼손잡이 기질에서 오는 용감성과 초인적인 맹렬함 덕이었다.

평화시대의 번영 | 카데시 전투 이후부터 히타이트의 왕 무와탈리스의 임종까지 어색한 평화가 이집트와 히타이트 사이에 유지되었다. 무와탈리스가 죽자 그의 막내아들 무르실리 3세Mursilli III가 왕위를 물려받았는데 그는 국민에게 인기가 없었으며 삼촌인 하투실리 3세Hattusili III에 의해 폐위될 때까

지 겨우 7년을 통치했다. 무르실리 3세는 시리아로 망명했다가 이집트의 왕궁에서 은신처를 구하려 했으며 자신을 쫓아낸 삼촌에게 가능한 한 최대의 손실을 입히려 했다. 이후에 그는 사이프러스로 망명했다.

하투실리는 람세스 2세에게 조카의 추방을 끊임없이 요구했으나 람세스는 이를 거절했다. 그 결과 두 왕국 사이에 다시 전쟁이 발발할 것처럼 보였다. 그러나 양쪽의 군대는 자존심의 문제보다 더 심각한 실질적 영토 분쟁 때문에 이미 출정을 한 상태였다. 이집트는 리비아에 대항해 전쟁 중이었으며, 히타이트는 아시리아와 전쟁 중이었다. 전쟁 대신 두 국가의 외교관은 2년에 걸쳐 회합을 가졌으며 그 결과 역사상 첫 평화협정이 맺어졌다.

오늘날 이스라엘, 레바논, 시리아에 해당하는 이 영토를 두고 싸우던 이집트와 히타이트가 평화를 위해 적대 감정을 버린 것은 대단한 일이었다. 게다가 이 지역이 전 세계에서 가장 원한이 끊이지 않는 지역이며 '눈에는 눈 이에는 이' 방식이 철저히 실현되고 있는 곳임을 감안하면 더욱 그렇다. 양쪽 왕 모두가 수평사고를 발휘했기에 평화조약이 가능했으며 이후 40년 동안 람세스 2세가 통치하는 사이 두 국가는 평화롭게 공존했다.

조약은 18개 조항으로 이루어졌는데 첫 조항은 비폭력에 관한 사항이었다. 그 다음의 두 개 조항은 자신들의 나라에 제3세력에 의한 침략이 일어날 경우를 대비한 상호동맹이었다. 그 뒤의 세 조항은 왕위나 후계자를 전복하려는 내부 시도가 있을 시에 다른편의 왕이 지원하기 위해 직접 출정한다는 내용이었다. 그 뒤에 이어지는 10개의 조항은 한쪽의 망명자를 다른 한쪽에서 받아주지 않으며, 그들을 체포하고 시민답게 대해주며 어떤 결과가 망명자를 기다리든 원래의 국가로 돌려보낼 것을 약속하는 것이었다. 마지막 두 조항에서는 이 조약을 깨뜨릴 때 제재를 하기 위해 입회인과 보증자로서 양 국가의 1,000명의 신을 언급했다.

이집트의 위대한 신들과 히타이트의 위대한 신들께서는 이 은빛 현판에

◀아부 심벨 신전의 거대한 람세스 2세 조각상.

▶아부 심벨 신전의 벽화. 람세스 2세가 라Ra 신에게 공물을 바치고 있다.

새겨진 약속을 지키지 않는 자들의 집과 나라와 그들의 신하들을 전멸시킬 것이다.

이집트는 카데시와 아무루에 대한 권리를 포기해야 했지만 이 조약을 통해 히타이트 영토 내에서 이집트인들의 통행권과 교역권을 보장받았다. 나아가 지중해에 접한 우가리트 항구까지의 통행권도 부여받았다. 이 평화조약은 람세스 2세가 히타이트 영토를 탈환하려고 계속 시도했다면 얻기 어려웠을 번영을 그의 통치 기간 내내 유지하는 데에 큰 도움이 되었다. 이는 람세스 2세가 수평사고를 발휘한 단적인 예로 들 수 있다.

그러나 평화는 쉽게 유지되지 않았다. 추방된 무르실리 3세가 이집트에 있다는 자체가 문젯거리가 되었다. 히타이트는 '망명자의 인도' 조약이 소급력이 있다고 생각했으나 람세스 2세는 그렇지 않았다. 람세스 2세는 훌륭한 이집트인 의사 세 명을 히타이트로 보냈으나 답례로 겨우 불구인 신하 한 명만을 받았을 뿐이라고 불평했다. 그러나 조약이 맺어진 뒤 13년이 지나 히타이트 왕이 그의 아름다운 딸들 중 한 명을 람세스 2세에게 보내 결혼시켰고, 그 딸과 지참금이 마음에 들었던 람세스 2세는 히타이트 왕의 딸 두 명과 더 결혼했다. 왕족간의 결혼은 동맹을 더욱 강화시켰고, 소아시아의 왕이었던 미라 Mira가 히타이트에 대항하기 위해 람세스 2세에게 접근했을 때 람세스 2세는 "오늘날 이집트의 왕과 히타이트의 왕 사이에는 형제애가 있다"고 말하며 퇴짜를 놓았다.

기념물 짓는 남자 | 이집트 파라오들의 주요 업무 중 하나는 기념물 건설이었다. 람세스 2세는 60년이 넘는 긴 기간을 통치했기 때문에 더욱 많은 기념물을 건설했다. 그가 남긴 기념물의 압도적인 양은 그가 역사적으로 널리 알려지게 된 데에 기여했다. 그러나 그의 모습이 그토록 많은 유적에 남겨졌음에도 불구하고 다른 파라오들에 비해 대부분 조잡했고 석조물은 아버지인 세

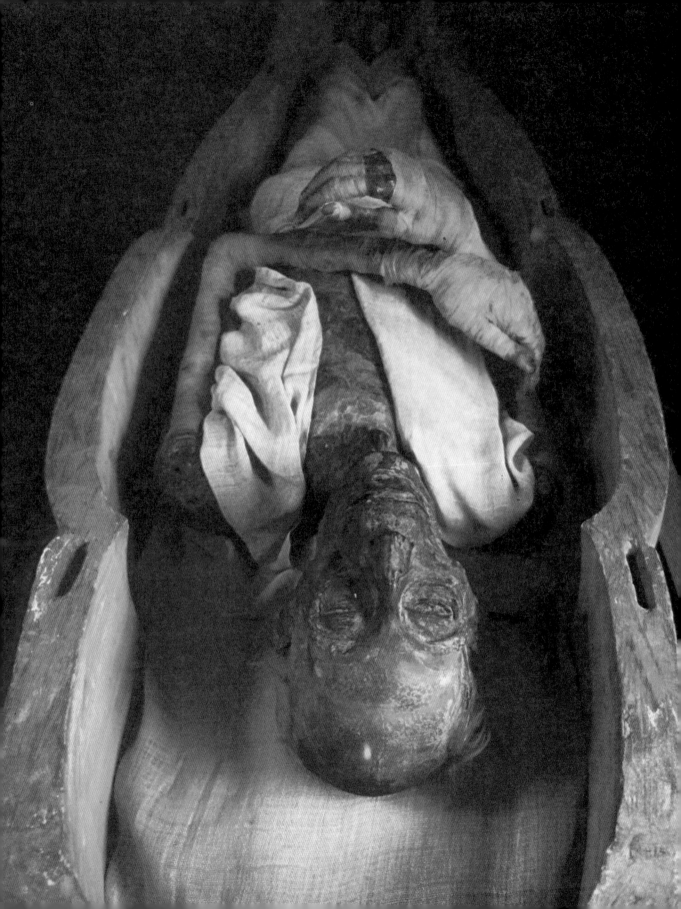

티왕 시절만큼 훌륭하지 못했다. 카데시 전투에서 적의 계략에 넘어간 왼손잡이 특유의 성급함은 그의 기념물에서도 엿보인다.

알렉산드로스 대왕처럼 람세스 2세도 자신의 사명을 서두르는 사람이었다. 그처럼 오랫동안 장수하리라고 생각하지 않았기 때문이었을 수도 있다. 게다가 기념물을 축조하는 데에는 꽤 긴 시간이 소요되기 때문에 파라오들은 보통 왕위에 오르자마자 자신의 무덤을 짓기 시작한다. 람세스 2세는 기념물을 짓는 일에 있어 만족을 몰랐다. 그러기에 그는 통치 기간 동안 고대 유물 중 몇몇의 훌륭한 기념물을 지었을 뿐만 아니라 자신의 이름을 딴 피람세스 Piramses 수도를 통째로 건설했다.

이집트를 연구하는 학자들은 종종 람세스 2세는 '질보다 양'에 치중했다고 말한다. 그는 기념물 건설에 대한 욕망을 해결하기 위해 전쟁포로들을 노역 노예로 활용했다. 그는 사원의 비문과 조상의 모습을 새기는데 있어 양각부조를 음각부조로 바꾸었다. 양각부조는 섬세하고 시간이 오래 걸리며 배경에서 모습이 뚜렷이 도드라지는 반면 안으로 새기는 음각부조는 훨씬 적은 시간이 걸리기 때문이었다. 이 기술을 도입한 또 다른 이유는 일단 음각부조로 돌에 상을 새기고 나면 그것을 훼손하거나 바꾸기가 어렵기 때문이었다. 람세스 2세가 이것을 생각해낸 데에는 그만한 이유가 있었다. 그는 다량의 기념물을 건설했을 뿐 아니라 이전 파라오들이 지어놓은 기념물들을 재활용했기 때문이었다. 이런 손쉬운 지름길을 택하는 그의 성향에서 다시금 왼손잡이의 격한 성미와 부족한 인내심을 발견할 수 있다. 그가 활용한 이기적인 방법 중 하나는 석공들이 선조들의 조각상에 올라가 원래의 상을 깎아내고 자신의 모습을 새기게 하는 것이었다. 이것은 인습타파, 성상 파괴주의에 대해 우리가 생각해낼 수 있는 가장 구체적이고 확실한 방법이다.

람세스 2세는 자신을 불멸의 존재로 남기는 다른 방법에도 실험적인 시도를 보여주었다. 그가 남긴 가장 인상적인 기념물 중 하나는 이집트와 누비아 Nubia 근처 나일 강변에 위치한 아부 심벨Abu Simbel에 자신과 자신이 가장

◀ 18/1년에 발굴된 람세스 2세의 미라에서는 그의 대략적인 얼굴 윤곽을 확인할 수 있다. 카이로의 이집트 박물관에 보관되어 있다.

아긴 아내 네프리타리Nefretari를 위해 지은 신전이다. 이 신전의 색다른 점은 자신의 모습을 담은 거대한 네 개의 조각상이다. 람세스 2세는 이런 종류의 작업을 위해 보통 사용되던 수입산 화강암 석판을 사용하는 대신 절벽 표면에 직접 상을 새기는 특이한 방법을 채택했다. 각 조각상은 높이가 20m에 다다르며 신전 전체를 짓는 데에는 20년이 넘게 걸렸다. 아부 심벨의 조각상들은 이후 러시모어Rushmore 산에 새겨진 미국 대통령들의 거대한 조각상을 짓는 데에 영감이 되었다. 러시모어 조각상 또한 3,000년 전에 만들어진 람세스 2세의 조각상과 비슷한 크기였다.

비록 람세스 2세가 기념물을 제작하는 데에 성급하기로 유명했지만 그가 남긴 많은 기념물들은 인류의 보물로 이어져 내려오고 있다.

왼손잡이들의 공통점

～

1. 람세스 2세는 샤르다나 해적을 사로잡아 용병으로 삼았다. 그러나 고대의 또 다른 강력한 왼손잡이 통치자인 카이사르를 대적한 해적들은 그다지 운이 없었다. 그들은 생포된 뒤 현상금이 걸린 채로 놓아졌고, 카이사르는 그들의 은신처 섬까지 쫓아가 보물을 빼앗은 뒤 모두 사형시켜 버렸다.

2. 카데시 전투에서 람세스 2세가 드러낸 성급함은 프랑스의 성녀 잔 다르크도 지니고 있었다. 그녀는 오를레앙의 불리한 상황에서도 일종의 성령에 의해 프랑스군을 승리로 이끌었다. 그러나 같은 시도를 다시 감행했을 때 그녀는 체포되었고 영국군에게 넘겨진 뒤 화형대에서 생을 마감했다.

3. 람세스 2세는 히타이트와 평화조약을 맺은 이후로 46년을 더 통치했으며 그 기간은 눈에 띄는 번영과 평화의 시대로 기록된다. 그는 호전적인 기질이 강했으나 자신의 영토에 번영을 가져오기 위해 그 성격을 가라앉혔다. 그것만으로도 그의 통치는 19세기 영국의 빅토리아 여왕과 비슷한 점이 있다. 그녀 또한 전쟁을 좋아했음에도 불구하고 63년의 통치 기간 동안 평화로운 번영을 유지했다.

4. 람세스 2세는 굉장히 특이한 그룹인 '빨강머리의 왼손잡이'에 속한다. 나폴레옹, 니콜 키드먼Nicole Kidman(배우), 로버트 레드포드Robert Redford(배우), 마크 트웨인, 존 라이든(John Lydon: 조니 로튼 Johnny Rotten으로 더 잘 알려진 '섹스 피스톨즈'의 보컬) 등뿐 아니라 신성로마제국의 황제이자 프랑크 국왕이기도 했던 샤를마뉴 대제도 이 그룹에 속한다.

람세스 2세의 왼손잡이 기질

〜

수평사고 │ 람세스 2세의 수평사고 능력은 그가 맺은 역사상 최초의 평화조약에서 그 면모를 찾을 수 있다. 또한 그는 이전 파라오들의 기념상의 비문을 바꾸고 외관을 바꿔 자신의 모습을 새겨넣었다. 이는 변형에 대한 왼손잡이들의 타고난 재질을 전형적으로 보여주는 것이라 할 수 있다.

화를 잘 내는 성격 │ 이는 람세스 2세를 특징짓는 대표적 왼손잡이 특성인데 그의 전술에서도 나타나며, 국가의 부를 축적할 때 보여준 조급함과 경솔함에서도 엿보인다.

인습타파 │ 이전 파라오들의 기념상의 형태와 비문 등 외관을 변형시킨 그의 행동에서 특히나 이 성격이 두드러진다. 또한 그가 세운 여러 신전에서는 자신의 조각상을 신들의 조각상과 동등한 규모로 만들도록 했다. 다른 파라오들 모두가 신성한 존재였으나 이런 행동은 오래된 규범을 완전히 벗어나는 것이었다.

실험정신 │ 람세스 2세는 평화조약이나 기념물의 건조 등에 있어 완전히 새로운 시도를 했다. 또한 리비아의 세력이 팽창하던 북서 지역을 따라 요새를 세움으로써 새로운 군사전략을 시도했다.

Alexander the Great

작은 키에 왼손잡이 였지만 신체적으로나 정신적으로도 강인했던 알렉산드로스 대왕은 세계 역사상 가장 무서운 정복자였으며 가장 카리스마 넘치는 무인 정치가였다. 백병전에도 강했으며 군사 전략의 대가였던 그가 내린 정치적 결단은 놀라울 정도로 독창적이었다. 20세의 나이에 마케도니아의 왕으로 즉위한 이후 32세에 죽음을 맞이하기까지 그는 비할 데 없이 넓은 영토를 획득했는데 그 영토는 동쪽에서는 아프가니스탄, 인도, 우즈베키스탄에서부터 페르시아(지금의 이란), 이라크, 쿠웨이트, 메소포타미아, 시리아, 이집트, 터키, 트라키아Thrace(지금의 불가리아)를 거쳐 북쪽으로는 도나우 강 유역에까지 이르렀다.

그는 당시에 알려져 있던 세계의 반 이상인 5억 헥타르에 달하는 영토의 왕이었다. 그의 군대는 12년 동안 단 한 번도 전투에서 패배한 적이 없다. 군대는 32,000km 이상을 행군했으며 더 큰 규모의 적군을 무찔렀으며 200,000명이상의 적군을 죽였고 250,000명의 민간인을 학살했다.

알렉산드로스 대왕의 가장 강력한 무기 중 하나는 명석하고 냉혹한 왼손잡이 기질이 만들어낸 '독창적인 관점' 이었다. 용맹함과 단결도 매우 중요한 요소였지만 적군의 기선을 제압하는 것은 알렉산드로스 대왕의 가장 훌륭한 재

능이었다. 가는 곳마다 그는 사람들의 얼을 빼놓았고 중동의 모든 사람들은 그를 더 이상 인간이 아닌 거대한 자연의 힘으로 생각하기에 이르렀다. 지금까지도 그의 용맹성은 못된 아이들을 데려간다는 요괴의 이야기로 남아 아이들이 말을 잘 듣게 하기 위해 회자된다. 나아가 마케도니아 국민들은 그를 더 이상 왕으로 여기지 않고 신으로 생각하게 되었다.

어린 시절 | 남들이 보지 못하는 점을 발견해내는 알렉산드로스만의 특별한 능력은 아주 어린 시절부터 그의 평판과 성공에 매우 중요한 역할을 했다. 그가 부케팔로스Bucephalas라는 말을 길들인 일화는 마케도니아의 마르시아스Marsyas가 직접 목격하고 기록하여 그의 싹트는 용맹함을 입증하는 유명한 일례로 남아 있다. 이 말은 원래 알렉산드로스 대왕의 아버지이자 당시 마케도니아의 왕이었던 필립Philip이 샀으나 너무 길들여지지 않아 거칠기가 이루 말할 수 없었다. 화가 난 필립 왕은 그 누구도 말에 오르지 말 것을 명했다. 왕이 말을 죽여 버리라고 명하자 알렉산드로스는 "사람들이 말을 다룰 수 없는 이유는 말을 이해하지 못하고 용기가 부족하기 때문입니다"라고 말한 뒤 말에 오를 기회를 달라고 간청했다.

필립 왕은 처음에는 아들의 간청을 무시했지만 알렉산드로스는 고집을 부렸고 결국 필립 왕은 그에게 물었다. "만약 네가 그 말을 길들이지 못한다면 네 경솔함에 어떤 대가를 치르겠느냐?" 알렉산드로스는 아버지에게 말의 값을 치를 것이라고 대답했고, 신하들의 비웃음 속에서 내기에 동의했다. 그러나 필립 왕은 이미 내기에 진배나 다름없었다. 알렉산드로스는 부케팔로스가 자기 앞에 비치는 자신의 그림자에 놀라서 날뛰는 것임을 알아차렸다. 그는 말을 돌려 해가 비치는 쪽으로 서게 한 뒤 부드럽게 달랜 후 말 등에 뛰어올랐다. 필립 왕은 그런 아들에게 이렇게 말했다.

"아들아. 네게 맞는 왕국을 찾아 나서라. 마케도니아는 너를 붙잡기에는 너무 작다."

◀ 알렉산드로스는 통치 11년째가 저물어갈 무렵 32세의 나이로 당시 세계의 반 이상을 차지한 위대한 왕이었다.

그 말에 오른 것 자체가 매우 용감한 일이기도 했지만 결정적인 요인은 그가 남들과 전혀 다른 관점에서 사물을 보는 능력을 갖췄고, 그로 인해 말의 입장이 되어 무엇이 말을 괴롭히고 있는지를 알아낸 점이었다.

부케팔로스를 길들인 이야기는 알렉산드로스 대왕의 용감함과 지혜를 보여준 일례이기도 하지만 그의 감정이입 능력의 예이기도 하다. 보통 이 능력은 남자보다는 여자들에게서 자주 나타난다. 또한 많은 왼손잡이들이 갖고 있는 능력이기도 하다. 왜일까? 왼손잡이의 지각(혹은 의식)과 그를 둘러싼 환경이 빚어내는 부조화는 왼손잡이로 하여금 사회와 불화를 일으키게 한다. 이 때문에 왼손잡이는 오른손잡이보다 환경에 더 잘 적응하는 방법을 배워야만 한다. 이것은 마치 이민자가 새로운 사회에 적응하려는 노력으로 여러 가지 지식을 쌓아나가는 것과 같다. 이민자는 자신과 다르게 생각하는 사람들의 사고방식을 배워야 한다.

이런 부조화에서 길러진 감정이입 능력은 알렉산드로스 대왕이 선왕의 마부조차도 해결하지 못한 문제를 해결할 수 있게 했다. 또한 이집트나 바빌론에 비해 알렉산드로스 대왕에게 페르시아인들과의 관계에서 정치적으로 강력한 이점을 가져다주었다. 그는 페르시아인들의 종교에 대해 이해가 깊었고 인내력이 있었기에 그들을 결국 자기편으로 끌어들일 수 있었다. 알렉산드로스 대왕은 문화의 편견에 얽매이지 않았는데 이는 이 책에 실린 많은 왼손잡이들과는 달리 그가 최상의 교육을 받았기에 가능한 일이었다. 그의 개인교사는 바로 위대한 철학자 아리스토텔레스였는데 그는 전략에 대한 지식과 인간에 대한 이해를 가르쳐 알렉산드로스 대왕의 신체적 용맹함을 보완했다.

게테를 쓰러뜨리다 │ 도나우 강의 게테족Getae과 싸워 거둔 승리만큼 알렉산드로스 대왕이 지닌 실용적 사고의 비범한 천재성을 보여주는 예는 없을 것이다. BC 336년에 아버지 필립 왕이 살해당하자 알렉산드로스는 20세의 나이로 마케도니아 왕이 되었다. 그의 궁극적 야망은 페르시아를 물리치는 것이었지만 그러한 장기적 목표를 위해서 우선은 마케도니아를 둘러싼 모든 위험요소를 제거해야 한다는 점을 꿰뚫어보았다.

그는 국내의 반대파를 모두 잠재운 뒤 북쪽의 트라키아로 향했으며 필립 왕의 죽음을 전해 듣고 반란을 일으킨 트리발리인과 일리리아인들을 정복했다. 패잔병들을 쫓다보니 그는 어느새 도나우의 남쪽 강변에 다다르게 되었다. 강 건너편은 태양을 숭배하면서 알렉산드로스 대왕의 적국과 동맹을 맺은 게테족의 땅이었다. 그들은 이미 알렉산드로스 대왕이 몇 주에 걸쳐 다가오고 있음을 알고 4,000명의 기병과 10,000명의 보병을 소집하여 강을 건너는 어떤 마케도니아 병사도 물리칠 준비가 되어 있었다.

게테족은 영토를 지키는데 익숙해 있었다. 몇 년 동안 그들은 스키타이족 Scythians, 페르시아인, 켈트족Celts 등의 약탈자들을 물리쳐왔다. 그들은 알렉산드로스 대왕이 도나우 강을 건너기 위해서는 시간이 걸릴 것이며 —자신들의 경험에 판단컨대— 강에 다리를 만들어야 한다는 것을 잘 알고 있었다. 알렉산드로스 대왕이 다리를 놓을 때를 기다려 공격하기만 하면 될 일이었다. 강력한 군대와 그들을 막아주는 험난한 강을 가진 게테족은 알렉산드로스 대왕이 현명하고 용맹하다 할지라도 도나우 강이 큰 장애가 되리라고 생각했다. 건넌다 해도 강을 다 건널 때쯤 병사의 대부분은 물고기밥이 될 것이라 확신했다. 그들에겐 알렉산드로스 대왕이 어떤 선택을 하는지 지켜보는 일만이 남아 있었다.

예상대로 알렉산드로스 대왕은 난관에 봉착했다. 험난한 강과 건너편의 게테족 군대를 지켜볼수록 그는 더 강을 건너고 싶었다. 반드시 게테족을 굴복시키고 싶은 욕망에 사로잡혔다. 다리를 놓는 것이 명백한 해결책이었으나 그

렇게 한다면 패배할 확률 또한 높았다. 잃을 것이 많은 도박이었다. 2류에 불
과한 게테족이 자신을 물리쳤다고 알려진다면 여태껏 쌓아온 무적 신화가 허
무하게 무너질 것이며, 결과적으로 페르시아를 무찌르기 위해 아시아로 향하
는 장정이 어려워질 것이 분명했다.

아마 회군을 하는 것이 가장 좋은 선택일지도 몰랐다. 게테족은 흑해와 도
나우 강으로 보호를 받고 있었는데, 도나우 강은 원류가 독일에서 시작되어
2,400km를 흐르는 강이다. 무엇보다도 마케도니아의 산악 지대에서 온 알렉
산드로스의 병사들은 수영을 할 줄 몰랐다.

그러나 그는 여전히 다른 길이 있다고 믿었다. 알렉산드로스 대왕은 그 지
방 주민들이 고기잡이를 위해 사용하는 꽤 많은 수의 카누가 강기슭을 따라
매여 있는 것을 발견했다. 그는 부하들을 보내 모든 카누를 징발해올 것을 명
했다. 그러나 그 카누가 쓸 만한 것이었어도 14,000명의 게테족을 물리칠 병
사를 다 태울 수는 없었다.

상황은 전혀 희망적이지 않았고 보통의 군 지휘자라면 그러한 환경에서 포
기했을 것이다. 그러나 알렉산드로스 대왕은 포기하지 않았다. 그는 도나우
강과 마주쳤고, 강을 건너야만 했다. 그것은 정복욕과 호기심이 뒤섞인, 멈추
지 않는 본능이었다. 어스름이 깔리자 아직 진격 방향이 정해지지 않은 그의
군대는 밤을 보내기 위해 들판에 천막을 치기 시작했다.

천막을 치고 있는 병사들 사이를 거닐던 알렉산드로스 대왕에게 그때 묘안
이 떠올랐다. 당시 마케도니아의 천막은 가죽으로 만들어졌고 가죽은 방수 기
능이 있었다. 천막을 밀짚으로 채우고 방수가 되도록 봉한다면? 그것이 과연
물에 뜰까? 그가 천막을 짚으로 채워 강에 뜰 수 있는지 시험해보라고 지시했
을 때, 병사들이 평소에 알렉산드로스 대왕에게 외경의 마음을 품지 않았다면
반란을 일으켰을 것이다. 그날 마케도니아 군대는 지휘자의 천재성과 그에 대
한 믿음 덕분에 게테족에게 발각되지 않고 카누와 천막으로 안전하게 강을 건
넜다.

알렉산드로스 대왕은 울창한 옥수수밭을 상륙지로 골랐고 그곳은 마케도니아 군대에게 완벽한 잠복을 가능케 했다. 다음날 아침 일찍 그는 공격을 명령했다. 기상천외한 천막배로 도나우 강을 건넌 알렉산드로스 대왕의 병사들에게 혼비백산한 게테족은 첫 공격에 흩어져 도망치고 말았다. 마케도니아 군대는 그들을 뒤쫓아 도시에까지 진격했다. 그 누구도 대항을 하지 못했고 여자와 아이들을 데리고 달아나기 급급했다. 알렉산드로스 대왕은 병사들이 도시를 약탈하도록 내버려두었다. 그는 그곳이 더 이상 반란자들의 거점이 되지 못하도록 철저하고 무자비하게 도시를 파괴했다.

게테족에 대한 알렉산드로스 대왕의 승리는 기습공격으로 적을 무찌르는 전략의 고전적인 예이다. 레이더나 공중 시찰, 유도미사일 등의 장비 없이 예언이나 전조, 신의 변덕스러운 의지에 의존하던 시절에 기습공격의 위력은 무시할 수 없었다. 그렇다면 이러한 기습공격이 어떻게 가능했을까? 그리고 그것이 왼손잡이의 사고방식과 어떤 관계가 있을까?

현실을 타파한 독창성 │ 오늘날의 왼손잡이들은, 세상이 그들이 사용하기 편하도록 만들어져 있지 않다는 것을 알고 있다. 가위 등을 집어들 때마다 그들은 그런 도구에 적응해야만 한다. 오른손잡이가 모든 사물이 지극히 자연스럽고 세상은 그들의 필요에 맞게 만들어져 있다고 느낄 때 왼손잡이에게는 모든 경험이 부조화의 연속일 뿐이다. 이런 상황이 짜증날 수도 있지만 긍정적인 의미에서 이것은 보너스가 될 수도 있다. 어떤 차원에서는 왼손잡이는 세상을 자신의 방식으로 끝없이 해석해야만 하고 계속되는 해석 활동은 아예 세상을 변화시키고자 하는 욕망을 품게 한다.

이러한 변화의 욕망은 게테족에 맞서 이끌어낸 알렉산드로스 대왕의 승리에서도 찾을 수 있다. 무엇보다도 그는 모두가 인정한 방법 —다리가 필요하다는— 을 받아들이기를 거부했기에 전투에서 승리할 수 있었다. 왼손잡이들은 현상 유지에 대해 별로 관심이 없다. 왜냐하면 현실은 그들을 위해 설계되지 않았기 때문이다. 알렉산드로스 대왕의 경우 이런 태도는 가장 두드러진 특징이 되었다.

견유학파의 철학자 디오게네스와의 만남이 그 전형적인 예이다. 디오게네스는 사회의 집단적 허식에 무관심하기로 유명했다. 알려진 세계의 반 이상을 차지한 왕인 알렉산드로스 대왕이 디오게네스에게 "내가 해줄 수 있는 일이 없겠느냐?"고 물었을 때 디오게네스는 간단하게 "쬐던 햇볕을 가리지나 마시오"라고 대답했다. 디오게네스의 현실세계에 대한 존중이 전혀 없음에 크게 감명 받은 알렉산드로스 대왕은 "내가 알렉산드로스가 아니었다면 디오게네스가 되길 바랐을 것"이라고 말했다. 오늘날이라면 허황된 떠돌이 거지로 취급받았을 행색이 추레한 철학자가 되기를 바랐던 것이다.

현실세계에 대한 존중이 부족한 것은 아마도 많은 왼손잡이들이 결국은 감옥에 갇히는 신세가 되는 이유 중 하나일 수도 있다. 그러나 대담성이 재능과 결합할 때 그것은 알렉산드로스 대왕에게서 발견할 수 있는 독창성을 발휘하도록 한다. 게테족과의 전투에서 도나우 강을 건너기 위해 속을 짚으로 채운 천막을 배로 사용한 것이 독창성을 발휘한 좋은 예이다. 어떤 사물의 본래 용도가 아닌 새로운 용도로 개조하는 행위는 왼손잡이들이 세상을 새롭게 해석하고 새로운 방향을 세우는 끊임없는 도전과 일맥상통한다. 왼손잡이가 직면하는 최초의 무대는 그에게 어울리지 않게 만들어진 세상이다. 이는 환경을 개조하고 새로운 것을 창조하게 만드는 강력한 동기를 그에게 부여한다. 익숙한 사물을 생소한 목적을 위해 사용함으로써 알렉산드로스 대왕은 병사들을 옥수수밭에 잠복시켜 다음날 성공적으로 게테족을 기습공격할 수 있게 했다. 알렉산드로스 대왕만이 천막을 배로 변신시킬 것을 착안해냈고 이는 승리에 가장 중요한 요소가 되었다.

왼손잡이 분노의 종말 | 알렉산드로스 대왕의 원래 목표는 페르시아를 정복하고, 150년 전에 침략했던 페르시아의 왕 크세르크세스Xerxes에 대한 복수

를 행하는 것이었다. BC 331년 10월, 알렉산드로스 대왕은 가우가멜라 Gaugamela 전투에서 양쪽에 엄청난 인명 피해를 초래하며 페르시아의 왕 다리우스Darius를 물리침으로써 목표를 달성했다. 전리품의 양은 어마어마해서 그것을 나르는 데에만 500마리의 낙타와 2,000쌍 이상의 노새가 동원되었다.

그는 또한 페르시아 왕국의 가장 아름다운 여인으로 알려진 다리우스 왕의 아내를 생포했다. 알렉산드로스 대왕이 원한다면 자신만을 위한, 세상에서 가장 황홀한 하렘을 만들 수도 있었다. 크세르크세스의 궁전 또한 알렉산드로스 대왕의 것이었고, 사치에 대한 페르시아인들의 명성은 모든 사람들이 꿈꾸는 삶을 그에게 선사할 수도 있었다.

그러나 알렉산드로스 대왕의 꿈은 다른 곳에 있었다. 승리의 전리품을 즐기는 대신 그는 친구들과 하룻밤 거나하게 술판을 벌이고는 크세르크세스의 궁전을 남김없이 불태웠다. 알렉산드로스 대왕은 그 후 5년 동안 아프가니스탄을 비롯해 세상에서 가장 황량한 장소만 골라 야영을 하면서 어떤 군대든 물리칠 전투력을 비축했다. 이러한 과정에서 그는 차츰 가장 충성심 있는 전우들을 멀리했고, 병사들이 죽어가는 것을 보았으며, 자신의 손으로 직접 가장 친한 친구를 죽였고, 총명함을 편집증으로 더럽혔고, 스스로의 이른 죽음을 초래하고 말았다. 왜 그토록이나 뛰어난 그가 그런 종말을 자초한 것일까?

부케팔로스 일화는 왼손잡이가 느끼는 소외감이 어떻게 감정이입 능력을 발달시키는지를 보여주고 있으나 그런 소외감은 왼손잡이에게 특별한 종류의 분노를 주입시킨다. 그리하여 억누를 수 없는 분노는 스스로를 향하게 된다. 세상이 오른손잡이 위주로 만들어진 것은 순전히 임의적이다. 왼손잡이의 세상이 지금과 똑같이 기능하지 못하리라는 근거도 전혀 없다. 똑똑한 왼손잡이는 이것을 특히 예민하게 받아들였다. 그의 몸은 남들과 똑같이 멀쩡하지만 낙인찍혀 있다는 사실은 좌절감을 안겨준다. 오른손잡이들은 자신의 우월함이 전혀 근거가 없음을 잘 알고 있었기에, 전 세계적으로 언어를 통해 왼손잡이들을 불길하고 서투른 존재로 특징지었고, 여기에서 비롯된 그릇된 차별에

▲ 이수스Issus에서 벌어진 페르시아의 왕 다리우스 3세(전차에 탄 인물)와 알렉산드로스 대왕의 전투를 묘사한 로마 시대의 모자이크 그림.

세상을 지배해왔다.

알렉산드로스 대왕이 이런 분노로부터 고통 받았음은 확실하다. 전쟁은 그에게 이 분노를 쏟아낼 분출구를 제공했고, 전투에서 발휘된 그의 분노는 오히려 칭송받는 행동이었다. 세상을 정복하려면 어마어마한 정력을 요구한다. 왜냐하면 세상을 좋아하는 사람에게는 그런 일을 저지를 이유가 없기 때문이다. 알렉산드로스 대왕은 분노의 먹이가 될 적이 필요했다. 그가 전쟁을 멈출 때마다 분노는 안으로부터 그를 갉아먹었고 그는 터무니없이 의심스러워지곤 했다. 그는 친구들을 적으로 돌렸고, 그들이 자신에게 대항해 음모를 꾸민다는 망상에 빠졌다. 동시에 그는 정복의 행로를 멈출 수 없었다. 그러나 대부분 마케도니아에 가족이 있는 병사들은 알렉산드로스 대왕의 군사적 천재성을 존경했음에도 불구하고 서서히 그에게 불만을 품게 되었다.

그러한 분노가 결과적으로 그의 파멸을 초래했지만 동시에 비할 바 없는 업적의 동력이 되었다. 그가 32세의 젊은 나이로 죽음을 맞이했을 때 그는 세계의 반 이상을 통치하는 무패의 왕이었다. 역사상 왼손잡이, 오른손잡이를 막론하고 알렉산드로스 대왕만큼 강력한 인간은 아마 없을 것이다.

왼손잡이들의 공통점

～

1. 알렉산드로스 대왕의 개인 교사는 철학자 아리스토텔레스였다. 다양한 자료에 근거하면 아리스토텔레스 역시 왼손잡이였을 것으로 짐작되지만 확실하지는 않다.

2. 많은 왼손잡이들의 경우처럼 알렉산드로스 대왕이 왼손잡이였다는 직접적인 증거는 찾기 힘들다. 왼손잡이인지 오른손잡이인지는 역사적으로 기록되는 일이 드물기 때문이다. 그러나 〈요시폰의 히브리서 *The Hebrew Book of Jossippon*〉는 알렉산드로스 대왕의 '왼손의 우월함'에 대해서, 나아가 "왕족의 혈통을 가진 왕들은 왼손잡이이다"라고 기록하고 있다.

3. 분노는 알렉산드로스 대왕의 '정복의 행로'를 추진시킨 원천이며 동시에 파멸의 원인이기도 했다. 이는 왼손잡이 철학자 니체에 의해 상세히 설명된 디오니소스적 인간의 원형에도 걸맞는 요소이다.

알렉산드로스 대왕의 왼손잡이 기질

〜

직관력 | 알렉산드로스 대왕의 정복 경로와 전투 방식의 대부분은 직관에 따른 시도였다.

감정이입 능력 | 알렉산드로스 대왕은 병사들이 충성을 다하도록 그들을 이끌었다. 그는 또한 타문화에 대한 이해심이 깊었고 사나운 말의 심리도 헤아릴 줄 알았다.

시각 · 공간 능력 | 이 능력은 특히나 전쟁에서 전술의 수립과 실행에서 중요한 요소이다. 알렉산드로스 대왕은 이 능력이 뛰어났고 백병전에서도 능력을 발휘했다.

수평사고 | 알렉산드로스 대왕은 이 능력을 결정적으로 타고났다. 적의 허를 찌르는 그의 전략은 수평사고 덕분이었다. 변형적 수평사고는 알렉산드로스 대왕으로 하여금 천막을 변형시켜 강을 건널 군함을 만드는 묘안을 떠올리게 했으며, 결과적으로 게테족에게서 승리를 거두는 데 결정적인 요인이 되었다. 고대 세계를 통틀어 그가 쌓은 명망의 숨은 원천이었다.

화를 잘 내는 성격 | 알렉산드로스 대왕은 왼손잡이 특유의 성격과 함께 발칸인의 기질이 뒤섞인 격렬한 분노를 간직하고 있었다. 한번은 술에 취해 친구인 클레이토스Clitus와 말다툼을 벌이다 창으로 찔러 죽이기도 했다. 또 BC 332년 1월에는 티레Tyre인(현재의 레바논인)들이 알렉산드로스 대왕에게 항복을 했다. 그러나 그들은 자신의 신전에서 제물을 바치는 행위는 받아들일 수 없다고 전했다. 이에 알렉산드로스 대왕은 분격하여 도시를 포위한 뒤 6,000명의 병사를 학살했다. 그리고는 2,000명의 민간인을 해변으로 데려가 십자가에 못 박도록 명했다.

실험정신 | 알렉산드로스 대왕은 전투에서 여러 가지 새로운 병법을 시도했다. 그러나 그는 또한 사회적 실험에도 관심이 있었다. 일례로 그리스인과 페르시아인들을 결혼시켜 그 두 사회를 섞어보려고도 했고, 자신의 군대에 다른 종족의 병사들을 배치하기도 했다. 그는 살육만을 자행한 것이 아니라 70개의 도시를 건설한 것으로도 이름을 떨친다. 그중 하나가 대형 도서관으로 유명한 이집트의 알렉산드리아Alexandria인데 이곳은 고대세계의 중요한 문화 중심지로 발전했다.

Julius
Caesar

BC 69년, 검찰관(부총독)으로 스페인에 재직하고 있을 당시 카이사르는 31세의 생일이 가까워졌다. 여가를 즐기며 위대한 왼손잡이 선조인 알렉산드로스 대왕의 역사를 읽다가 그는 난데없이 울음을 터뜨렸다. 친구들이 왜 그러느냐고 물었을 때 그는 이렇게 대답했다. "알렉산드로스 대왕은 지금 내 나이에 그 많은 국가를 정복했는데, 나는 여태껏 기억될 만한 그 어떤 것도 이루어놓지 못했네. 그 사실이 내가 울기에 충분한 이유가 아닌가?"

그러나 35년 뒤, 죽음을 맞이할 때쯤 카이사르는 왼손잡이 특유의 교활함과 명예로 수많은 적수들 ―군사적인 적들과 정치적인 적들 모두― 에 맞서 훌륭히 싸운 가장 위대한 로마인이었다. 그의 이름 '카이사르Caesar'는 이후에 러시아어의 '차르'(황제, czar/tzar)가 되었고 독일어의 '카이저'(황제, kaiser)가 되었다. 알렉산드로스 대왕 이후로 가장 강력한 정복자였던 카이사르는 그 유명한 구절 "왔노라, 보았노라, 이겼노라"(veni, vidi, vici)로 길이 기억된다.

그의 골족 정복은 800개의 도시 정복과 300개의 부족 정복과 백만 명의 노예와 또 다른 백만 명의 죽음을 기록했다. 골족은 그 후 서로마제국이 무너질 때까지 로마에 충성을 다했다. 카이사르의 정치적 유산은 실로 대단한 것이어서 로마제국의 결속력 강화와 빈곤층의 생활수준 개선 등을 이루어냈다. 그러

▶ 율리우스 카이사르의 흉상. 그리스 조각가들은 '이상'(理想)을 형상화하는 성향이 많았던 반면 로마인들은 '사실적'인 성향을 보인다.

나 완전한 권력을 획득한 지 채 1년도 지나지 않아 그는 암살되고 말았다. 그가 살아남았다면 인류의 역사는 또 달라졌을 것이다.

그러나 그가 스페인에서 알렉산드로스의 일대기를 읽고 눈물을 흘리고 있을 때 그의 평판은 '방탕을 즐기는 달변의 귀족 젊은이'일 뿐이었다. 하지만 알렉산드로스 대왕의 이야기는 야심 차고 무자비한 카이사르를 고무시켰다. 카이사르는 곧 영웅다운 왼손잡이 특유의 용맹함을 보여주었고 세상은 알렉산드로스 대왕과 카이사르가 공통점이 많다는 것을 알게 되었다. 그중에서도 관습을 타파하는 수단으로 전장에서 적의 허를 찌르는 왼손잡이 특유의 능력이 그러했다.

해적을 무찌르다 | 비록 카이사르는 인생 후반에 접어들기 전까지는 군대를 이끌고 전쟁에 참여하지 않았으나 어린 나이부터 전술에 뛰어났다. 또한 왼손잡이 정복자들의 두드러진 특징인 인습에 얽매이지 않는 모습을 유감없이 보여주었다. 이에 대한 첫 사례로 카이사르가 BC 75년에 웅변술을 공부하러 로도스 섬으로 떠났다가 해적에 붙잡힌 사건이 있다.

대부분의 사람들은 해적에게 포로로 잡히면 즉시 공포에 압도되기 마련이다. 누구라도 본능적으로 힘의 논리에 굴복하고 머리를 향해 검을 겨누고 있는 이에게 고분고분해진다. 이 시칠리아 해적들은 그 시절 세상에서 가장 피에 목마른 족속이었으며, 마주치는 사람은 누구든지 학살한다고 알려져 있었다. 그러니 더욱 그들에게 자비를 베풀기를 간청해야 했지만 카이사르는 그렇지 않았다. 그는 공포에 떨며 자비를 빌기는커녕 웅변술에서 배운 계략을 이용해 가장 불리한 위치에서 해적들을 공격했다. 해적들이 20탤런트(talent: 고대 화폐 단위)를 몸값으로 요구하자 카이사르는 자신의 지위를 파악하지 못한 그들을 비웃으며 몸값을 50탤런트로 올렸다. 함께 붙잡힌 동료들을 풀어주고 몸값을 올린 카이사르는 해적들 사이에 홀로 남았다. 그러나 여전히 해적들의 요구에 굴복하지 않고 계속해서 그들을 무시했다.

카이사르는 해적들에게 잠에 들 때 조용히 해줄 것을 요구했다. 또 시와 연설을 써서 그들에게 들려주었으며 해적들이 이해하지 못하면 그들의 면전에 대고 '미개한 것들'이라고 불렀다. 또한 자신이 풀려나면 그들을 사형시킬 것이라고 협박하기도 했다. 이런 행동은 38일 내내 지속되었다. 사실 50탤런트가 급박할 정도로 가난하지 않았던 해적들은 오만한 카이사르를 죽여 없애버릴 수도 있었지만 그러지 않았다. 그 반대로 그가 보여준 용맹함에 매료되었으며 그의 모욕적인 언사를 순진함과 천진난만한 명랑함으로 받아들였다.

그의 이런 태도는 용감했을 뿐 아니라 적의 허를 찌르는 심리학을 이용한 전형적인 왼손잡이의 사고방식이다. 카이사르는 몸값이 지불되기를 순순히 기다릴 수도 있었다. 그러나 자신의 직감을 믿은 그는 무자비하고 폭력적인 해적들을 용감하게 조롱했다. 이러한 생각지도 못한 접근방식은 카이사르를 붙잡은 해적들로부터 애정 어린 존경을 끌어내기에 이르렀다. 그는 자신이 처한 곤경을 보기좋게 전복시킨 것이다.

몸값이 치러지고 해적들에게서 풀려나자 카이사르는 곧장 밀레투스 항구로 향했다. 그리고는 몇 척의 배를 이끌고 인질로 붙잡혀 있던 섬으로 돌아가 해적들을 공격했다. 대단치 않은 병력으로 그는 해적 대부분을 소탕했고 보물들을 모두 빼앗았다. 카이사르는 그 보물들을 당시 아시아의 총독이었던 유니우스Junius에게 넘겨주고 그 대가로 해적의 처벌에 대한 결정권을 넘겨받았다. 그 동안 카이사르와 정이 들었던 해적들은 카이사르가 자신들에게 십자가에 매달리는 형벌을 내렸다는 사실을 듣고 질색할 수밖에 없었다.

약자들의 친구 | 왼손잡이들에게서 흔히 발견되는 성향 중 하나는 그들이 소수로서 억압당해 왔기에 패배자 혹은 낙오자를 자신의 편으로 끌어들이는 행동이다. 카이사르의 시절 로마의 주요 정치 세력은 귀족계급의 특권을 지지하는 보수파와 평민의 지지를 얻는 인민파로 나누어 있었다. 귀족 출생임에도 불구하고 카이사르는 정치적 영향력의 기반을 군대와 평민 계층에서 얻은 인

기에 의지하고 있었다.

군중의 환심을 사는 것은 늘 '음식과 오락' 이 중대한 문제였다. 카이사르는 재물을 아낌없이 베푸는 것으로 명성이 높았다. 이에 관해 플루타르크는 이렇게 묘사했다.

그는 돈 씀씀이에 통이 큰 사람이었다. 그가 덧없고 일시적인 명성을 위해 터무니없는 대가를 치렀다고 알려져 있지만 실상 그는 적은 대가로 값진 것을 얻어내는 사람이었다. 그는 어떠한 관직에 오르기도 전에 이미 1,300탤런트의 빚을 지고 있었다. 또한 아피아 가도Appian Way의 감독으로 지명되었을 때에도 막대한 자산을 쏟아부었다. 게다가 조영관 (aedileship, 造營官)으로 재직하는 동안 320쌍의 검투사를 배치했고 연극, 행진, 공공 연회 등을 준비하는 데에 돈을 아끼지 않아 그 직책의 선임자들이 야심 차게 쌓아왔던 명성을 잃게 만들었다. 카이사르는 이러한 방식으로 사람들을 기쁘게 해 그들이 카이사르에게 보답할 만한 새로운 관직과 영광을 찾아 나서기에 이르렀다.

대부분의 로마 정치가들은 공직을 자신의 부를 더욱 굳건히 하는 수단으로 생각했기에 카이사르의 행동은 못마땅하게 여겨졌다. 카이사르와 동등의 계급에 속한 대부분의 귀족들은 그의 낭비를 비웃었지만 카이사르는 이런 행동으로 대중의 지지를 얻는데 성공했고 이는 정치적 반대파로부터 그를 보호해주었다. 이로써 또 한번 카이사르는 식상한 방식을 탈피하여 목표를 손쉽게 달성하는 왼손잡이의 능력을 보여주었다.

카이사르의 반직관적인 왼손잡이 특유의 사고방식에 대해 디오 카시우스 (Dio Cassius: 아우렐리우스 황제 시대의 로마 관리이자 역사학자)는 이렇게 반증했다. "카이사르는 모든 사람들, 심지어 평민들을 위해서도 봉사하고 그들을 기쁘게 할 준비가 되어 있었다……그리고 그는 일시적으로 비굴하게 구는 것쯤은 개의치 않았다." 왼손잡이라는 낙인과 귀족적 태생의 결합은 그가 어떤 사회 계층과도 어울릴 수 있고 그들을 이해할 수 있는 능력을 부여했다. 왼손잡이적인 사고방식으로 인해 카이사르는 명예와 사회적 지위로부터 자유로웠고 결과적으로 그는 가장 유리한 방식으로 야망을 자유롭게 펼칠 수 있었다. 그는 웅변술뿐 아니라 배우로서의 능력도 탁월했다. 그는 전생애에 걸쳐 자신의 목적을 잃지 않은 채 상황이 요구하는 성격으로 변신할 수 있었다.

골족의 정복 | 군사 지휘관으로서 카이사르가 지녔던 가장 탁월했던 강점은 병사들로부터 충성심을 이끌어내는 능력이었다. 이런 충성심은 어느 정도는 부하들을 진심어린 마음으로 존중하는 섬세한 감성에서 비롯되었고, 전리품을 병사들과 나눠 가지는 관용에서 강화되었다. 또한 그는 병사들이 지도자에게서 무엇을 바라는지 잘 이해하고 있었기에 병사들의 충성심을 얻을 수 있었다. 이에 더하여 카이사르는 알렉산드로스 대왕이나 나폴레옹에 필적할 만한 카리스마까지 지녔다. 따라서 카이사르의 병사들은 마음에서 우러나는 충성심으로 다른 어떤 군대보다 더 뛰어난 기량을 보였다.

간질을 앓고 귀족으로 곱게 자라 연약하고 하얀 피부를 가졌음에도 불구하고 카이사르는 뛰어난 인내심으로 군대를 통솔했다. 헬베티아에서의(지금의 스위스) 전투는 골족과의 첫 번째 전투였다. 초기에 몇 번의 승리를 거둔 뒤 카이사르는 방심을 한 탓으로 적의 공격을 받았고 후퇴를 할 수밖에 없었다. 이때 카이사르에게 말 한 필이 바쳐졌는데 이는 현명하게 전장을 탈출하라는 권유였다. 그러나 카이사르는 병사들과 함께 남기를 희망했다. 더욱이 그는 싸우기로 결심한 이상 말에 오르지 않기로 결정했다. 그는 전투에 이기고 나서 적을 추격할 때를 대비해 말을 남겨둬야 한다고 주장했다. 이로 인해 병사들은 카이사르를 더욱 경외하게 되었고 더 깊은 충성을 맹세하게 되었다.

적과 대면한 그는 병사들을 도보로 이끌기 시작했다. 전 군대가 선멸될 수도 있는 위기 상황이었으나 카이사르는 상황을 뒤집을 수 있는 능력이 있었

다. 좌절을 모르는 마음과 결단력은 결국 전세를 뒤엎었다. 이어지는 전투는 아침부터 한밤중까지 계속 되었고 로마군은 승리를 거두었다. 전적으로 직감에 의지한 예상외의 행동은 로마군을 강력하고 통일된 군대로 변화시켰다.

카이사르는 자신을 납치했지만 따뜻이 대접해 주었던 해적들에게는 일말의 자비심도 비치지 않았으나 골족에게는 다른 태도를 보였다. 골족은 패배한 뒤 카이사르가 보내준 식량과 생활용품을 거부하면서 자신의 땅과 도시를 파괴해버렸다. 그러나 카이사르는 골족을 학살하거나 노예로 팔아버리는 대신 로마의 깃발 아래 정착하도록 권유했다. 이 현명한 전략은 대단한 융통성과 선견지명을 보여주었다. 그리하여 그처럼 격렬한 전투 뒤에 필연적으로 따라오는 피의 보복은 전혀 찾아볼 수 없었다. 이 책략은 독일이 라인강 너머로 침범해 골족을 식민지화하도록 부추기는 상황을 예방했으며 동시에 로마에게는 아직 정복되지 않은 골족들과의 사이에 완충지를 마련해주었다. 게다가 카이사르는 로마의 정치적 혼돈으로부터 안전거리를 유지하면서 정복을 계속할 기반 세력을 마련할 수 있었다.

로마제국의 맹주가 되다 | 카이사르는 왼손잡이 정복자로서 그만의 특색을 보여주었고 당연히 왼손잡이적인 사고방식으로 적을 곤경에 빠뜨리는 능력이 있었다. 당시 로마의 군인들은 방패와 검을 드는 손에 따라 오른쪽과 왼쪽을 구별했기에 진행 방향의 지시를 내릴 때 방패와 검이라는 단어가 종종 사용되기도 했다. 그러한 연대 편성과 기술력의 제한으로 부대의 이동은 오늘날보다 훨씬 더 천천히 이루어졌고 판에 박힌 형태였다. 그러므로 유능하고 카리스마 있는 지휘관을 갖는 것은 이점으로 작용했으며 특히나 그 지휘관이 왼손잡이일 경우에는 더욱 그러했다. 이 왼손잡이 지휘관은 오른손잡이의 활동에 맞춰진 군대 질서를 왼손잡이 의식으로 끊임없이 해석해야 했기에 그만의 독창적인 군사 전략을 갖추게 되었다. 이는 자신의 군대를 고무시킬 뿐만 아니라 순전한 기습의 힘으로 적군을 무찌를 수 있는 두 가지 장점을 의미했다.

◀ 군장을 착용한 율리우스 카이사르의 조각상. 기원전 50년경.

골족을 꺾은 승리의 결과로 카이사르는 로마의 부호 크라수스Crassus, 유명한 장군인 폼페이우스Pompeius와 함께 제1차 삼두정치를 시작했고 그제야 진정한 권력을 처음으로 맛보게 되었다. 이 삼두정치는 카이사르가 영리하게 구성한 동맹이었다. 민심을 사기 위한 그의 노력은 빚에 시달리게 했으며 이는 크라수스가 충분히 도울 수 있는 문제였다. 동시에 자신의 딸 줄리아를 연상의 장군인 폼페이우스와 결혼시킴으로써 견고하게 맺어진 동맹은 카이사르의 정치적 반대파들을 혼란에 빠뜨렸다. 그러나 크라수스가 파르티아의 토벌 전쟁에서 경솔한 군사작전을 일으켜 사망하고, 폼페이우스의 부인이었던 줄리아 또한 출산 도중 세상을 뜨자 이 동맹은 무너져버렸다. 불행히도 머지않아 폼페이우스와 카이사르는 로마의 지배권을 두고 전쟁을 치르게 되었다.

내전은 오래도록 지속되었고 로마제국 전체에 걸쳐 일어났다. 훌륭한 전투 경력을 가진 두 지휘자 사이의 전투는 골, 아프리카, 그리스, 이탈리아에 걸쳐 일어났다. 그러다 BC 48년 그리스에서 중대한 순간이 찾아왔다. 카이사르는 폼페이우스의 군대를 쫓아 아드리아 해를 건넜지만 적군의 수는 카이사르군의 거의 3배에 달했다. 양쪽 부대는 디라키온Dyrrhachium 근처의 강 양쪽에 진영을 구축했고 서로의 군수물자를 약탈했다. 카이사르는 폼페이우스군을 포위한 뒤 그들의 진영을 따라 27km에 달하는 방어벽을 구축해 물의 공급을 완벽히 차단했다. 폼페이우스군은 이 방어벽을 돌파할 방법을 찾지 못하던 차에 군수물품을 훔치다 잡혀 폼페이우스 편으로 돌아선 두 명의 카이사르 병사에게서 방어벽의 취약점을 알아냈다.

그 덕분에 폼페이우스군은 방어벽을 뚫고 그 밖에 진영을 다시 세웠고 그곳에서 병력의 수에서 밀리던 카이사르군을 공격할 수 있었다. 카이사르는 후퇴할 수밖에 없었다. 폼페이우스는 카이사르군을 물리쳤음에도 유리한 고지를 이용하는 데 망설였다. 그는 때를 놓쳤고 카이사르는 전열을 다시 가다듬었다. 카이사르는 이렇게 말했다. "오늘의 승리는 저들 중 그것을 얻을 만한 자가 있었다면 적군의 것이 되었을 것이다." 달리 말하자면, 카이사르가 폼페이우스군을 이끌었다면 내전은 끝났을 것이다.

그 후에 일어난 BC 48년의 파르살루스Pharsalus 전투에서 내전은 사실상 막을 내렸고 이로써 우유부단한 폼페이우스보다 카이사르가 전략적으로 우월함이 입증되었다. 카이사르군은 병력의 수에서 여전히 열세였으나 우위를 차지하기 위해 민첩하게 행동한 결과 폼페이우스를 조롱하여 공격을 도발시켰다. 전투가 벌어지자 자존심이 센 폼페이우스는 높은 곳에 진을 쳤다. 폼페이우스군의 오른쪽 진영은 강으로 보호되었고, 중앙에는 시리아와 아프리카군을 배치했다. 그런 다음 폼페이우스는 좌측 대열에 모든 기병과 궁수, 투석부대뿐 아니라 보병 1개 부대를 배치하는 모험을 감행했다. 카이사르 기병의 7배가 달하는 기병을 갖춘 폼페이우스는 카이사르군의 우측을 포위하여 최소한의 인명피해로 전쟁을 승리로 이끌 자신이 있었다.

그러나 카이사르는 이를 폼페이우스의 전략에 맞설 기회로 포착했다. 그는 폼페이우스의 우세한 전열에 맞서 자신의 보병대를 길고 얇게 배치했다. 카이사르의 보병대는 전열을 굳건히 지킬 것을 명령받았고 적군의 횡렬을 뚫으라는 명령도 없었다. 수적인 열세는 굉장히 위험한 모험이었으나 카이사르는 폼페이우스가 바로 그러한 열세 때문에 그 점에만 공격의 초점을 맞출 것임을 알았다. 더 나아가 카이사르는 주 보병 대열에서 3,000명의 뛰어난 병사들을 빼내 기병대와 오른쪽 진영의 보병대 뒤에 반쯤 숨겨 배치시켰다.

폼페이우스가 아니라 카이사르가 먼저 첫 공격을 명했다. 전투는 천천히 시작되었고 폼페이우스가 마침내 기병대에게 공격 명령을 내리기 전까지 보병대의 작은 접전이 이어졌다. 폼페이우스의 기수들이 카이사르의 기병대를 강하게 공격했고 전열은 거의 뚫릴 뻔했다. 폼페이우스는 기병대 뒤에 배치한 궁수부대와 투석부대에게 불을 끌 두꺼운 담요를 들고 지원하도록 명령했다. 이 시점에서 폼페이우스는 승리가 거의 확실하다고 생각했다. 카이사르의 기병대가 후퇴하기 시작하자 그는 숨겨둔 보병대에게 기습을 감행하도록 명령했다. 투창을 들고 카이사르의 3,000명의 보병대는 7,000명의 폼페이우스 기

☞ **오른손 악수** | 사람들이 인사의 한 상징으로 오른손을 내밀어 악수하는 행동은 바로 카이사르가 세운 관습이다. 악수는 원래 초면에 서로의 신뢰를 얻는 방어적인 방법에서 출발했다. 서로의 맨손을 잡음으로써 각각은 상대가 때리거나 칼로 찌르지 않을 것이라는 확신을 얻는다.

그러나 어째서 왼손잡이였던 로마 황제가 오른손 악수를 인사의 기본 방식으로 채택하게 되었을까? 이는 실로 간단한 문제이다. 오른손잡이는 오른팔이 더 강하기 마련인데 공손히 악수를 하느라 오른손이 상대에게 잡혀 있는 사이 왼손잡이인 상대방은 강한 팔인 왼손을 자유롭게 사용할 수 있기 때문이었다. 그러나 불행하게도 이는 카이사르가 등에 칼이 꽂혀 살해당하는 것을 막지는 못했다.

병을 공격했는데 그들은 카이사르가 직접 내린 지시에 따라 기수의 얼굴을 겨냥했다. 그 이유는 카이사르가 이 기병대의 구성원 대부분이 젊은데다가 잘생긴 용모에 허영심이 있으므로 얼굴을 소중히 여길 것이라는 점을 간파했기 때문이다.

그의 계획은 대성공이었고 폼페이우스의 기병대는 대패했다. 폼페이우스 기병대는 궁수부대와 투석부대만을 남기고 도망쳐버렸다. 이때 카이사르는 폼페이우스의 허술한 좌측 전열을 공격했고 그곳은 힘없이 무너지고 말았다. 폼페이우스는 경악했다. 그는 여전히 수적으로 우세했으나 비상 대안이 없었다. 골족과의 전쟁과는 달리 카이사르는 자신의 병사들이 상대편을 학살하는 동안 막사로 돌아갔다. 패배가 분명해질 때쯤 폼페이우스는 명예로운 로마인답게 스스로의 목숨을 끊지 않고 병사들을 적군 앞에 버려둔 채 도망쳤다. 그리하여 내전은 사실상 종결되었다.

파르살로스 전투는 본질적으로 왼쪽과 오른쪽의 전쟁이었다. 오른손잡이인 폼페이우스는 인습적인 논리에 의지했고 수적으로 우세에 있었다. 반면 왼손잡이의 특성인 기습과 직관을 이용한 카이사르는 보병을 뒤에 두고 기병대의 말을 공격하는 대신 기병의 얼굴을 공격하는 예상치 못한 전술로 적군을 당황시켰다.

태어날 때부터 자신과 맞지 않는 세상을 자신의 언어로 번역해야만 했던 카이사르는 한 차원 높은 사고를 동원해 폼페이우스의 전술을 직관적으로 예상했고 자신만의 기발한 전략을 착안해 승리를 얻을 수 있었다. 이 왼손잡이의 승리가 역사에 갖는 중요성이 과소평가되어서는 안 된다. 카이사르의 승리로 말미암아 황권의 상속제가 수립되었고 이는 로마제국이 논의의 여지가 없는 고대사회의 맹주로서 자리매김하는 것을 가능케 했다.

왼손잡이들의 공통점

~

1. 젊은 카이사르에게 알렉산드로스 대왕은 감화와 경쟁심을 동시에 불러일으켰다. 알렉산드로스 대왕은 31세에 세계의 대부분을 호령하고 있었던데 반해 카이사르는 똑같은 나이에 내세울 만한 업적이 없다며 스스로를 책망했다. 그로부터 10년이 지나서야 카이사르는 군대를 처음으로 이끌었으나 그 나이에 알렉산드로스 대왕은 이미 죽은 지 10년이 지났다.

2. 카이사르가 가장 훌륭한 왼손잡이 지도자였으나 로마제국에는 그 외에도 왼손잡이 지도자가 여럿 있었다. 그중 한 명인 티베리우스(Tiberius: BC 42~AD 37, 로마의 2대 황제)는 재능이 있었으나 문제가 많았고 결국은 카프리 섬에서 방탕한 은둔생활을 즐기다 편집증에 시달리며 생을 마감했다. 또 다른 왼손잡이 지도자였던 코모두스(Commodus/Commodius: 161~192)는 로마제국이 가졌던 최악의 지도자로 꼽힌다. 그는 스스로가 헤라클레스의 화신이라 믿었고 검투사로서 싸우기도 했으나 스폰지로 무장시킨 불구자를 상대로 싸우고는 그들을 죽여 버리곤 했다. 정신병자이자 쾌락주의자였던 그는 로마제국을 멸망으로 몰아넣었으며 종국에는 나르키소스라는 격투사에게 살해당했다. 티베리우스와 코모두스 모두 왼손잡이 특유의 성격이 정신병으로 발달하여 고통을 받았다.

카이사르의 왼손잡이 기질

직관력 | 카이사르가 해적에게 납치된 상황에서 보여준 행동은 직관을 이용하여 곤경을 헤쳐나오는 능력을 보여준다.

감정이입 능력 | 알렉산드로스 대왕이나 나폴레옹처럼 카이사르는 병사의 입장에 설줄 알았고, 이는 용맹함과 더불어 대단한 충성심을 불러일으켰다.

시각 · 공간 능력 | 폼페이우스와의 전투에서 거둔 승리는 카이사르가 다른 위대한 왼손잡이 군 지휘자들과 공통적으로 가졌던 능력을 보여준다. 이는 전장을 시각화할 수 있고 적군의 전략을 예상하며, 허를 찌르는 전술을 착안해내는 능력이다.

수평사고 | 적군의 허영심을 이용하여 수적으로 우세한 적을 물리칠 전략을 생각해낼 수 있는 장군은 그리 많지 않다.

실험정신 | 카이사르는 전장에서 새로운 전략을 실험할 준비가 언제든 되어 있었고, 언제나 자신의 전략을 구체적인 상황에 맞추려고 노력했다.

Joan of Arc

중 세 후 반 에 살았던 왼손잡이 남장 처녀 성인이자 프랑스군 지휘
자였던 잔 다르크만큼 놀라운 인물도 역사상 몇 명 되지 않는다. 잔 다르크는
프랑스가 백년전쟁에 휘말려 있던 시절, 농촌에서 태어난 순진한 시골 처녀였
다. 당시 사회는 계급과 기사도적 사회 규범으로 철저하게 통제되고 있었다.
그러나 그녀는 신성한 목소리에 인도되어 불가능해 보였던 사회적 장애들을
극복했고 프랑스군을 지휘해 수차례의 중요한 승리를 얻음으로써 전세를 바
꾸어 놓았다.

그녀는 전장에서 체포되어 영국군에게 팔아 넘겨졌고 여론 조작에 힘입은
공개재판에서 이단을 선고받고 결국 화형에 처해졌다. 당시 그녀의 나이는 겨
우 열아홉 살이었다. 그녀가 죽은 지 얼마 되지 않아 그녀가 충성을 바쳤던 왕
세자 샤를Dauphin Charles(이후 샤를 7세가 된다)은 정통성을 가진 프랑스의 왕
으로 즉위했다. 샤를 7세는 잔 다르크에게 내려진 유죄판결을 파기하고, 교회
에 의해 명예가 회복된다. 그리고 500년의 세월의 흘러 역사적 반전으로 1920
년 가톨릭교회는 잔 다르크를 성녀로 봉했다.

신의 목소리 │ 마을 사람들은 잔 다르크를 신실하며 친절한 아이로 기억했

다. 12살이 되었을 때 잔 다르크는 프랑스를 수호하는 천사장 미카엘 Archangel Michael(프랑스어로는 미셸)이 자신을 찾아와 "너의 운명은 오를레앙의 포위를 풀고 아르마냑의 우두머리, 즉 샤를 왕세자가 프랑스의 왕위에 오르도록 돕는 것"이라는 계시를 내렸다고 주장했다. 잔 다르크가 제휴한 아르마냑파는 부르고뉴와 치열한 전쟁 중이었다. 부르고뉴인들 역시 프랑스인이었으나 영국군과 동맹을 맺고 있었다. 이들 사이의 소접전과 전투는 시골 지역에서 끊임없이 이어졌고 이것이 곧 백년전쟁이다. 마을과 농장들은 군수품이 부족하던 양쪽 군대로부터 늘 약탈을 당했다.

천사장 미카엘은 잔 다르크에게 중세에 인기 있던 처녀 수난자 성 캐서린 St. Catherine(프랑스어로 생 카트린느)과 성 마가렛St. Margaret(프랑스어 생 마가레)의 가르침을 따를 것을 명했다. 오늘날 그 누구라도 천사의 목소리를 들었다고 말한다면 정신병자로 진단받아 약물치료를 받거나 더 나쁜 경우에는 사회의 변두리로 밀려나 소외받게 될 것이다. 사실 왼손잡이였던 잔 다르크는 통계학적으로 정신분열증에 걸리기 더 쉬운 상황이었다. 그러나 중세시대에는 자신이 신과 접촉했다고 주장하는 예언자나 환영을 보는 자들이 흔히 있었다. 또 당시에는 초과학적 경험에 대하여 오늘날과 같은 종류의 낙인이 찍히지는 않았다.

동시대의 정신분열증 환자들과는 달리 잔 다르크는 자신에게 들려오는 그 목소리들을 좋아했고 그 목소리가 따뜻함과 환희를 가져다주었다고 주장했다. 화형당하기 전까지 몇몇 순간을 제외하고 그녀는 신성의 영원한 면전에 있다고 믿었다. 또한 이 확신은 다른 사람들을 동참하게 하고, 목표를 달성하기 위해 필수적인 신념을 갖고 행동할 수 있게 했다. 잔 다르크는 사춘기 내내 그 목소리들을 들었다. 그 목소리들은 그녀가 더 고결한 목적을 위해 처녀성을 간직할 것을 충고했다. 그녀가 열일곱 살이 되었을 때 샤를 왕세자가 프랑스의 왕위에 앉도록 헌신하는 것이 사명이라는 신의 목소리를 들었을 때 그녀는 곧바로 실천에 옮겼다.

▶랭스 대성당에서 치러진 샤를 7세의 대관식에 참석한 잔 다르크. 그녀 곁에 군목과 시동이 보인다.

잔 다르크의 성격 중 놀라운 면 하나는 자신의 주장을 받아들이도록 권력을 지닌 사람을 설득하는 능력이 있었다는 점이다. 그녀가 자신의 사명을 이해시켜야 했던 첫 번째 사람은 그 지방 영주였던 로베르 드 보드리꾸르Robert de Baudricourt였다. 글도 읽을 줄 모르는 열일곱 살 난 농촌 처녀였던 잔 다르크가 빨간색의 전형적인 농민 복장으로 나타났을 때 영주가 그녀를 직접 만난 것 자체가 놀라운 일이었다. 드 보드리꾸르는 여자들을 희롱하고 다니기로 유명했다. 사람들은 잔 다르크가 처녀성을 잃지 않고 그곳을 빠져나온 사실에 무척이나 놀랐다. 특히 그녀의 가슴은 너무 아름다웠다고 전해지기 때문이기도 했다.

잔 다르크의 접근방식은 드 보드리꾸르의 경계심을 풀게 했고, 영주의 사회적 지위에 마땅히 표해야 할 존경도 보이지 않은 채 그녀는 스스로를 이렇게 소개했다.

"나의 주께서 나를 보내어 당신으로 하여금 왕세자가 더욱 용감해지고 적에 맞서 전쟁을 계속하라고 충고할 수 있도록 하셨다. 사순절 중순 전에 주는 그를 도우실 것이다. 왕국의 진정한 주인이신 나의 주께서는 왕세자가 왕위에 앉아 이 왕국을 통치하기를 바라신다. 왕세자는 적들에게 둘러싸여 있을지라도 왕위에 앉을 것이며 나는 그를 즉위식으로 이끌도록 선택받았다."

왕을 설득하다 | 잔 다르크가 드 보드리꾸르를 설득한 것이 주요한 성공이었다면 프랑스의 왕을 자신의 편으로 끌어들인 것은 경이적인 사건이었다. 모든 기록에 따르면 샤를은 잔 다르크가 선전하던 종교·정치적 기적으로부터 어떤 이익을 기대하기에는 꽤 평범한 후보자였다. 남자답지 못한 턱, 사시, 땅딸한 다리를 가졌던 샤를 왕세자는 우유부단하고 주위 사람들에게 지나치게 의존적이었다. 잔 다르크가 도착했을 때 샤를과 신하들은 그녀를 만나길 꺼려

했다. 그녀는 그들이 도개교를 내릴 때까지 시농Chinon의 성 밖에서 이틀 이상을 기다려야만 했다. 또한 그녀는 성 안으로 들어간 뒤에도 시험을 치러야 했다. 그들은 300명의 훌륭한 옷을 입은 신하들을 모아놓고 잔 다르크에게 왕세자를 찾아내라는 문제를 냈다. 그녀는 왼손잡이 특유의 직감을 발휘하여 수수하게 차려입은 진짜 왕세자 샤를을 즉시 찾아냈다.

잔 다르크가 일단 시험을 통과하자 샤를은 알현을 승인했다. 그리고 그녀가 얻어낸 것은 실로 놀라웠다. 그녀는 자신에게 프랑스 왕국을 넘기도록 샤를을 설득했다(이 사실은 왕의 서기 네 명에 의해 증언되었다). 그런 다음 그녀는 왕국을 신에게 봉헌했다. 그러고는 다시 신의 이름으로 샤를에게 왕국을 돌려주었다. 교육도 받지 못한 무식한 농촌 처녀가 해내기에 이 일은 너무나 어렵고도 훌륭한 일이었다.

잔 다르크가 마지막으로 통과해야 할 시험은 랭스의 대주교와 증인들(왕의 고위직 신하들)을 포함한 학식 있는 성직자들이 그녀의 사명이 과연 성령에서 비롯된 것인가를 판단하는 것이었다. 그녀가 나중에 깨닫게 되는 사실이지만 신성함과 이단의 경계는 극히 주관적으로 판단될 수 있는 것이었고, 거짓 혐의로 화형당한 사람은 그녀뿐만이 아니었다. 그러나 성직자들은 한 처녀가 프랑스를 구하리라는 예언을 이룰 사람이 바로 잔 다르크라고 판단했다. 잔 다르크는 갑옷 한 벌과 검을 하사받았고 4,000명의 병사와 수행원을 이끌고 적진을 향해 출발했다.

오를레앙의 승리 | 왼손잡이가 과도한 남성호르몬의 영향으로 만들어진다는 논쟁은 잔 다르크가 전장에서 보여준 대범한 행동이 뒷받침한다. 오를레앙의 전투가 시작될 때부터 그녀는 광포함과 전투에 대한 열의를 보였다. 프랑스군의 지휘자는 영국군의 포로로 잡혀 있었던 오를레앙 공작의 서자인 뒤노아Dunois였다. 잔 다르크가 1429년 4월 말 그곳에 도착했을 때 영국군은 인구 3만 명의 도시를 6개월 동안 포위하고 있던 상태여서 시민들은 점점 더 저항

하기가 힘들어지고 있었다. 잔 다르크는 도착할 때 이미 공격 준비가 되어 있었다. 그러나 몇몇의 노련한 지휘관들이 그녀를 불신하여 유일하게 통행 가능한 성문으로 물자를 공급하는 사람으로만 그녀를 활용하려고 했다. 그러나 그들은 잔 다르크에게 그녀가 맡게 될 그 사소한 역할에 대해 알려주지 않았고, 잔 다르크는 그 사실을 알았을 때 광분했다. 그녀는 사실상 반은 왕족인 뒤노아에게 누구라도 다시 한 번 그런 식으로 속이려 든다면 가차 없이 목을 치겠다고 선포했다. 뒤노아는 "그대가 충분히 그러리라고 생각한다"고 대답할 수밖에 없었다.

상관을 협박하다시피 하는 무모함은 전장에서 보여준 그녀의 용맹함에 비하면 시시한 것이었다. 그녀는 일련의 성공적인 소접전을 치르고 난 후 1429년 5월 7일부터 본격적인 오를레앙 전투를 개시했다. 병사들이 돌격할 때 잔 다르크는 선두에 있었다. 정오에 그녀는 왼쪽 가슴 윗부분에 화살을 맞았고 화살은 6인치 가량 깊게 박혔다. 그녀는 이 치명적 공격이 일어나기 전에 고해 신부에게 자기가 들어오던 목소리가 이 일을 예견했다고 말했기 때문에 그리 놀라지 않았다. 그녀는 스스로 화살을 빼내고 동물 기름으로 치료를 받은 뒤 잠시 휴식을 취하고는 곧 전투에 참여했다.

이는 프랑스군의 사기를 크게 진작시켰다. 저녁 8시에 퇴각을 알리는 나팔 소리가 울려 퍼졌으나 잔 다르크는 이를 무시했다. 그녀는 해자를 건너 도시 성벽을 기어오르는 맹공을 벌였다. 그녀 곁에서 군기를 들고 다니던 병사는 탈진하여 쓰러졌고 다른 병사에게 깃발을 건넸다. 이에 화가 난 잔 다르크는 영국군의 퍼부어대는 투석 공세를 뚫고 달려와 스스로 깃발을 잡았다. 그리하여 모든 프랑스 병사들은 깃발이 바람에 날려 적군을 향하는 것을 보았다. 이 승리의 전조를 본 프랑스군은 다시 전장 속으로 돌진했다. 다음날 아침 무렵 영국군은 도망쳤고 잔 다르크는 위대한 승리를 맛보며 처음으로 '오를레앙의 처녀'로 알려졌다.

몰락의 길 | 영국군이 루아르 계곡에서 퇴각하자 잔 다르크가 예언한 대로 샤를 왕세자는 전통에 따라 랭스 대성당에서 대관식을 거행했다. 성급한 성격에 걸맞게 잔 다르크는 파리를 점령하고 있던 영국군과 부르고뉴파에 맞서 즉각적인 공격을 해야 한다고 주장했다. 아마 그녀의 판단이 옳았겠지만 샤를 7세는 망설였고 그의 고문들은 전쟁을 외교 교섭으로 끝맺어야 한다고 강하게 건의했다. 샤를 7세는 15일 동안의 휴전에 동의했으나 이는 적군이 새로운 병력을 투입하고 수비를 더욱 강화하는 여유를 제공했다.

이어진 전투에서 잔 다르크의 운은 눈에 띄게 쇠하기 시작했다. 성공적이지 못했던 몇몇 작은 접전을 치른 후 그녀의 부대는 일시적으로 해산되었고 그녀는 궁정에 갇히는 신세가 되었다. 그러나 궁정의 허례허식은 그녀의 성급한 성미에 전혀 맞지 않았다. 잔 다르크는 다 빈치처럼 세련됨보다는 자연스러움을 더 좋아하고, 알렉산드로스 대왕처럼 사치스러운 예복보다 전장에서의 영예를 더 높이 사는 사람이었다.

1430년 결국 샤를 7세는 외교적 해결이 불가능하다고 결론짓고 군대를 이끌고 파리로 진군했다. 그러나 그 사이 병사들은 부족한 식량과 적은 보수 때문에 전투 의지를 잃고 말았다. 밤새 말을 타고 병사들에게 달려간 잔 다르크는 300명 남짓의 병사들을 모아놓고 6,000명에 달하는 부르고뉴군에 대항해 싸울 것을 설득했다. 지나친 열세에도 불구하고 잔 다르크는 멈추지 않고 맹공을 감행했지만 그녀의 부대는 결국 지칠 대로 지쳐 더 이상 싸울 수 없는 상태에 이르렀다. 그나마 힘이 남아 있는 병사들은 도망을 쳤으나 잔 다르크는 외로운 전투를 계속했고 결국 포위당해 피카르디(Picardy: 프랑스 북부의 한 지방) 궁수에 의해 말에서 떨어졌다. 그 뒤 그녀는 영국군에게 넘겨져 종교재판에 회부되었고 이단을 선고받아 화형을 당하고 말았다. 그때 그녀의 나이는 겨우 열아홉이었다.

잔 다르크의 성공은 짧았으나 경이적인 것이었다. 그녀는 다른 군 지휘관에 비해 턱없이 훈련이 부족했으나 용맹함은 뒤지지 않았다. 샤를 7세가 마침내 파리를 되찾았을 때 그는 잔 다르크의 명예를 회복시켰고, 그녀는 여전히 역사상 가장 위대한 수수께끼의 인물 중 한 명으로 남아 있다. 왼손잡이인 무명의 농촌 소녀가 천사들의 목소리에 인도되어 프랑스군을 위대한 승리로 이끈 것이다. 오랜 세월이 흐른 뒤 윈스턴 처칠은 〈영국의 탄생*Birth of Britain*〉에서 이렇게 언급했다.

잔 다르크는 범상한 사람들에 비해 너무나 뛰어났기에 한 세기가 지나도 그녀에게 필적할 만한 인물은 없다.

☞ **남성 호르몬이 넘치는 처녀** │ 드 부르디쿠르를 만나러 갈 무렵 잔 다르크는 스스로를 의식해라 퓌셀(La Pucelle: 젊은 처녀의 처녀성을 의미) 혹은 메이드(Maid: 처녀)라는 별명을 이용했다. 이는 스스로의 처녀성을 강조하기 위해 또한 자신의 여성성을 부정하기 위해서였다. 군대와 가장 가까운 여자들은 보통 군대를 따라다니는 창녀들이었다. 잔 다르크는 남자 복장을 하고 다녔는데 이는 그 복장이 그나마 성희롱을 예방하기 때문이기도 했고 그녀를 다른 여성들과 구분해주기 때문이기도 했다. 게다가 이 복장은 그녀를 남자 조직의 일원으로 받아들여지는 것을 수월케 했다.

잔 다르크는 정열적이고 성급하고 이상주의적이며 경솔했다. 의심할 여지없이 전형적인 말괄량이였다. 남성이 여성보다 왼손잡이가 되기 더 쉽다는 것은 이미 오래 전부터 알려져 왔다. 어떤 과학자들은 태아가 자궁 내에서 과도한 남성호르몬에 노출되면 뇌의 우반구를 더 발달시키며 그 영향으로 왼손잡이가 된다고 주장한다. 이것이 잔 다르크의 인생에 대한 남성적 접근방식을 설명할 수도 있다. 또한 이 책에 등장하는 위대한 왼손잡이들이 보여준 남성호르몬에 자극된 맹렬함의 실마리가 될 수 있다. 이런 인물의 예로는 알렉산드로스 대왕, 카이사르, 나폴레옹, 존 매켄로, 미켈란젤로가 있다.

잔 다르크는 또한 그녀의 유별난 성격으로도 유명했다. 한 번은 막강한 힘을 지닌 로렌의 샤를 공이 그녀를 불러 자신의 병을 고쳐달라고 요구했다. 그녀는 그에게 그의 건강을 위해서 할 수 있는 일이 아무것도 없으며 그가 정부와 헤어지고 아내에게 돌아가야 한다고 충고했다. 깜짝 놀라 마음을 고쳐먹은 샤를 공은 잔 다르크에게 얼마간의 돈과 말 한 필을 선사했다.

왼손잡이들의 공통점

1. 중세 유럽사회에서 기독교적 세계관은 혹독할 정도로 팽배했다. 기독교적 상징은 왼쪽을 사악하거나 종속적인 것 혹은 열등한 것으로 보았다. 그 예로 사탄은 왼손을 뻗은 모습으로 묘사되었고 마태복음 25장에서는 오른쪽에 대한 분명한 선호를 이렇게 표현했다. "그러자 왕이 그들에게 그의 오른손을 내밀어 이렇게 말할 것이다. 내게로 오라, 내 아버지의 축복받은 자들이여. 너희를 위해 준비된 왕국을 물려받아라…… 그러면 그는 또한 그의 왼손을 내밀며 그들에게 말할 것이다. 저주받은 너희들은 내게서 떠나 지옥불로 떨어지거라. 악마와 그의 타락한 천사들을 위해 준비하라." 로웨나 셰퍼드와 루퍼트 셰퍼드는 〈1,000개의 상징 *1,000 Symols*〉에서 이렇게 지적했다. "기독교에서 몸의 오른편은 창조의 첫 단계, 낮, 의식, 아담, 남자, 능동적인 힘을 의미한다. 왼편은 창조의 둘째 단계, 땅, 물질, 이브, 여자, 수용성을 의미한다." 중세의 왼손잡이들은 언제나 상당한 의심의 눈초리를 받았고 종교적 범죄의 용의자로 더 쉽게 지목되었다. 이단이나 마녀 등의 종교 범죄는 권력을 쥐고 있는 자들의 이익을 보존하기 위해 잔 다르크의 경우처럼 종종 날조되었다. 운 나쁘게 나쁜 타이밍에 잘못된 장소에 있었다는 것만으로 왼손잡이들은 이교도나 마녀로 몰려 화형당하기 일쑤였다.

2. 흥미로운 사실은 왼손잡이들이 오른손잡이들보다 정신분열증에 걸리기 더 쉽다는 점이다. 이는 아마 왼손잡이들이 종종 보여주는 뛰어난 감수성과 감정이입 능력의 단점일 것이다. 몇몇 연구 결과는 왼손잡이들이 오른손잡이들보다 정신분열적 성향을 더 강하게 나타냄을 입증했다. 게다가 그러한 성향이 있으나 완전한 정신분열증으로 악화되지 않는 경우에는 그런 성향이 없는 사람보다 더 수평사고에 뛰어난 것으로 밝혀졌다. 이 책에서 이런 정신분열 증세를 두드러지게 보였던 인물은 루이스 캐럴, 니체, 지미 헨드릭스가 있다.

3. 잔 다르크의 극성 팬 중 한 명이 마크 트웨인이다.

잔 다르크의 왼손잡이 기질

직관력 ｜ 전 생애에 걸쳐 그녀는 신의 목소리에 인도받아 직관적인 본능에 따라 살았으며, 앞뒤 가리지 않고 무모하게 행동했다.

감정이입 능력 ｜ 그녀는 사람들의 의중을 꿰뚫어 볼 수 있었는데, 특히 중요 인사를 설득하여 가망이 없어 보이는 전략을 펼쳐 승리를 이끌었다.

화를 잘 내는 성격 ｜ 전장에서 보인 그녀의 맹렬함은 경탄의 수준이었다. 자신의 길을 막는 자에게는 특히나 더 사나워서 마치 신의 분노를 전하는 것만 같았다.

인습타파 ｜ 그녀는 자신을 가로막는 모든 인습들을 무너뜨렸고, 여태껏 어떤 다른 여성도 그녀에 필적할 만한 본보기를 보여주지 못했다. 이 책의 모든 인물 중 그녀는 가장 특이한 인물이다. 그녀의 인습타파적인 행동은 결국 이단으로 몰려 화형에 처해지는 결과를 초래했다.

독학 ｜ 사실 그녀가 독학이라도 했는지는 알 수 없다. 정식 교육을 받지 못한 시골 소녀였지만 순수한 직관과 그녀를 이끄는 목소리에 대한 절대적 신념이 그녀를 귀족들보다 더 현명하게 했다.

공상가 ｜ 상상력과 정신분열 증세를 보인 성격은 그녀가 역사적으로 가장 위대한 인물 중 한 명이 되는 데 기여했다.

Leonardo da Vinci

서 양 문 명 의 가장 위대한 지성 중 한 명이 서출에 채식주의자이자 왼손잡이인 동성애자라고 그 누가 생각이나 했겠는가? 역사상 그의 이름만큼 천재의 동의어로 여겨질 다른 이름은 없었던 다 빈치는 위에 나열된 것 모두였다. 문맹, 채식주의자, 왼손잡이, 동성애자. 게다가 세상에서 가장 유명한 작품인 모나리자를 탄생시킨 다 빈치는 억제할 수 없는 호기심의 소유자였다.

그의 노트들은 그의 시대에서 몇 세기나 앞선 발명품과 기술들에 대한 아이디어로 가득 차 있었다. 그 분야는 너무나 다양하여 공학, 해부학, 항공술, 공기 역학, 수리학, 군사학, 미술을 모두 망라했다. 이탈리아의 모든 '르네상스적 교양인'들 중에서 다 빈치는 가장 뛰어난 인물이었음에 틀림없다. 이 박식가의 엄청난 재능은 예술과 과학의 경계를 넘나들었고 그 누구도 그런 예를 보인 적이 없다.

그의 동성애 성향과 서자 출생이라는 사실은 그가 출세나 가족에 대해 남성이라면 따라야 할 관습에서 벗어나 자유롭게 창조성을 펼칠 수 있게 했다. 동시에 그가 왼손잡이라는 사실은 그의 성격과 작품 생산에 중대한 영향을 끼쳤다. 여러 면에서 그는 진정한 왼손잡이였고 진정한 아웃사이더였다. 걸출한 재기와 독창적인 사고, 뛰어난 시각·공간 능력은 그를 당시의 세계에서 독자

▶ 붉은 분필로 그린 자화상, 다 빈치가 약 60세였던 1512년의 작품이다.

적인 위치로 끌어올렸다. 동료 예술가였던 미켈란젤로, 라파엘로와 더불어 다 빈치는 역사상 가장 매혹적인 왼손잡이 무리를 이룬다. 서양 문명의 발전에 있어 중대한 시기였던 이탈리안 르네상스는 이 세 인물 없이는 전혀 흥미롭지 않다.

불우한 어린 시절 | 레오나르도 다 빈치의 어머니 카테리나Caterina는 미혼모인 농촌 처녀였다. 아버지 세르 피에로 다 빈치Ser Piero da Vinci는 그를 아들로서 인정했으나 그의 어머니와 결혼하지는 않았다. 당시 그는 젊은 변호사였으며 후에 피렌체 파에서 중요한 인물이 되었다.

레오나르도는 어린 시절을 피렌체 외곽의 조그만 마을 빈치Vinci의 시골에서 보냈다. 그의 이름은 말 그대로 '빈치 출신의 레오나르도'라는 뜻이다. 그곳에 아버지의 가문은 시골 영지를 소유하고 있었다. 레오나르도는 서자였기 때문에 정규교육을 제대로 받지 못했다. 그는 인생 후반기에 접어들어서야 학술적 언어인 라틴어를 스스로 독학했다. 그가 정규교육을 제대로 받지 못했다는 점은 글을 쓸 때 보통 왼손으로 역서(mirror writing: 거울로 보면 바르게 보이도록 쓰는 방식)를 했다는 사실이 입증한다. 레오나르도의 노트에서 글씨들은 거꾸로 씌어 있고, 단어와 문장은 오른쪽에서 왼쪽 방향으로 읽도록 씌어 있다. 그러나 그는 또한 보통의 필기법으로 글을 쓰기도 했는데 이는 오직 다른 사람들이 읽을 편지를 쓸 때만 사용했다.

학교에서 그는 전통적인 글쓰기 방식과 사고방식, 즉 오른손잡이 방식을 장려받았다. 대신 그의 천재성을 독립적으로 발휘할 수 있도록 허용되었다. 그는 어린 시절의 많은 시간을 시골을 떠돌아다니면서 보냈는데, 보통 그의 애완견과 함께였다. 이런 시간들은 투스카니 지방의 풍경과 그곳의 동식물을 관찰하는 시각을 단련시켜주었다. 레오나르도에게는 자연이 곧 교실이었고 그가 자연에서 배운 것은 훗날 그의 예술적·과학적 작업에 중요한 밑거름이 되었다.

◀ 모나리자의 배경에 그려진 풍경에서 레오나르도의 회화 기법인 스푸마토Sfumato를 발견할 수 있다.

어릴 때부터 레오나르도는 그림 그리기에 강한 집착을 보였다. 그는 음악에도 상당한 재능을 보였으나 시각 예술이 주력 분야였다. 종이와 펜으로 풀어나가는 행위는 그가 세상을 이해하는 가장 근본적인 방식이자 많은 발명품들의 고안에 있어 겪는 문제점을 풀어나가는 가장 중요한 방식이었다. 화가에서부터 군사 지휘자, 야구 선수까지 많은 위대한 왼손잡이들은 뛰어난 시각 · 공간 능력이 있는데, 이는 이 능력이 주로 뇌의 우반구에 집중되어 있고 이 뇌는 몸의 왼쪽을 통제하기 때문이다.

레오나르도는 책에서 얻는 지식보다 세상을 자신의 눈으로 직접 보는 것을 더욱 신뢰했다. 그에게 눈은 가장 중요한 신체기관이었으며 자연의 신비를 꿰뚫어볼 수 있는 창 역할을 했다. 사람들은 종종 "눈은 영혼의 창"이라고 말하지만 레오나르도에게 눈은 세상으로의 창이었다. 그는 자신의 노트에 이렇게 썼다

눈은 천문학의 지휘자이다. 눈은 우주지리학을 발명했다. 눈은 인간의 모든 예술을 인도하고 수정한다. 눈은 인간을 세상 곳곳으로 안내한다. 눈은 수학의 왕자이다. 눈이 제공하는 지식은 가장 믿을 만한 것이다. 눈은 별까지의 거리와 별의 크기를 잰다. 눈은 원소와 그것의 분포를 밝혀낸다. 눈은 별들의 행로를 읽어 미래의 사건을 예측하게 한다. 눈은 건축과 원근과 거룩한 회화를 발명했다. 신에 의해 창조된 그 어떤 것보다도 우위에 있구나! ……눈은 실로 자연보다 우위에 있으니, 자연을 구성하는 부분들은 유한하나 손을 지휘하여 눈이 만들어내는 것들은 무한하기 때문이다. 이는 화가가 동물과 풀, 나무를 표현하는 방법이 수만 가지 존재한다는 사실로 입증된다.

새로운 것을 찾아서 | 레오나르도는 14세의 나이로 피렌체의 화가 안드레아 델 베로키오Andrea del Verocchio의 문하생으로 들어가게 된다. 그 당시 이

탈리아의 회화는 기법 변화의 첨단에 있어서 템페라물감을 유화물감으로 대체하고 있었다. 템페라물감은 안료를 달걀노른자와 섞어 만들었는데 이 물감은 너무 빨리 말라서 깊이나 세부를 묘사하는 데 한계가 있었다. 기름을 섞어 물감을 만드는 기술은 얀 반 아이크Jan van Eyck와 같은 플랑드르 미술가들에 의해 시작되었는데 이것이 이탈리아 미술가들에게 전해졌다. 그러나 이들은 유화물감을 표면 광택을 내는 데에만 주로 사용했다.

레오나르도는 유화물감을 주 재료로 사용한 첫 번째 화가였다. 마르기까지 시간이 더 걸리는 특성은 그림의 정밀도를 얻는 데에 특히 도움이 되었으며 여러 겹의 물감을 바름으로써 더 강렬한 깊이를 창조할 수 있었다. 레오나르도는 전 생애에 걸쳐 새로운 방식에 열려 있는 태도를 유지했으며 이미 알려진 것으로부터 벗어나려는 왼손잡이로서의 의지는 뛰어난 결과를 도출해내는 원동력이 되었다.

그의 창조성은 유화물감에 의해 더 큰 자유를 얻었다. 인물과 자연에 대한 묘사는 해부학 연구로 더욱 단련되어 풍요롭고 사실적이 되었다. 레오나르도의 회화를 자세히 들여다보면 배경으로 그려진 자연 환경이 얼마나 정확히 세세하게 묘사되었는지 발견할 수 있다. 레오나르도는 완벽주의자였다. 그 예로 회화에 있어 그는 스푸마토(Sfumato: 안개처럼 색을 미묘하게 변화시켜 색깔 사이의 윤곽을 명확히 구분 지을 수 없도록 자연스럽게 옮아가도록 하는 명암법—옮긴이)라는 기법을 개발해냈는데 이는 그림의 배경을 흐릿하게 처리하는 기법이었다. 이는 투스카니 특유의 햇볕 속에서 보이는 원경을 모방한 것으로 다른 화가들은 아직 도달하지 못했던 깊이를 레오나르도는 작품에 부여했다.

앞서 간 전문가들을 인용하여 자신의 생각을 뒷받침하는 사람들을 레오나르도는 특히나 경멸했다. 그는 이런 사람들을 '주위들은 지식의 소유자'로 치부했으며 직접 경험에서 얻어진 지식만이 가치 있다고 여겼다.

그 어떤 누구도 다른 사람의 스타일을 모방해서는 안 된다. 왜냐하면 그렇게 할 때 그는 예술에 관해서는 자연의 자식이 아닌 자연의 조카쯤으로 불릴 것이기 때문이다.

이런 태도는 전형적인 '우뇌적 사고'를 보여준다. 보통의 예술가들이 전통에 의지해 얻어낸 일반적인 지식을 레오나르도는 의도적으로 피하면서 자신만의 독창성을 창출하고 보존했다. 그러한 독창성은 그만의 천재성과 뛰어난 예술성의 지표가 되었다. 그러나 지금은 일반적으로 받아들여지는 사실이 그 당시에는 매우 급진적인 것이었으므로 그는 더욱 인습타파주의자로 여겨졌다. 인습타파의 정신은 또 다른 전형적인 왼손잡이의 특징이다.

그의 초기 전기작가 중 한 명인 조르조 바사리Giorgio Vasari에 따르면 레오나르도의 재능은 애초부터 대단했다고 전해진다. 베로키오는 문하생인 레오나르도가 참여한 작품을 보고 그것이 너무 뛰어난 데 경탄하여 미술가의 길에서 은퇴하고 말았다. 그러나 레오나르도는 시작한 것을 끝내지 못하는 버릇으로 유명하여 그의 재능은 곧 미완적인 경향과 짝지어졌다.

이의 전형적인 일례로 피렌체의 수도원 산 도나토 아 스코페토San Donato a Scopeto가 제단을 장식하기 위해 레오나르도에게 그림을 주문했는데 이것은 후에 '삼왕예배'(三王禮拜, Adoration of the Magi)로 알려진 작품이 된다. 레오나르도는 이 그림을 완성하기 위해서는 2년이 걸릴 것이라고 생각했고 수도원과는 3년 안에 끝내기로 계약을 맺었다. 그는 그림의 보수로 수도원에 기증되어 있던 토지의 한 교구를 받기로 되어 있었다. 계약은 1481년 3월에 성립되었다. 그러나 1482년 초 그림을 미완성으로 남긴 채 레오나르도는 밀라노로 떠나버렸다. 수도원은 분통이 터졌지만 어쩔 수 없었고 그림은 끝내 완성되지 못했다.

그의 작품은 미완성작으로 메디치 컬렉션에 포함되었고 지금은 우피치Uffizi 미술관이 소장하고 있다. 수도사들은 레오나르도보다는 실력이 못하지만 더 신임할 만한 예술가인 필리피노 리피Filippino Lippi에게 제단 장식화를

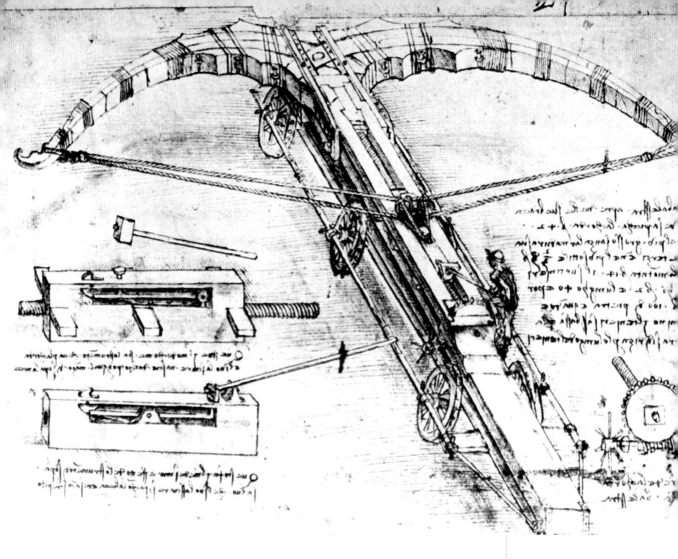

주문했다. 리피는 이외에도 피렌체 정부가 레오나르도에게 주문했지만 완성시키지 못한 작품을 해결해주었다.

밀라노에서 레오나르도는 프란체스코 스포르자Francesco Sforza를 기리기 위한 거대한 말 동상의 제작을 주문받았다. 그는 점토 모형까지는 완성시켰다. 그러나 청동 주조에 들어가면서부터 다른 과학적 실험과 야외극 연출에 정신이 팔려 동상 제작은 지지부진해졌다. 그가 그렇게 시간을 끄는 사이 프랑스와의 전쟁이 터졌다. 금속은 전쟁용으로 모두 징발되었고 점토 모형은 프랑스군 궁수들의 과녁으로 전락하면서 파괴되고 말았다.

오른손잡이들은 단계적 과정을 선호하여 한 가지 일을 우선 끝내고 다른 일

▲ 레오나르도의 노트에 스케치된 거대 투석기. 1499년경 그려진 것으로 추정된다.

▶ 약 1,300페이지에 달하는 레오나르도의 노트는 스케치와 예술, 과학, 철학에 관한 기록으로 이루어져 있다.

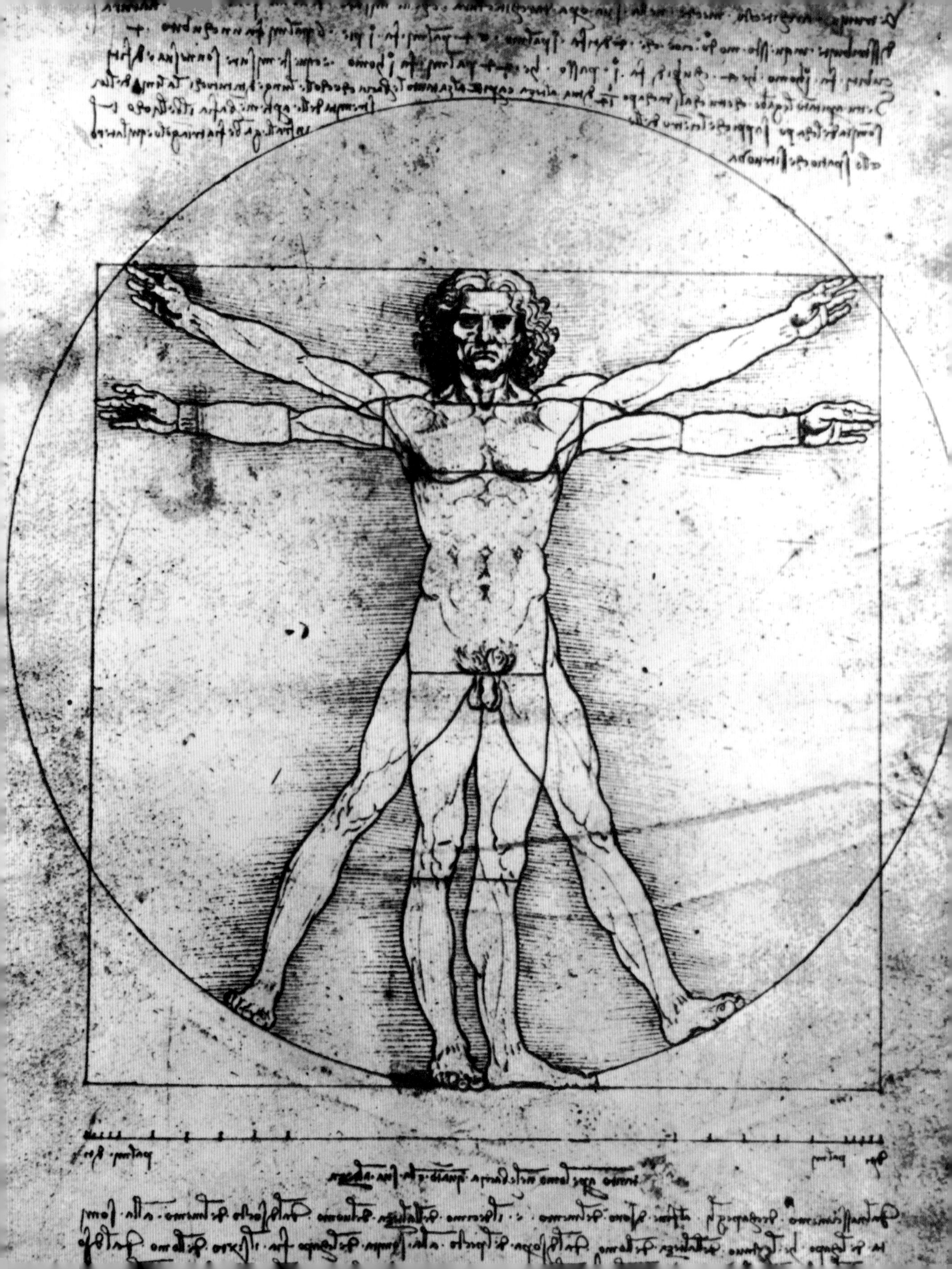

을 시작하기를 좋아한다. 대조적으로 왼손잡이들은 발산적 사고방식(수렴적 사고의 반대)을 갖고 있다. 이런 성향은 어떤 이들에게 있어 멀티태스킹에 뛰어난 능력을 준다. 그러나 레오나르도는 자신의 멈출 수 없는 호기심과 완벽주의의 희생자이자 후원자들의 상충되는 요구의 희생자이기도 했다. 그는 종종 그때그때 떠오르는 여러 가지 착상들과 기획 때문에 일을 미루곤 했다. 예를 들어 프레스코화를 그리는 중에 그가 특히 좋아하던 발상인 비행에 대한 영감에 사로잡히는 식이었다. 그리하여 그는 그리던 작품을 그만두고 새로운 착상에 매달리는 것이었다. 그의 저조한 완성도는 발산적 사고방식의 위험을 증명한다. 그의 46년에 걸친 작품 활동 중 완성한 회화는 20점 이상도 되지 않는다. 그는 안타깝게도 한 사람이 효율적으로 다루기엔 너무나 많은 재주를 갖고 있었다.

인류의 유산, 레오나르도의 노트 | 레오나르도의 사고방식을 들여다볼 수 있는 가장 좋은 방법은 그의 방대한 노트를 관찰하는 것이다. 그의 노트들은 스케치와 의문점, 관찰 기록뿐 아니라 농담들까지 빼곡히 쓰여 있다. 나아가 예술, 공학, 비행, 건축, 철학, 수학 등 천재적인 두뇌를 자극했던 많은 것들에 대한 고찰이 가득하다. 그는 노트를 혁대에 매달아 걸고 다녔는데 길을 걷다가도 멈춰 서서 스케치를 하거나 떠오르는 아이디어를 적곤 했다. 당시 종이는 매우 비쌌으므로 매 페이지는 그림과 글로 모서리까지 어지럽게 가득 찼는데 두말할 나위 없이 낙서들은 그의 폭 넓은 박식함을 보여준다.

레오나르도는 노트에 'disscepolo para sperientia'라고 사인을 했다. 이는 '경험 혹은 실험 모두의 신봉자'라는 뜻으로 해석될 수 있다. 이는 레오나르도가 삶을 통제하는 원칙으로서의 기독교적 신앙을 저버렸음을 뜻한다. 전통을 그저 전통이기 때문에 받아들이기를 거부함으로써 레오나르도는 기독교적 신앙의 추상적 가치 대신 눈으로 직접 확인하여 얻는 진실을 선택했다. 이 사실로 미루어 볼 때, 자연의 신비를 이해하기 위해 과학과 인간 정신의 능력에 대

◀ 펜과 잉크로 그린 그림. 인체 비례를 보여주는 신체도Vitruvian Man로 보통 '신수비례(身手比例)'로 불린다.

해 믿음을 가졌던 레오나르도는 이성시대와 계몽주의의 선구자였다.

인간의 정신 | 레오나르도가 가장 집착한 것 중 하나가 인간의 비행에 대한 착상이었다. 'Codex Atalnticus' 라고 알려진 노트에 그는 이렇게 썼다.

> 날개란 수학적 법칙에 따라 작용하는 기계이다. 이 기계의 모든 동작을 훨씬 힘을 덜 들이고 재현하는 것은 인간의 능력으로 가능하다……인간이 만든 그 기계에 부족한 것은 다만 새의 정신이다. 인간의 정신은 새의 정신을 닮아야만 한다.

레오나르도는 생의 많은 부분을 비행의 가능성에 대해 연구하며 보냈다. 왼손잡이로서 그는 비행에 완전히 매료되어 있었으며 이는 그것의 실현 가능성이 너무나 희박해 보였기 때문이기도 했다. 인간 비행은 궁극의 한계를 뛰어넘는 일일 것이었다. 비행에 성공한 인간은 더 이상 지상의 인간사회 관습에 지배당하지 않을 것이었다.

레오나르도의 비행기구 모형 중에는 피라미드 모양의 낙하산이 있는데 2000년에 실제 제작되었고 영국의 스카이다이버 아드리안 니콜라스Adrian Nicholas에 의해 3,050m 높이에서 실험되었다. 그것은 제대로 작동했다. 레오나르도는 또한 수직 비행기구로 헬리콥터를 고안했다. 그러나 가장 주목할 만한 비행기구는 우첼로(Ucello: 거대한 새)이다. 레오나르도는 우첼로의 설계를 위해 놀라운 관찰력과 해부학적 지식, 데생 실력을 발휘해 새가 어떻게 비행하는지를 밝혀내려 연구했고, 그 연구 결과를 인간이 날 수 있도록 하는 기계의 설계에 적용했다. 이 시점에서 그는 다시 한 번 왼손잡이다운 성격을 활용했다. 왼손잡이는 어렸을 때부터 오른손잡이를 위해 설계된 세상에 적응하도록 강요받는다. 그의 삶은 종종 자신이 들어맞지 않는 세상 속에서 살아가기 위한 방법을 찾기 위한 임기응변으로 특징지어진다.

왼손잡이들의 공통점

～

1. 레오나르도와 역사상 위대한 왼손잡이들과의 관계 중 가장 뚜렷한 것은 레오나르도가 직접 교류했던 미켈란젤로와 라파엘로와의 관계다. 비슷해 보이나 전혀 다른 성격을 가진 레오나르도와 미켈란젤로는 라이벌 관계에 있었다. 미켈란젤로는 병적으로 경쟁적이었으나 레오나르도는 다른 예술가들에게 양보할 줄도 알았다. 그에 비해 라파엘로는 레오나르도의 세련되고 우아한 평판을 이어갔으나 다방면에 천재성을 보이지는 못했다.

2. 기계 설계에 대한 레오나르도의 직관적인 천재성은 자동차의 선구자 헨리 포드가 독학으로 얻은 천재성과 비교될 만한 것이다. 또한 자연은 수학적 법칙에 따라 작용한다는 레오나르도의 신념은 후에 뉴턴에 의해 더 확장되었다.

3. 헨리 포드와 레오나르도의 또 다른 공통점은 둘 다 채식주의자였다는 점이다. 이는 15세기 피렌체 사회에서는 매우 별난 생활방식이었다. 다른 위대한 왼손잡이인 가수 폴 매카트니와 간디 또한 채식주의자였다.

4. 레오나르도의 노트들 중 가장 눈에 띄는 특징은 역서인데, 이는 실생활에서 매우 희귀하면서도 보통 사람들에게는 불편하기 짝이 없는 필기법이다. 왼손잡이 몽상가인 루이스 캐럴이 쓴 〈거울나라의 앨리스*Through the looking glass*〉의 도입부에서 이 필법이 소개되었다.

레오나르도의 왼손잡이 기질

시각·공간 능력 │ 회화, 해부도면, 스케치, 설계 등에서 레오나르도는 역사상 가장 뛰어난 손과 눈의 협응력을 보여준다. 그는 이것을 실천 철학으로 발전시켰다. 나아가 관찰 가능하고 경험에서 얻을 수 있는 지식의 우월성에 대한 믿음을 실증했다.

수평사고 │ 가장 위대한 수평사고자였던 레오나르도는 잠수함과 헬리콥터, 탱크 등의 설계를 고안해냈고 이러한 고안물들은 몇 세기가 지난 후에야 기술적으로 제작 가능해졌다.

인습타파 │ 레오나르도는 이탈리아 회화의 기술적 혁신을 이끌었고 인간의 비행 가능성을 굳게 믿었으며 이성시대의 선구자였다. 그는 또한 윤리적 이유로 채식주의자가 되었는데 이는 당시 사회에서 매우 드문 일이었다.

독학 │ 레오나르도가 받은 정규교육은 부족했으나 독학으로 그 공백을 메웠다. 그러나 이는 책에서 얻은 지식이 아닌 뛰어난 관찰력을 바탕으로 자연에서 얻은 것들이었다.

실험정신 │ 그는 종종 자신의 발명품을 실험했는데 심지어 비행기의 원형이 되는 기구도 만들어냈다. 그는 피렌체 외곽의 산꼭대기에서 이 기구로 비행 실험을 했으나 실패로 돌아갔다.

Michelangelo

비 록   레 오 나 르 도   다 빈치가 전형적인 왼손잡이 천재였다 해도
그가 유일하게 이탈리아 르네상스 예술 세계를 지배한 왼손잡이는 아니었다.
미켈란젤로 보나로티는 1475년에 태어났으며 이때 다 빈치는 이미 23살이었
다. 1564년 90세의 나이로 미켈란젤로가 사망했을 때 그는 뛰어난 조각가, 화
가, 건축가이자 시인으로서 이탈리아 르네상스의 예술적 천재로 널리 알려졌
다. 시스티나 대성당Sistine Chapel의 천장벽화와 같은 그의 작품들은 규모와
위업에 있어 그 어떤 작품과도 비교할 수 없는 수준이다.

미켈란젤로와 레오나르도는 유명한 라이벌 관계에 있었다. 둘 다 왼손잡이
에 전형적인 왼손잡이다운 재능(특히 우뇌지배형에서 발견되는 뛰어난 시각·공
간 능력)을 갖고 있었으나 성격은 매우 달랐다. 레오나르도는 독학한 박식가였
고 서자라는 출신 성분 때문에 사회적 명성을 쫓아야 한다는 부담감이 없었
다. 반면 미켈란젤로의 상황은 조금 달랐다. 우선 그는 투스카니의 소귀족 가
문에서 태어난 적자였다. 지방 관리였던 미켈란젤로의 아버지는 아들이 자신
의 뒤를 이어 가족의 사회적 지위에 적합한 직업을 찾으리라 기대했다. 그러
나 미켈란젤로는 전혀 다른 생각을 갖고 있었다. 레오나르도처럼 그 역시 시

각 예술에 대한 왼손잡이적인 천재성을 억누를 수 없었다.

타고난 예술가 | 미켈란젤로의 가족은 몰락한 소귀족 출신이었고 늘어나는 자식들 때문에 아버지는 아들들을 비교적 수입이 좋은 모직 실크 길드에 도제공으로 보내려 했다. 이를 위해 미켈란젤로는 상인이 되기 위한 필수적인 기능, 즉 문법과 수학을 익히기 위해 학교에 보내졌다. 그러나 그는 대부분의 시간을 스케치에만 골몰했고 이 때문에 아버지에게 매를 맞기도 했다. 그래도 미켈란젤로는 굽히지 않았다. 그는 위대한 화가인 도메니코 기를란다요 Domenico Ghirlandajo의 도제였던 프란체스코 그라나치 Francesco Granacci와 친해졌다. 그라나치는 미켈란젤로에게 스케치의 복사본을 비롯해 이 젊은 예술가에게 필요한 재료들을 가져다주곤 했다.

그 당시 화가는 귀족 출신에게는 창피한 직업이었다. 당연히 미켈란젤로의 아버지는 아들이 신분에 비해 천한 작업에 몰두하는 것을 보고 경악했다. 그러나 벽에 걸린 글귀를 보고 아버지는 결국 아들이 스스로의 막대한 재능을 발휘하고자 하는 욕망에 승복했다. 그리하여 미켈란젤로는 14세의 나이에 기를란다요 아래에서 도제생활을 시작한다. 아이러니하게도 이것은 보나로티 가문에 경제적으로 큰 도움이 되었다. 뛰어난 예술가였던 미켈란젤로는 레오나르도와 달리 사업가로서의 능력을 보였다. 그는 긴 활동 기간 동안 막대한 양의 부동산을 구매했고 이는 가문의 번성과 명망을 높이는 데 결정적인 역할을 했다.

무서운 의지력 | 미켈란젤로의 예술적 포부에 대한 가족의 반대는 그의 정서에 큰 영향을 끼쳤다. 레오나르도가 친절하고 일을 미루는 버릇이 있으며 종종 다른 데에 정신이 팔리기로 유명했던 반면 미켈란젤로는 무서울 정도로 완벽주의에 집착하기로 유명하다. 그의 성격은 전설적일 정도였고 하인에게든 교황에게든 분노를 참지 않았다. 피렌체인들은 이를 'terribilitas'라고 했는데

◀ 미켈란젤로의 다비드 상은 '디세뇨disegno' 개념을 나타내는데 이는 예술가의 초기 구상 혹은 의도가 중요함을 뜻한다.

'무서운 의지력'이라는 뜻이다. 작품 활동을 하면서 그의 성격 때문에 심각한 문제에 빠지는 것을 면하게 해준 것은 외경을 불러일으키는 작품 능력과 신실함이었다. 그는 당시 '허영의 소각'으로 유명하던 사보나롤라Savonarola의 영향을 크게 받았기 때문이다.

　미켈란젤로의 불같은 성격은 어떤 면에서 알렉산드로스 대왕의 존재론적 분노와 닮은꼴이다. 두 사람 모두 팽팽한 내적 갈등을 풀어내려는 노력이 그들을 움직이게 했다. 정복자 알렉산드로스 대왕과 비슷한 미켈란젤로의 생애는 경쟁적인 격분에 지쳐갔지만 결코 그것에서 해방될 기회는 없었다.

불꽃 튀는 대결 | 미켈란젤로와 다른 예술가들과의 관계는 매끄럽지 않았다. 아마도 그가 가장 고통받았던 것은 왼손잡이 동료인 레오나르도와의 관계였을 것이다. 미켈란젤로는 레오나르도의 천재성을 뛰어넘어야 할 장벽으로 여겼다. 많은 부분에서 그는 자신을 레오나르도와 반대 입장에 놓았다. 이는 비평가인 해롤드 블룸Harold Bloom이 말하는 '영향력 불안'의 고전적인 예로서 일종의 오이디푸스 콤플렉스로 볼 수 있다.

　미켈란젤로는 직접적으로 레오나르도에 맞서는 예술가로서 자신의 입장을 밝힌 적이 있다. 레오나르도가 회화를 더 선호한 반면 미켈란젤로는 조각이 더 우월한 예술 형태라고 주장했다. 레오나르도는 자연을 숭상했던 반면 미켈란젤로는 자연을 예술과 문명이 극복해야 할 적대적 대상으로 보았다. 미켈란젤로는 도제생활 동안 피렌체의 위대한 통치자 로렌초 데 메디치Lorenzo de Medici의 인정을 받아 인문학이 꽃피던 그의 가문으로 들어가 생활하면서 신플라톤주의의 신비로운 합리주의를 배우게 된다. 그 결과 미켈란젤로의 예술 세계는 고전주의로의 회귀를 보였으나 독학을 한 레오나르도는 작품 내용으로 고전주의 영역을 표현하는 일은 드물었다. 물론 차이는 개인적인 성향이기도 했다.

　동시대의 전기작가였던 파올로 조비오Paolo Giovio가 1527년경에 기술한

▶ 미켈란젤로의 초상화. 그는 너무나 유명했기에 생전에 전기가 출판된 첫 번째 서양 예술가였다.

097

것에 따르면 그 둘은 너무나 달랐다. 레오나르도는 예의발랐으나 미켈란젤로는 비사교적이었다. 레오나르도가 관대함과 세련됨으로 유명했던 반면 미켈란젤로는 강박적인 비밀주의와 무서운 성격으로 이름을 떨쳤다. 또한 미켈란젤로는 주문받은 작품들을 완성했지만 레오나르도는 종종 그렇지 못했다.

이 두 명의 위대한 왼손잡이 예술가들은 자주 만나지는 않았을 것으로 짐작된다. 그러나 적어도 한 번 만났을 때 둘 사이에는 불꽃이 튀었다. 레오나르도가 팔라초 스피니의 벤치 곁을 걷고 있었을 때 한 무리의 사람들이 단테의 〈신곡〉의 한 구절에 대해 토론하고 있었다. 그들은 레오나르도를 불러 그의 해석을 들어볼 참이었다. 동시에 미켈란젤로는 반대편에서 다가오고 있었다. 이때 레오나르도는 미켈란젤로를 보고는 그 사람들에게 미켈란젤로가 그것을 설명해줄 것이라고 기분 좋게 말했다. 망상증 경향이 있는 미켈란젤로는 이것을 레오나르도가 자신을 모욕하려는 행동으로 받아들이고는 폭발해버렸다. "당신이 직접 설명하시지. 청동으로 주조할 말의 동상을 도안해놓고 실력이 모자라 창피하게도 그냥 내버려둔 사람이 말이야."

미켈란젤로는 레오나르도가 미완성으로 남긴 '스포르자Sforza 청동말'을 비난하고는 가버렸고, 상냥한 레오나르도는 얼굴이 새빨개진 채 남겨졌다. 긍정적인 면을 찾자면 이 독선적이고 재능 넘치던 두 명의 왼손잡이들 사이의 긴장은 역사상 가장 위대한 예술의 일부분을 만들어내는 데 일조하기도 했다.

다비드 상의 제작 | 미켈란젤로가 레오나르도를 드러내놓고 경멸했다면 레오나르도는 미켈란젤로와 그의 조각 '다비드David'를 은밀히 경멸했다. 레오나르도는 이따금 조각을 하기도 했지만 조각 자체를 무시했다. 그는 노트에 이렇게 적었다.

조각가는 조각 대상이 되는 대리석 혹은 다른 단단한 물질을 낭비하는 팔의 힘만으로 작품을 제작한다. 이는 대부분 기계적인 연마로 이루어지는

▶ 미켈란젤로가 설계한 로마의 성 베드로 대성당St. Peter's Basilica의 돔

데 종종 엄청난 땀을 수반하고 땀은 대리석 가루와 뒤섞여 일종의 진흙이
되어 조각가의 얼굴을 뒤덮고야 만다. 조각가는 온몸에 대리석 가루를 뒤
집어써 꼭 제빵사처럼 보인다. 그의 등은 파편 폭풍에 뒤덮이고 그의 집은
대리석 박편과 먼지로 난장판이 된다.

고상한 레오나르도가 이 땀과 난장판을 얼마나 꼴사나운 작업으로 생각했
는지 잘 드러나는 대목이다. 그러나 여러 면에서 조각은 미켈란젤로의 성격에
잘 들어맞는 예술이었다. 대리석 덩어리에서 형태를 조각해내는 것은 궁극적
으로 통제된 폭력을 이용해 미를 창출하는 행위이다. 정으로 돌을 수천 번 두
드려야 하고 매번 돌을 처낼 때마다 돌이킬 수 없는 실수를 저지를 위험이 항
상 도사리고 있다.

미켈란젤로의 걸작 다비드 상은 그가 쏟아부었을 막대한 노력을 여실히 보
여준다. 비범한 의지력으로 이루어낸 이 업적을 위해 그는 4년에 걸쳐 세상에
서 가장 유명한 조각상을 만들어냈다. 다비드 상은 '거인'이라는 별명이 붙여
졌던 카라라Carrara 산 대리석에 조각되었다. 이 대리석은 25년 동안 사용되
지 않고 방치되었는데 두 명의 뛰어난 피렌체 조각가인 아고스티노 디 두치오
Agostino di Duccio와 안토니오 로셀리노Antonio Rossellino가 조각을 시도했으
나 결이 좋지 않아 결국 실패했던 재료였다. 이 '거인'을 재료로 삼은 것은 조
각가로서의 뛰어남을 증명하는 것이나 다름없었고 이로 인해 미켈란젤로는
이 대리석뿐 아니라 그의 선배들의 명성도 정복했다.

다비드 상은 예술 원칙인 '디세뇨disegno'에 입각해 만들어졌는데 이는
예술작품의 성공은 작가의 원래 구상에 상응하는지에 달려 있다는 개념이다.
이 개념과 더불어 조각은 예술의 가장 고매한 형태라고 믿어졌는데, 이는 조
각이 3차원의 형태로서 신의 창조물에 가장 가깝기 때문이다. 게다가 르네상
스인들이 신의 가장 고매한 창조물이라고 믿었던 남성 신체를 조각하는 것은
최고의 예술적 도전이었다. 조각은 3차원이기 때문에 회화에 비해 더 월등한

시각·공간 능력을 요구하는데 이는 주로 왼손잡이와 연관이 깊은 능력이다. 이런 관점에서 볼 때 미켈란젤로의 왼손잡이적인 천재성은 놀라운 것이다.

2004년 다비드 상을 청소할 때 피렌체 대학의 해부학 교수 두 명이 처음으로 해부학적 조사를 시행했다. 다비드 상의 성기가 왜소하게 묘사된 부분 외에 그들이 발견한 유일한 신체해부학적 실수는 등의 오른쪽 부분의 근육이 없다는 점이었다. 그러나 미켈란젤로가 당시 편지에서 밝혔듯이, 애초에 그 근육을 만들 자리가 재료에 없었다.

레오나르도는 비행을 꿈꿨던 반면 미켈란젤로는 완벽한 예술작품을 창조해 냄으로써 내면적인 한계를 초월하여 신의 역량에 다다르고자 했다. 그의 원대한 야망에는 이단의 기미가 물씬 풍긴다. 그의 야망은 신실함과 충돌했으며, 그는 자기비판적인 성향이 있었다. 이는 창조적인 긴장을 유지하도록 도와 전 생애에 걸쳐 맹렬할 정도로 재기를 발휘하게 했다. 알렉산드로스 대왕이나 카이사르 같은 고대의 왼손잡이 정복자들처럼 극도로 경쟁적이고 앞서 나가려는 성격은 절대 충족시킬 수 없는 것이었고 거의 악마적인 의지의 결과물이었다. 부분적으로는 그들에게 꼭 들어맞지 않는 세상을 변화시키고자 하는 왼손잡이의 갈망 때문이기도 하다.

시스티나 대성당 천정 벽화 | 시스티나 대성당의 천정화는 미켈란젤로의 과도한 의지력의 결과물이라고 해도 과언이 아니다. 그는 조각에 대해 뚜렷한 선호를 보였지만 교황 율리우스 2세가 대성당의 천정 프레스코화를 그려달라고 간청했을 때 그 청을 거절할 수 없었다. 미켈란젤로가 이 프레스코화를 그리게 된 것은 사실 그의 두 라이벌인 브라만테와 라파엘로가 교황에게 이런 발상을 심어준 때문이라는 설이 있다. 그들은 미켈란젤로가 조각에서 벗어난 주문을 거절하여 교황의 눈밖에 나거나 아니면 단순히 천정화를 제작하는 데에 실패하기를 바랐다. 자신의 엄격한 기준에 맞춰 천정화를 완성하는 것이 미켈란젤로를 어마어마하게 혹사시켰지만 두 사람은 뜻이 좌절돼 실망할 수

▶아담의 창조, 미켈란젤로가 그린 시스티나 대성당의 프레스코화 중 세부 모습. 1508~1512년 사이에 완성되었다.

밖에 없었다.

완성 무렵 미켈란젤로는 이렇게 말했다. "4년 동안의 고문 끝에 400개 이상의 실제 크기의 인물들을 완성하자 나는 예레미야Jeremiah만큼이나 늙어버렸다. 나는 겨우 37세였는데 친구들은 내가 너무 늙어버려 알아보지도 못할 정도였다." 작업에 착수한 1508년 말부터 완성할 무렵인 1512년까지 그는 거의 한 손으로 465m² 이상의 넓이에 400명에 달하는 실제 크기의 인물들을 그려 넣었다. 뿐만 아니라 그는 원래 조각가였기에 프레스코화를 그리면서 요구되는 많은 기술들을 스스로 습득해야만 했다.

이탈리아 르네상스의 세 번째 위대한 왼손잡이 예술가인 라파엘로는 미켈란젤로의 불쾌한 성격이 '외로운 교수형 집행인'과 닮았다고 생각했다. 라파엘로가 아직 완성되지 못한 천정화를 보았을 때 그는 완전히 압도되고 말았다. 라파엘로는 옆 건물에서 작업을 하면서 자신의 그림에 미켈란젤로의 스타일을 베껴 넣기 시작했다. 그러자 비밀주의자인 미켈란젤로는 작업이 완성되기 전에 교황이 브라만테와 라파엘로로 하여금 그림을 보게 했다며 노발대발했다. 그토록 경쟁적인 미켈란젤로의 분노는 대단해서, 라파엘로가 사망한 지 한참 뒤인 1541년에도 여전히 편지에서 "그가 예술에 대해 배운 모든 것은 내게서 배운 것이다"라며 투덜거렸다.

시스티나 대성당의 프레스코화에는 주목할 만한 특색이 여럿 있다. 우선 종교적 예술작품으로서 미켈란젤로는 기독교 이전의 일련의 고전주의적 요소들과 초상화들을 통합했다. 또한 고전주의의 영감을 받은 나체화가 많았는데 이는 교회의 몇몇 사람들을 불쾌하게 했지만 그림을 주문한 교황은 그렇게 느끼지 않았다. 그러나 몇 년 후 다른 화가가 고용되어 인물들의 성기를 가리기 위해 허리에 두르는 옷가지 따위를 그려 넣었다. 또 흥미로운 점은 미켈란젤로가 그림의 주제를 위해 창세기에 골몰했다는 점이다. 중앙의 몇몇의 화판에는 세상을 창조하는 신의 모습이 그려져 있다. 이 맥락에서 프레스코화 전체는 신의 천지창조를 표명하고 있지만 동시에 작가의 창조력의 입증이기도 하다.

시스티나 대성당 천정화에 드러난 미켈란젤로의 탁월함은 만약 완벽하게 해석되었다면 미켈란젤로가 이단으로 고발당할 수도 있었던 종류의 것이었다. 모든 그림들 중 가장 뛰어난 작품은 '아담의 창조'인데 이 그림에서 아담과 신은 서로를 향해 손을 뻗고 있다. 그런데 여기서 아담이 신을 가리키고 있는 손은 바로 왼손이다. 중세에서 왼손을 뻗고 있는 것은 보통 사탄이었다. 아마도 완벽에 대한 미켈란젤로의 긍지와 욕구는 너무나 강한 것이어서 그는 그것이 심지어 악마적이기까지 하다고 믿었던 듯하다. 그리하여 그는 신을 찬미하고 있을 뿐 아니라 창조라는 과제에서 신과 경쟁하고 있었다. 이는 그와 세상과의 관계에 대한 엄청난 긴장감을 설명해주는 부분이다. 그는 다른 면에서는 사실 극도로 신앙심이 깊었기 때문이다.

르네상스는 개개인이 신의 그늘에서 벗어나는 시대였고 이 르네상스는 휴머니즘과 과학에 대한 믿음에 의해 복합적으로 완성되어 200년 후 계몽주의의 막을 열었다. 미켈란젤로의 도상학은 유럽 사회의 신앙 체계에서 일어나는 변화를 이끄는 것이기도 했다. 아마도 그는 자신이 이런 것을 하고 있다는 것 자체를 깨닫지 못했을 수도 있다. 그러나 부정할 수 없이 그의 삶을 지배한 힘은 왼손이 지닌 뛰어난 능력을 입증하고자 하는 강력한 욕구였다.

왼손잡이들의 공통점

1. 미켈란젤로의 편집증과 비밀주의는 왼손잡이 과학자인 뉴턴 또한 갖고 있었다. 둘 다 고독했으며 극도로 경쟁적이었고 비판을 지나치게 예민하게 받아들였다. 둘 다 원한을 품은 라이벌이었고 실제 자기 라이벌들의 싫은 점을 과장했다.

2. 보통 극도로 경쟁적인 성격을 가진 사람들은 성취도가 높다. 그러나 가장 행복한 사람들은 레오나르도처럼 자기만의 방식으로 목표를 성취하는 사람들이다. 이 책의 왼손잡이들 중 다수는 지독히도 경쟁적이었다. 비평가에 대한 니체의 태도나 왼손잡이 테니스 선수인 메켄로, 나브라틸로바의 분노에 찬 기괴한 행동들 혹은 알렉산드로스 대왕이나 나폴레옹의 생애에서도 이런 태도를 발견할 수 있다. 지미 헨드릭스의 기타에 대한 열망에서도 분명히 드러난다. 그뿐 아니다. 빌 게이츠 휘하의 마이크로소프트의 냉혹한 경영전략을 봐도 알 수 있다.

보통 경쟁의 관점은 성취도가 높은 사람들이 자신을 대중과 구분하는 방식이다. 그러나 왼손잡이의 경우는 애초에 그들이 대중에 속하지 않기에 상황이 다르다. 어떤 점에서 그들은 대다수인 오른손잡이들과 자신을 비교하도록 처음부터 강요당한다. 이로 인해 왼손잡이들이 성공과 실패의 양 극단으로만 치닫는지도 모른다.

3. 캐나다 학자들이 발표한 'A 2000 연구'에 따르면 동성애자들은 이성애자보다 왼손잡이일 확률이 더 높다. 이유는 아직 불확실하다. 그러나 대다수를 이루는 사람들과 다른 소수의 사람들은 성장해갈수록 더욱 '다른' 방향으로 성장할 가능성이 높다. 이 책에 소개된 인물들은 이 이론을 뒷받침하는 일화를 많이 갖고 있다. 미켈란젤로와 다 빈치는 본래 동성애자였고 알렉산드로스 대왕 또한 남성과 동침했던 것으로 알려져 있다. 컴퓨터 과학자이자 암호 해독가였던 앨런 튜링 또한 동성애자였으며 테니스 선수 나브라틸로바 역시 그러했다. 카이사르도 남색을 즐겼다는 설이 있다. 이는 통상 인구의 10%가 동성애자라는 비율을 훨씬 넘어선 것이다.

미켈란젤로의 왼손잡이 기질

～

시각 · 공간 능력 | 거대한 대리석 상을 앞에 두고 있다고 상상해보자. 그리고 수천 번의 끌질과 망치질을 통해 그것에서 인간의 신체 형상을 완벽하게 구현해낼 방법을 머릿속에 확연히 갖고 있다고 상상해보자. 미켈란젤로는 그에 대한 뛰어난 능력을 갖고 있었다.

화를 잘 내는 성격 | 미켈란젤로는 화를 잘 내기로 가장 유명한 예술가로 교황도 그 분노의 대상에서 벗어날 수 없었다. 그러나 무엇보다도 그 분노는 자기를 향해 있었다.

고독 | 미켈란젤로의 단정치 못하고 지저분한 외양은 특히나 이탈리아인으로서는 매우 비사회적인 것이었다. 게다가 지독히도 비밀을 좋아하는 성향과 편집증은 이를 악화시켰다. 신실함과 동성애 성향 사이의 갈등 또한 그를 괴롭혔다. 그는 독신으로 남았으며 가장 사랑한 이는 토마쏘 데이 카발리에리Tomasso dei Cavalieri였는데 미켈란젤로의 나이 54세에 그를 처음 만났을 때, 이 젊은이는 23세였다.

인습타파 | 미켈란젤로가 그린 시스티나 대성당의 천정화에서는 고전주의적 이미지와 성서의 이미지가 혼합되어 있는 것을 볼 수 있다. 그가 그린 나체화들은 어떤 이들에게는 신성모독으로 비춰졌다. 아마도 미켈란젤로 자신은 이를 의식하지 못했음에도 불구하고 그의 예술세계는 신성 대신 인간의 중요성이 점차 대두되던 르네상스에 중대한 영향력을 발휘했다는 점에서 그는 인습타파적이었다.

독학 | 미켈란젤로는 도제생활을 했고 메디치 가에서 공부했으며 그곳에서 고전의 가르침을 연구하게 되었다. 그러나 시스티나 대성당의 천정화를 주문받았을 때 프레스코화를 그리는 방법을 독학해야만 했다.

Raphael

Sanzio

이 탈 리 아 르 네 상 스 는 서양 문명 역사의 정점이었고 왼손이 큰 기여를 했다. 위대한 예술가인 다 빈치와 미켈란젤로뿐 아니라 그들의 후배인 라파엘로 또한 왼손잡이였다. 라파엘로는 이 두 예술가에게 큰 영향을 받아 미켈란젤로의 라이벌로 떠오르게 되며 훗날 판테온에 묻히면서 대화가들과 합류하게 된다. 이 시기는 전 역사를 통틀어 위대한 왼손잡이들의 최절정의 시기였다. 이러한 왼손잡이 대가들의 뛰어난 시각·공간 능력이 창출해낸 변혁적인 예술이 아니었다면 르네상스는 다소 시시한 사건이 되었을 것이다.

레오나르도는 서자였고, 미의 문제에 있어 자연을 궁극적 절대자로 보았으며, 여러 분야에서 뛰어난 재기를 발휘했다. 종종 작품들을 미완으로 남기긴 했지만 풍요로운 인생을 즐겼다. 그러나 미켈란젤로는 전혀 다른 종류의 왼손잡이였다. 그는 부모가 품었던 기대의 오른손잡이적인 구속에 반발했다. 그는 지독한 정열과 자신이 도전하는 모든 예술 형태를 정복하려는 갈망을 바탕으로 왼손잡이 꿈을 실현시키며 살아갔다. 라파엘로는 이 두 선배와는 또 다른 경우여서, 왼손잡이도 특유의 재능을 발전시키도록 장려받으면 얼마나 조화로워질 수 있는지를 보여주었다.

▶ 라파엘로의 '갈라테아의 승리', 프레스코화(1512~1514년 作).

전해진 바에 의하면, 그는 정부와의 지나치게 격렬한 정사 뒤에 비교적 이른 나이였던 37세로 사망했다. 그 짧은 생애 동안 그는 르네상스의 걸작 몇몇을 남겼다. 그는 회화작품을 통해 인간의 위대함에 대한 르네상스적 이상향을 재현하는 동시에 보는 이의 마음을 편안하게 해주었던 것으로 유명한 예술가였다. 그는 미켈란젤로와 다르게 온화한 성품의 소유자였다.

아버지의 후원 　|　 라파엘로 산치오는 로마와 피렌체 사이의 작은 도시국가인 우르비노Urbino에서 태어났다. 아버지는 궁정 잡역부로 시를 쓰고 그림을 그렸으나 두 분야 모두에서 특출한 재능을 보이지는 않았다. 그의 가장 위대한 유산은 아마도 자신의 왼손잡이 아들에 대한 현명한 양육법이었을 것이다. 우선 라파엘로의 아버지는 유모가 아닌 산모가 아기를 모유 수유하는 것이 더 좋다고 믿었는데 사실 다 빈치와 미켈란젤로도 친모에게서 모유 수유를 받았다.

그는 또한 아들이 사회적 계층제의 강압을 받는 것보다 왼손잡이 성향을 발휘하면서 크는 것이 옳다고 생각했다. 이러한 양육법은 라파엘로로 하여금 여유로움과 기품을 갖게 하여 훗날 성인이 되었을 때 사회에서 그토록 훌륭하게 적응하고 활동할 수 있게 했다.

또한 아버지가 화가였다는 —비록 뛰어나지는 않았지만— 사실은 라파엘로에게 큰 이점으로 작용했다. 미켈란젤로와는 달리 라파엘로는 타고난 뛰어난 시각·공간 능력을 추구하는 데에 아무런 장애도 없었다. 그는 아버지의 작업을 도우며 꽤 이른 나이에 미술을 배우기 시작했다. 그는 가족과의 생활도 원만히 유지하면서 타고난 재능을 발전시킬 수 있었다. 라파엘로의 아버지는 아들이 훨씬 더 재능이 있다는 것을 금세 알아챘으나 11살이 되었을 때 사망하고 말았다. 라파엘로는 어린 나이에 고아가 된 것이다. 다행히 그는 당시의 대가 페루지노(Pietro Perugino, 1450~1523: 이탈리아의 화가. 바티칸궁전 시스티나 대성당 벽화장식에 종사했고 15세기 움브리아화파의 지도자였다—옮긴이)의 문하생

◀ 라파엘로의 자화상(1506년경).
▶ 라파엘로의 '아테네 학당', 프레스코화(1510~1511년 作).

111

으로 들어갈 수 있었다.

여유로운 화폭 | 그의 성격답게 라파엘로의 그림은 기품과 여유로움으로 유명했다. 이는 작품의 우아함으로 명성을 떨치던 페루지노 밑에서 도제생활을 하며 받은 영향의 결과이기도 하다. 그러나 강조되어야 할 부분은, 라파엘로가 재능을 자유롭게 펼칠 수 있도록 키워졌기 때문에 이 우아함이 형성될 수 있었다는 사실이다. 17세일 무렵, 첫 중요 의뢰품인 예배당의 제단 장식화를 주문받았을 때 라파엘로는 이미 대가로 불리고 있었다.

그의 초기 작품 성향은 온화한 서정성에서 스승인 페루지노를 많이 닮았으나 그만의 자연스러움으로 스승을 초월했다. 여기서 다시 한 번 뇌의 우반구는 추상성보다는 구체성을 선호한다는 사실이 상기된다. 전성기 르네상스의 자연주의는 세 명의 왼손잡이 천재들과 더불어 이 구체성으로 명성을 떨쳤다. 사실 좀더 추상적인 현대 미술계에는 사실주의 예술의 전성기에 비해 왼손잡이가 많지 않다는 점은 흥미롭다.

라파엘로의 자연주의의 압권은 아마도 주제를 다루는 섬세함일 것이다. 페루지노의 그림에서는 모든 얼굴들이 다 비슷해 보여 단지 의상에 의해서만 구별이 가능하다. 반면 라파엘로의 작품에서는 타인의 사고에 대한 왼손잡이 특유의 직관이 번뜩이는데 이는 그가 애초부터 아웃사이더였기 때문일 것이다. 라파엘로의 회화에 나타나는 인물상들은 탁월한 성격과 인간미를 보여주는데 이 또한 라파엘로의 여유 있는 성격에서 발견되는 친절함을 띠고 있다. 그의 작품은 심원한 동시에 감정에 호소하는 교양 있는 자연주의를 표현한다. 동시에 레오나르도의 불가사의한 초상화나 미켈란젤로의 해부학적으로 완벽하게 조각된 격노보다 더 따뜻한 분위기를 자아낸다.

너무 이른 죽음 | 라파엘로는 스승인 페루지노를 앞섰다는 것을 깨달은 뒤 1504년 우르비노를 떠나 피렌체로 이주했다. 당시는 레오나르도가 모나리자

로 온 세상을 현혹시키고 있을 때였다. 라파엘로는 즉시 레오나르도와 그의 자연주의에 대한 전념에 큰 영향을 받았다. 라파엘로의 작품은 페루지노의 이상화된 아름다움으로부터 점점 탈피해 작가가 주제를 바라보는 시선 안에 담긴 부드러움을 표현했고, 인간애가 드러나는 개성을 띤 초상화 쪽으로 기울기 시작했다.

라파엘로의 작품은 탁월한 섬세함을 발산한다. 이 효과를 위해 그는 피렌체파의 깊이 있는 구도를 사용하기 시작하는데 이로써 등장인물들은 무리지어 있어도 개개인의 특색을 잃지 않는다. 또한 그는 색채와 형태에 있어 레오나르도의 스푸마토 기법을 사용해 미묘함을 살렸다. 흥미롭게도, 레오나르도에 의해 발전된 명암배합법의 사용을 라파엘로는 자제했는데, 마치 이것이 그의 작품에 팽배한 '부드러운 분위기'와 '편안함'에 부적합한 것으로 느껴졌기 때문이었을 것이다. 모든 위대한 왼손잡이 창작자들처럼 라파엘로는 직관력이 뛰어난 학생이었지만 여전히 자신의 고유함을 잃지 않았다.

활동 후반기, 이미 당대의 가장 위대한 화가 중 한 명이 되었을 때 라파엘로는 미켈란젤로의 작품이 뿜어내는 마력에 사로잡히고 만다. 당시 미켈란젤로는 시스티나 대성당의 천정화를 작업 중이었는데 그는 비밀주의자답게 그것을 공개하지 않고 있었고 라파엘로의 친구인 건축가 브라만테가 라파엘로를 몰래 들여보내 그림을 볼 수 있게 했다. 미켈란젤로 특유의 고전적이고 이상적인 신체 묘사의 웅대함의 일부분을 이 시기부터 라파엘로의 작품에서도 발견할 수 있다. 결과적으로 라파엘로의 인물들은 좀더 근육질이 되었는데 특히 몸통 묘사에 있어 그러했다. 그러나 그는 인간 신체의 묘사에 있어 미켈란젤로가 이룬 경지까지는 이르지 못했다. 그럼에도 그의 작품은 여전히 훌륭했기에 미켈란젤로는 레오나르도에 대해 가졌던 비우호적인 라이벌 의식을 라파엘로에게도 갖게 되었다.

또한 삶 후반에 접어들 무렵 라파엘로는 티치아노Tiziano와 같은 베네치아 화가들이 발전시킨 색채주의를 받아들였다. 불행하게도 라파엘로는 37세의

나이로 요절했는데 그의 첫 전기작가인 조르조 바사리Giorgio Vasari에 따르면 정부와의 지나치게 격렬한 정사를 나눈 뒤였다고 한다.

라파엘로의 회화는 그 뛰어난 인물 묘사와 함께(특히 교황 율리우스 2세와 레오 10세의 초상화가 멋진 예이다) 당시 떠오르던 르네상스적 사고인 개인주의를 반영하고 있다. 물론 이것은 오른손잡이 세상의 부적응자인 왼손잡이가 매력을 느낄 만한 것임에 틀림없다. 그러므로 이탈리아 예술의 르네상스 전성기에 있어 의심할 바 없는 거물 세 명이 왼손잡이인 것은 우연이 아니다. 세 명 모두 제각각 독특했으며 세상 한가운데에 개인의 영혼을 심어나가는 운동에 기여했고, 인간의 완벽함을 창조해내고자 하는 꿈을 공유하고 있었다. 15~16세기의 이 세 명의 대스타들은 지난 500년 동안의 지식과 문화의 폭발적 발전에 그 누구보다도 크게 기여했다.

◀ 라파엘로가 그린 교황 레오 10세의 초상화. 추기경 줄리오 데 메디치Giulio de Medici와 루이지 데 로시Luigi de Rossi와 함께한 모습이다(1517년 作).

왼손잡이들의 공통점

~

1. 이탈리아 르네상스는 왼손잡이 예술가들이 이루어낸 업적의 정점일 것이다. 그 외에 역사상 탁월한 왼손잡이 예술가로는 독일의 거장 알브레히트 뒤러Albrecht Dürer(1497~1543), 또 다른 독일 화가로 헨리 8세의 후원으로 영국 궁정화가가 된 한스 홀바인Hans Holbein the Younger(1497~1543)이 있다. 또한 거장 렘브란트(1606~1669) 역시 왼손잡이였다는 증거가 있다. 좀더 최근의 왼손잡이 예술가로는 스위스 표현주의 작가인 파울 클레Paul Klee (1879~1940)와 불가능한 실제(수학적으로 불가능한 구조를 표현한 판화)의 세계를 표현한 에셔 M. C. Escher(1898~1972)가 있다.

2. 다 빈치와 미켈란젤로, 라파엘로의 작품들은 모두 디세뇨오disegno의 화신이었다고 볼 수 있는데 이 예술 원칙은 회화에 있어 색채에 대비해 선의 표현을 강조한다. 흥미롭게도 위에 소개된 왼손잡이 예술가들은 데생에 대단히 뛰어난 화가들이었다. 뒤러는 홀바인과 함께 데생 실력으로 유명했다. 또한 에셔 역시 걸출한 시각·공간적 상상력을 갖고 있었는데 그가 그린 착시 계단에서 그 두각을 드러낸다. 클레의 표현주의는 색채에 치중했지만 자신의 회화 작품을 'taking a line for a walk'로 말하곤 했다.

3. 라파엘로는 친구이자 조언자였던 브라만테가 1514년 사망하자 성 베드로 대성당의 건축을 책임지게 되었으나 결국 설계를 시작하지도 못하고 사망하고 말았다. 건축에 있어서는 이 세 명의 왼손잡이 천재들 중 으뜸이었던 미켈란젤로가 1546년 같은 임무를 떠맡게 된다. 오늘날에도 피렌체의 라우렌치아나Laurentian 도서관과 메디치 예배당, 로마의 파르네세 Palazzo 궁전에서 건축에 관한 미켈란젤로의 천재성을 엿볼 수 있다. 레오나르도 또한 건축과 도시 계획에 관심을 보였으나 그의 많은 회화와 함께 노트를 가득 채운 설계 도면은 결코 현실화되지 못했다. 흥미롭게도 오늘날 건축 분야에는 수많은 왼손잡이들이 활약하고 있다.

라파엘로의 왼손잡이 기질

직관력 | 라파엘로는 레오나르도나 미켈란젤로보다 작품 모델의 감정을 더 잘 간파해냈고 그것을 작품 안에 고스란히 담아내는 능력이 있었다. 그의 작품 세계는 무엇보다도 인간 감성의 예민함으로 주목받았는데 이는 이성적인 방법으로는 획득할 수 없는 부분이다.

감정이입 능력 | 라파엘로의 작품이 지닌 특별한 아름다움은 모델과의 교감으로 이루어진 것이다. 그의 회화에는 관대함이 깃들어 있다. 화가로서 그는 모델들에게 진심으로 마음을 기울이고 인간적인 여린 부분을 이해했다. 유명했던 그의 기품 있는 성격은 타인과 감정적으로 교감하는 성격에서 온 것이다. 사회생활에서 라파엘로는 다른 사람들의 마음을 편하게 해주었다.

시각 · 공간 능력 | 라파엘로는 회화와 제도 솜씨뿐 아니라 건축 분야에서도 3차원적 사고 능력을 보여주었다. 이는 그가 시각 · 공간 능력에 있어서 얼마나 뛰어났는지를 입증한다.

Isaac Newton

아 이 작 　뉴 턴 은 　현재 우리가 갖고 있는 우주에 대한 지식에 그 누구보다도 더 큰 영향을 끼친 사람이다. 그는 영국 링컨셔의 자작농의 유복자로 태어나는 불운한 출발을 가졌으나 후에 케임브리지 대학의 수학자를 거쳐 세상에서 가장 유명한 과학자가 된다. 그의 과학적 발명, 발견에는 중력의 법칙과 빛의 스펙트럼, 반사망원경이 있으며 수학 분야에서는 미분학을 발견했다.

그는 이 모든 발견과 발명들을 머릿속에서 한꺼번에 이루어냈으나 1693년, 50세의 나이로 신경쇠약에 걸리면서 모든 정신 활동은 막을 내렸다. 이러한 지적 활동의 대부분은 그가 흑사병의 창궐을 피해 가족이 소유한 농장에 은신해 있을 때인 20대 초반의 짧은 시기에 폭발적으로 이루어졌다. 그러나 이런 명민함의 반사작용인지, 그의 성격은 유별나게 불쾌했다. 비밀주의자에 편집증까지 있어 자신의 발견들을 20년 동안이나 세상에 알리지 않았다. 그는 또한 화를 잘 냈고 강한 성격의 소유자였다. 한 번 원한을 품으면 오랫동안 풀지 않기로 유명했다.

▶ 익명의 네덜란드 화가가 그린 젊은 뉴턴의 초상화.

혼자 있기를 좋아한 소년 ｜ 어렸을 때부터 뉴턴은 혼자 있기를 좋아 했으며

독립적인 사고를 지향했다. 그의 왼손잡이적 성향은 주위 사람들과 확연하게 달랐으며 어린 시절의 환경은 이를 더 굳어지게 했다. 아버지는 그가 태어나기 전에 사망했고 세 살 때 어머니는 연상의 남자와 재혼했다. 이 결혼의 조건 중 하나는 뉴턴이 할머니에게 남겨지도록 한 것이었다. 뉴턴의 할머니는 도시에서 몇 킬로미터 떨어진 농상에서 살고 있었는데 이웃 농민들과의 교류가 금지되어 뉴턴은 같이 놀 사람도 한 명 없이 외톨이로 지냈다. 그의 어린 시절은 이처럼 외롭고 불행했다.

후에 뉴턴은 어린 시절의 분노로 어머니와 할머니를 집에 가두고 불을 질러 버리겠다고 협박했던 것을 회고했다. 어머니에게서 버림받은 뉴턴의 어린 시절은 대다수가 경험하는 끈끈한 가족애를 누리지 못한 채 지나갔다. 10살이 되었을 때 양아버지가 사망하자 어머니는 한 명의 이복 남동생과 두 명의 이복 여동생을 데리고 집으로 돌아왔다. 2년 후 뉴턴은 이웃 마을인 그랜덤 Grantham의 고등학교로 보내져 그곳 약제사의 집에서 하숙하게 되었다.

뉴턴은 이처럼 정서적으로 단절된 어린 시절을 보낸 탓에 누구에게도 의존하지 않고 자신의 지성을 계발했다. 또한 불우한 유년기는 그를 세상에 대한 분노로 가득 차게 만들었다. 천재로서의 자질이 없었다면 그는 버림받은 정신병자가 되었을 것이다. 그의 성격은 기이한 감정적, 지적 올가미 안에 깊숙이 자리를 잡았으며 외부 세계를 향한 분노는 그가 '환상' 이라고 일컬은 외로운 천재성을 더욱 발전시켰다. 아마도 수학적 사색은 감정의 탈출구 역할을 했을 것이다.

종종 불균형이 천재를 낳곤 하는데 뉴턴의 경우 왼손잡이의(우뇌지배적인) 몽상은 감정적 표현이 제거된 수학적 언어에 집중되어 사회적 교류와 현실성으로부터 더욱 멀어지게 했다. 뉴턴은 전 생애에 걸쳐 과학만큼이나 연금술에 매료되어 있었다. 그는 다른 모든 사람들과 마찬가지로 금속의 변성에 실패했으나 정상의 인간적인 감정을 지적 에너지로 변성시키는 데에는 성공적이었다. 이런 지적 에너지를 원동력으로 뉴턴은 자연구조에 대해 그 누구도 생각

▶ 빛의 성질을 연구하는 아이작 뉴턴, 판화 작품.

하지 못했던 통찰을 일구어냈다. 달리 말하자면 그는 자기 자신의 문제를 해결하지 못하자 이를 포기하고 과학에 있어 가장 중대한 문제 몇몇을 해결하는 쪽으로 방향을 전환했다.

이 책에 소개된 많은 왼손잡이 천재들은 정규교육을 제대로 받지 못했거나 스스로가 정규교육을 무시하는 태도를 지녔다. 그랜덤에서의 뉴턴도 예외가 아니었다. 첫해에 그는 80명의 학생 중 78등이었다. 쓰기는 오른손으로 해야 한다는 고정관념은 왼손잡이들에게 학교생활을 더욱 어렵고 부자연스러운 것으로 느끼게 한다. 왼손잡이 천재들의 경우 자신만의 사고방식, 다른 이들과 자신의 차이점에 대한 본능적인 인식이 너무나 강하다. 또한 그들의 독창성과 직관력은 정규교육이 제공하는 상대적으로 평범하고 일반적인 분별로는 가둘 수 없는 종류의 것이다.

그러나 정규교육은 각 개인들이 일정한 문화 테두리 안에서 협력을 통해 소통하는 방법을 가르친다. 관습을 깨트리는 자들은 진정한 소속감을 느낄 수 없으며 이 대가로 뉴턴은 계속되는 고립을 겪어야 했다. 대체로 친구도 없이 뉴턴은 학창시절 동안 혼자서 물시계나 나무로 만든 제분기계 따위의 설계와 제작으로 시간을 보냈다. 그랜덤에서 학교를 다니는 동안 하숙했던 약제사 집의 다락에서 뉴턴은 목재 벽면에 기하학적 도형을 새기는 것을 좋아했다. 이는 고독한 사색이 그를 어디로 이끌지를 보여주는 전조였다.

뉴턴이 스스로를 '환상'에 던져버렸다면 그의 어머니는 이것을 이해하는 데 완벽히 실패했다. 아들이 16세가 되었을 때 어머니는 뉴턴을 가족농장에서 일을 시키기 위해 학교에서 끌고 나왔다. 뉴턴은 이것이 완벽한 오산이었음을 입증했다. 이미 그는 주변에서 일어나는 일들 중 오직 과학적 고찰에 도움이 되는 것에만 관심을 가지고 있었기 때문이었다. 그는 농장 일은 뒷전으로 제쳐놓고 어머니를 무시했으며 이복형제들을 괴롭혔다. 냇가에 물레바퀴를 만들고는 돌봐야 할 양들이 이웃의 작물을 먹어치우는 동안 액체운동에 대해 탐구했다. 혹은 가족의 눈에 띄지 않는 곳에 숨어 책을 읽거나 공상에 잠기곤 했다. 또한 돼지가 이웃의 토지를 침범하도록 내버려 둬 벌금을 물기도 했다.

이 부조리한 상황과 그의 재능을 알고 있던 삼촌과 전 학교장은 뉴턴이 케임브리지 입학 준비를 위해 그랜덤의 학교로 돌아올 수 있도록 어머니를 설득했다. 어머니는 마지못해 이를 승낙했고 이렇게 구원 받은 뉴턴은 더욱 열심히 공부했으며 케임브리지의 트리니티 칼리지Trinity College에 합격해 1661년 입학했다. 그러나 케임브리지에서도 뉴턴은 여전히 방종하고 외로운 학생이었고 강의를 빼먹기 일쑤였으며 친구도 딱 한 명을 사귀었을 뿐이다. 그럼에도 불구하고 그의 재능은 곧 눈에 띄기 시작했고 곧 지적 협력자들을 갖게 되었는데 그중 한 명이 그의 교수인 아이작 배로Isaac Barrow 교수였다. 그는 제자가 자기보다 더 똑똑하다는 것을 깨닫고 아낌없이 그를 지원하기 시작했다.

흑사병과 황금기 | 아이러니하게도 5년 뒤 울스소프Woolsthorpe에서 격리되어 지내는 동안 뉴턴의 가장 위대한 발명과 발견의 구상이 이루어졌다. 1665년 흑사병은 런던을 덮쳤고 여섯 명 중 한 명이 흑사병으로 사망했다. 역병은 마을에서 마을로 퍼져나갔고 점차 케임브리지를 향해 다가왔다. 학생과 교수들은 너나할 것 없이 학교를 떠나 시골로 몸을 숨겼다. 뉴턴 또한 울스소프로 돌아갔다. 그러나 이번에는 농부로서 살아야 한다는 압박이 없었다. 그는 도착하자마자 책꽂이를 만들고 서재를 꾸몄다. 1,000페이지짜리 노트를 펼치고는 연구에 착수하여 점차 과학적 지식을 넓혀나갔다. 수학은 뉴턴의 고독한 진리 추구에 딱 맞는 것이었는데 수학을 통해 그의 직관은 방정식으로 검증되어갔다. 왼손잡이들에게서 자주 발견되는 뛰어난 시각·공간 능력은 그의 경우 개념적 형태로 드러나 수학에 대한 기하학적 접근을 꾀하도록 했다.

20개월의 체류 기간 동안 가족은 뉴턴을 거의 만나지 못했다. 또한 흑사병 때문에 우편 업무가 마비되어 외부와 연락이 단절된 상태였다. 숫자로 가득 찬 자신만의 상상의 세계에 빠져들어 자연의 신비를 탐구하던 그는 식사조차도 귀찮아 했고 종종 먹는 것 자체를 잊은 채 지냈다. 그러던 어느 날 울스소

▶1671년 뉴턴은 반사망원경을 발명했다. 삽입된 굴절 거울은 빛을 반사시키고, 관 부분에 필요한 길이는 확연히 짧아졌다.

프의 과수원에 앉아 있을 때 사과가 한 알 떨어졌다. 그는 사과를 응시했다. 머릿속으로 사과의 낙하를 다시 그리며, 반쯤은 무의식 상태에 젖어들어 막연한 그 무엇인가에 대해 궁리하기 시작했다. 그러다 그는 정신이 번쩍 들었다. 이 둥근 지구 위의 모든 사물들처럼 그 사과가 떨어진 방향은 바로 지구의 중심을 향해서였다. 사과는 그저 떨어지기만 한 것이 아니었다. 사과는 떨어지면서 지구의 중심을 향했다.

지금 이 사실은 우리에게는 평범한 진리에 불과하지만 뉴턴의 왼손잡이적인 천재성은 이 사건을 달과 연결시켰다. 이는 왼손잡이들의 변형적 혹은 은유적 사고의 월등한 능력을 보여주는 일례이다. 이 능력 덕분에 왼손잡이들은 같은 사물을 전혀 다른 시각에서 볼 수 있는 것이다. 얼마 동안 뉴턴은 달을 관찰했고 어째서 달은 지구 주위를 맴도는 궤도에 남아 있는지를 연구했다. 또한 지구는 어째서 태양을 둘러싼 궤도에 남아 있는지를 곰곰이 생각했다. 번뜩이는 직관은 과수원에 떨어진 사과로부터 그 해답을 찾아냈다. 바로 중력이었다.

뉴턴이 사과를 본 순간 번득였던 왼손잡이 특유의 직관은 도대체 무엇을 의미하는 것일까? 갈릴레오나 코페르니쿠스, 케플러는 지구가 전 우주의 중심이라는 아리스토텔레스적인 믿음을 버렸다. 그러나 그 누구도 왜 혹은 어떻게 전 우주가 서로에게 붙어 있는지를 설명하지 못했다. 갈릴레오는 피사의 기울어진 사탑에서 서로 다른 무게의 사물을 떨어뜨려 낙하 시간을 비교해 중력을 조금이나마 이해했다. 데카르트는 우주가 그 중심을 순환하는 보이지 않는 물질로 가득 차 있으며 이것이 우주 안에 들어 있는 물체들의 상대적 위치를 유지한다고 주장했다.

뉴턴이 떨어지는 사과에서 본 것은 지구가 어떤 힘을 발휘해 사과를 지구로 끌어당기고 있다는 사실이었다. 그는 이 사실로부터 달 또한 같은 이유로 지구를 둘러싸는 궤도에서 공전하고 있다고 결론지었다. 그는 또한 이로부터 우주의 모든 물체는 그 부피에 비례하는 힘으로 서로를 자신에게로 끌어당기고 있다고 추론해냈다. 이 이론이 바로 '만유인력의 법칙'이다.

비밀주의자 ｜ 뉴턴이 고독한 왼손잡이가 아니었다면 이 위대한 발상을 이루어내지 못했을 수도 있다. 저명한 20세기 경제학자인 존 케인즈J. M. Keynes는 강연문 〈인간 뉴턴〉에서 뉴턴의 천재성이 지닌 독특함에 관해 가장 통찰력 있는 견해를 표명했다.

그의 사고의 실마리는 지치지 않고 자신의 내면에 집중할 수 있는 능력에 있다…… 그의 독특한 재능은 순수하게 추상적인 문제라도 완벽히 이해할 때까지 계속해서 정신을 집중하는 능력이었다. 나는 그의 직관력이 그 어떤 인간이 가졌던 직관보다 더 강하고 더 영속적인 걸출함에서 비롯되었다고 생각한다. 한 번이라도 순수하게 과학적이거나 철학적인 사상에 도전해보았던 사람이라면 알 것이다. 어떻게 그 문제를 잠시나마 자신의 사고에 잡아둘 수 있는지, 어떻게 그 문제에 파고들기 위해 모든 집중력을 발휘해야 하는지 그리고 어떻게 그 사고과정이 부지불식간에 흩어져버리는지를, 결국 발견하는 것은 멍해져 있는 자신임을 말이다.

뉴턴은 그 비밀을 파헤칠 때까지 몇 시간이든 몇 주든 한 문제에 골몰할 수 있었던 것이 분명하다. 그리고 최고의 수학자였던 그는 해석의 목적에 따라 그것을 도식화할 수 있었다. 그러나 진정 뛰어난 부분은 그의 직관이었다……앞서 말했듯 그 증거들은 용도에 따라 후에 떠올랐을 것이다. 논증은 발견의 도구가 아니었다.

케인즈는 놀라운 직관력의 힘을 가졌던 이 고독한 왼손잡이가 어떻게 만유인력의 법칙을 완성할 수 있었는지를 정확히 포착해냈다. 유년시절에서 비롯된 사회로부터의 단절이 아니었다면 뉴턴은 자신만의 과제에 몰두하기 위해 세상을 차단시키는 능력을 기르지 못했을 것이다. 또한 여기서 주목할 점은 그의 발견들은 직관에 바탕을 두었다는 사실이다. 발견의 타당성을 반증하는 수학 공식은 사실 발견 이후에 그것을 점검하기 위한 수단이었으며 궁극적으로 그의 발견을 대중에게 알리는 소통의 수단이었다.

그러나 뉴턴은 자신의 발견을 공유하기를 꽤나 꺼려 했다. '만유인력의 법칙'이 실린 〈수학원리*Principia Mathematica*〉의 초판은 1685년에야 출판되었다. 이것은 뉴턴이 만유인력을 발견한 지 20년이나 흐른 뒤였다. 케인즈는 다음과 같이 날카롭게 분석했다.

뉴턴의 가장 깊은 본능은 불가해하며 심원하고 의미론적인 것이었다. 세상과 동떨어져 깊이 움츠러들었으며 자신의 의견이나 신념 혹은 발견을 드러내는 데에 극도의 공포를 느꼈다 …… 제2의 삶을 맞기까지 그는 자신만의 성에 갇혀 그 누구도 대적할 수 없는 정신적 인내력과 자기성찰로 고독하게 연구에만 매진했다.

창조성에 있어 그의 정신세계는 놀랄 만큼 순수했으며, 고립으로 인해 왼손잡이 특유의 재능이 더욱 강화되었던 뉴턴은 우주의 가장 심원한 비밀을 파헤쳐낼 때까지 필요한 집중력을 유지할 수 있었다. 그러나 이런 재능에 동반한 성격은 이만저만 꼬여 있었던 것이 아니다. 그는 자신의 발견을 비밀에 부치는 것을 즐겼는데, 얼마간은 비평을 감당할 수 없어서였기도 했지만 한편으로는 세상이 어떻게 작동하는지를 알고 있는 유일한 사람으로서 그 신비한 전율을 즐기고 싶었기 때문이었을 것이다. 뉴턴은 왼손잡이다운 독특함을 잘 알고 있었으며 자신의 우월함을 알리는 것을 세상에 대한 복수의 일환으로 여겼다. 로버트 후크Robert Hooke와 같은 몇몇 과학자들이 그와 의견을 달리하자 뉴턴은 그들이 수긍할 때까지 아니면 그들이 죽을 때까지 원한을 품었다. 뉴턴은 미미한 실수 외에는 언제나 옳았다는 점에서 축복받은 동시에 저주받았다.

뉴턴과 같은 종류의 천재는 괴로운 영광을 지니기 마련이다. 그는 이 책에 소개된 많은 고독한 왼손잡이들에게서 쉽게 발견되는 감성을 지니고 있었다. 고립되고 한 가지에 집중하며 과민하고 편집증을 보이는 것은 이미 친숙한 패턴이다. 위대한 왼손잡이들 중 많은 이들이 고독에 집착했고 그들의 정신은 고상하고 왼손잡이적인 생각에 빠져들어 오른손잡이 세상이 요구하는 타협에서 도망쳤다. 그들의 감수성에는 압도적인 불안감, 박해받는 느낌, 과대망상이 자리 잡았고 그로 인해 편집증적 성향은 지배적으로 자라났다.

1693년 뉴턴은 창조적 사고가 끝남과 거의 동시에 신경쇠약에 걸렸다. 그는 백색광이 빛의 스펙트럼에서 어떻게 구성되는지를 밝혀낸 〈광학Opticks〉과 같은 훌륭한 저서들을 꾸준히 발표했으나 이런 발견들은 이미 그의 고독한 20대에 이루어졌으나 그가 그때껏 세상에 발표하지 않고 남겨둔 것들이었다. 창조적 사고가 고갈됨에 따라 뉴턴은 좀더 공적인 인물이 되어갔으며 조폐국장의 자리에도 올랐다.

1703년부터 1727년 사망할 때까지 뉴턴은 영국학술원Royal Society 원장으로 활동하며 학술원이 유럽 과학계의 의견을 이끄는 역할을 하도록 만들었다. 이때 그는 여전히 비윤리적인 행동을 보였는데, 미분학 발견의 영예를 차지하기 위해 자신과 경쟁했던 라이벌 라이프니츠Leibniz에 맞서 조사위원회를 소집하기도 했다. 창조성은 사라졌으나 이 최고의 지성을 한때 미지의 세계로 도약시켰던 위대한 왼손잡이적인 자질인 분노와 편집증, 유아론적 욕구는 여전히 남아 있었던 것이다.

왼손잡이들의 공통점

～

1. 뉴턴의 별난 성격과 고독에 대한 집착, 경쟁심, 연구결과에 대한 비밀주의, 전반적인 편집증은 또 다른 왼손잡이인 르네상스의 예술가 미켈란젤로 또한 갖고 있었다. 미켈란젤로는 뉴턴처럼 비밀주의자여서, 시스티나 대성당의 천정화를 제작하는 중에는 절대 공개하지 않으려 했다.

2. 왼손잡이 과학자들을 열거하자면 그 목록은 길고도 화려하며 논쟁의 여지가 많다. 아리스토텔레스, 뉴턴, 마리 퀴리, 미국의 정치가이자 과학자인 벤자민 프랭클린, 생물학자인 라이너스 폴링Linus Pauling, DNA를 발견한 제임스 왓슨James Watson, 컴퓨터 과학자인 앨런 튜링, 전기학의 선구자 니콜라 테슬라, 물리학자인 닐스 보어와 원자폭탄 개발에 참여한 노벨물리학상 수상자 리처드 파인먼Richard Feynman 등이 이에 속한다. 크리스 맥마너스의 〈오른손과 왼손〉에 따르면 아인슈타인이나 프랭클린은 모두 왼손잡이가 아니었다고 한다. 그러나 강압적 교육 때문에 아무리 오른손으로 글씨를 쓴다 해도 그 사람은 왼손잡이일 수도 있다. 아인슈타인이 학교에서 보인 형편없는 성적과 이후에 이뤄낸 위대한 발견은 왼손잡이들이 보이는 행동양식과 비슷한 점이 있다. 아인슈타인이 완전히 왼손잡이가 아니었다면 적어도 양손잡이였을 것이라고 추측된다.

3. 뉴턴의 성격을 살펴보면 그가 자폐증의 일종인 고기능 아스퍼거 증후군High Functioning Asperger's syndrome을 앓았을 것으로 짐작된다. 이 증후군을 바탕으로 그가 세상과 감정적으로 연대를 맺지 못했던 이유와 복합적으로 작용한 수학적 재능을 설명할 수 있다. 흥미롭게도 의학적 연구들은 자폐증 환자의 60%가 왼손이라는 것을 입증한다.

뉴턴의 왼손잡이 기질

직관력 ｜ 뉴턴은 수학적 난제를 풀어낼 방법을 직관으로 떠올렸고 그 이후에 해법을 점검하기 위해 단계적 증명을 거쳤다.

시각·공간 능력 ｜ 우주가 만유인력의 법칙에 따라 움직인다는 것을 밝혀내기 위해서는 뛰어난 시각·공간 능력이 필요했다. 뉴턴의 주요 분야 중 하나는 기하학이었다.

화를 잘 내는 성격 ｜ 뉴턴은 툭하면 화를 내는 의심 많은 사람이었다. 다른 과학자들이 그와 의견을 달리하면 그는 격노하여 오랜 시간 동안 원한을 품곤 했다.

고독 ｜ 그는 가족과도 가깝지 않았고 친구도 거의 없었으며 성적인 관계에도 이상하리만치 관심이 없었기에 자폐증의 징후였을 수도 있다고 짐작된다. 뉴턴은 다른 사람들을 필요로 하지 않았고 사람들과 어쩔 수 없이 교류해야만 할 때에도 매정하게 굴었다. 그는 당대의 가장 위대한 과학자로서 존경받았지만 인기가 있었다고는 할 수 없다.

독학 ｜ 많은 왼손잡이들이 그렇듯 뉴턴의 초기 학교 성적은 그다지 좋지 않았다. 그러나 그는 사람들이 천재성을 인식하기에 충분한 성과를 보여주었다. 케임브리지를 포함하여 그의 교육 대부분은 독학으로 이루어졌다.

공상가 ｜ 뉴턴은 자신의 수학적, 과학적 사색을 '환상'이라고 지칭했다. 아주 어린 나이부터 이런 환상은 가족에게서 겪어야 했던 애정 결핍으로부터 도망치기 위한 자신만의 왕국이었다. 평생 동안 함께 한 이 버릇은 그의 천재성이 불안정한 성격이었음을 보여준다.

Napoleon Bonaparte

근 대 사 의   가 장 위대한 정복자인 나폴레옹과 대적할 수 있는 자는 아마도 같은 왼손잡이인 알렉산드로스 대왕뿐일 것이다. 건강에 좋지 않은 코르시카 섬에서 태어난 나폴레옹은 혁명 중 프랑스의 위험천만한 계급사회를 넘어 장군이 되었고 이후 첫 번째 집정관의 자리에 오른 뒤 1799년에는 프랑스의 통치자가 된다.

1804년, 그는 제정을 선포하고 스스로를 황제라 칭한다. 그리고는 일련의 전투를 시작하는데 그의 천재적이고 놀라운 전략은 유럽의 거의 전부를 정복하도록 이끌었다. 이 침략들은 유럽의 봉건제에 종말을 선고했다. 그는 어디를 가든 프랑스혁명의 신념인 자유와 평등을 기초로 한 나폴레옹법을 시행토록 했다. 그러나 거대한 군대를 유지하고 군수물자를 공급하기에는 너무나 많은 비용이 들었다. 군대는 계속적인 전쟁을 치르고 있었다. 정복을 향한 끝없는 욕구와 군인다운 용맹함을 정치적 수완으로 확장하는 과정에서 겪은 실패, 변덕스러운 왼손잡이 기질의 일부분인 성급함 등은 러시아와 스페인에서의 전투가 패배로 돌아간 원인이 되었다.

이로 인해 큰 타격을 받은 나폴레옹은 드레스덴에서 제6연합군에게 패배한

뒤 엘바 섬에 유배당하게 된다. 그러나 1년도 채 되기 전에 섬을 탈출하여 새로운 군대를 소집하고 제7연합군과의 전쟁을 일으켰다. 그러나 워털루의 마지막 전투에서의 패배와 함께 나폴레옹의 시대는 대단원의 막을 내리고 그는 대서양의 외딴 섬 세인트 헬레나에 유배되어 쓸쓸한 죽음을 맞이하게 된다. 그의 삶 끄트머리에 흠을 남긴 잇단 패배에도 불구하고 그는 근대사에서 가장 큰 영광을 누린 군사령관으로 기억된다.

가난한 귀족의 아들 | 나폴레옹은 1769년에 가난한 코르시카 귀족의 둘째 아들로 태어났다. 아버지는 파스쿠알레 파올리(Pasquale Paoli: 코르시카의 정치가) 주도의 독립운동에 가담한 변호사였고 어머니는 아들의 성공에 완전히 찬성한 적이 절대 없었던 사람이었다. 소년 시절 나폴레옹은 그의 전 인생에 영향을 끼친 불같은 왼손잡이 성격으로 이미 유명했다. 그는 자신보다 한 살 어리고 훨씬 작았던 동생 주세페Guiseppe를 때리기 일쑤였다. 나폴레옹의 어릴 적 별명은 '라불리온rabulione'이었는데 "아무데나 끼어드는 사람"이라는 뜻이다.

이 책의 많은 왼손잡이들과 달리 나폴레옹은 학교에서 뛰어난 재능을 보였다. 그는 다섯 살에 처음 학교에 입학해 지역 수녀들에게서 수업을 받았다. 이미 어린 나이에 그는 수학에 대한 소질을 보였는데 수학은 특히나 왼손잡이들이 두각을 나타내는 분야이다. 여덟 살의 나이에 그는 근처 농부의 물레방아에서 생산량을 계산하며 하루를 보내기도 했다. 훗날 전술을 구상하고 치열한 전투 중에 군대를 이동시켜야 할 때 그의 수학적 재능은 빛을 발했다.

1768년 프랑스가 코르시카를 매입함에 따라 나폴레옹은 가난한 프랑스 귀족 자제들에게 주어지는 장학금을 받을 자격을 얻었다. 이 장학금은 군사학교 또는 신학교의 교육을 제공했다. 1778년 나폴레옹은 군사학교에, 그의 동생 주세페는 신학교에 입학했다. 1년의 예비학년 동안 그는 프랑스어를 배웠고, 유럽의 부유한 가정의 자제들 사이에서 유일한 코르시카인으로서 브리엥

◀ 서재에 있는 나폴레옹의 초상화, 1812년, 자크 루이 다비드 作

135

Brienne의 군사학교에서 6년을 보냈다. 이런 상황은 다른 많은 왼손잡이들처럼 그가 이미 현상에 대해 느껴왔던 이질감을 더욱 굳게 할 뿐이었다. 또한 이 기간 동안 나폴레옹의 야심이 더욱 자극받았음은 의심할 여지가 없다. 브리엥 이후에 그는 왕립사관학교에 진학하여 포병을 전공했으며 보통 몇 년이 걸리는 과정을 1년 만에 끝마쳤다. 16살의 나이로 정규교육을 모두 수료한 나폴레옹은 프랑스군의 소위로 임명되었다.

권력을 잡은 '꼬마 상병' |　나폴레옹이 포병대에 입대하기로 결심한 이유 중 하나는 그의 수학 실력이 뛰어났기에 정확한 포격에 필수적인 각도와 궤도, 사정거리 등의 계산에 있어 유리했기 때문이었다. 산만하고 복잡한 지도를 통해 지형을 그려낼 수 있는 왼손잡이 특유의 시각·공간 능력은 나폴레옹의 수학적 재능을 더욱 증대시켰다. 이런 능력들은 나폴레옹이 다른 장교들에 비해 전술적 강점을 갖는데 도움이 되었다. 정확히 어디에 포병을 배치해야 하는지를 잘 알아냈기 때문이었다. 그는 또한 군대를 어떤 장소로 옮기는데 걸리는 시간도 정확히 계산할 수 있었다. 나폴레옹은 수적으로 우세한 적군을 분열시키는 전술에 이 지식을 이용했다.

사관학교를 졸업한 이후로 나폴레옹은 스스로 결심하여 꾸준한 독서를 통해 세상사를 배워나갔다. 또한 그는 코르시카에서 파올리와 함께 싸우기 위해 프랑스 군대를 잠시 떠나기도 했다. 그러나 후에 파올리와 나폴레옹은 사이가 틀어져 나폴레옹의 가족은 코르시카를 황급히 떠나야만 했다.

1793년 툴롱의 포위 공격에 참여한 나폴레옹은 첫 번째 전투에서 성공을 거두었다. 대위인 그가 고안한 전술은 도시를 장악하고 있던 영국군과 왕당파를 무너뜨린 것이다. 적군은 자신의 진지를 '작은 지브롤터'라고 부르며 난공불락임을 자랑해왔으나 나폴레옹의 전술에 깜짝 놀라 허둥거릴 수밖에 없었다. 나폴레옹은 영국 보병에 의해 허벅지에 부상을 입었다. 툴롱에서 보인 탁월함 덕분에 나폴레옹은 단번에 대위에서 준장으로 승진했다. 그는 자코뱅파의 지도자인 로베스피에르Robespierre의 총애를 받기 시작했고, 로베스피에르가 권력을 잡자 파리로 갔다. 그러나 1년이 채 되지 않은 1794년, 로베스피에르는 탄핵을 받았고 그의 목은 기요틴 아래로 떨어졌다. 요행 나폴레옹은 운이 좋았다. 로베스피에르의 후견을 받았다는 명목으로 체포되었으나 얼마 후 조용히 풀려났다. 아마도 그가 전장에서 보여준 용맹함에서 장래 국가에 도움이 될 잠재력을 인정받았기 때문이었을 것이다.

나폴레옹은 1794년 이탈리아 데고Dego에서 벌어진 오스트리아군과의 전투에서 펼친 전술을 통해 군사 지휘관으로서의 명망을 더욱 강화했다. 이후 그는 파리로 돌아와 자국민을 상대로 전술을 펼쳐야 했다. 파리에서 일어난 불평분자들의 폭동을 포도탄으로 진압한 것이다. 이 진압을 마치면서 그는 툴롱과 데고의 승리에 이어 세 번째 성공을 이루었다. 이 전투는 나폴레옹의 직관적인 노하우를 보여주는 단적인 예이다. 나폴레옹은 적군에게 공포를 불러일으킬 수 있다면 그 전투는 이미 반 이상은 이긴 전투라는 것을 알고 있었다. 그가 포도탄을 사용한 이유는 한꺼번에 여러 명을 공격할 수 있으며 공포와 피를 야기하지만 다수의 사상자를 내지는 않으므로 대량학살을 일으킬 리는 없었다. 대량학살은 이후에 나폴레옹에 대한 복수심을 불러일으킬 수 있기 때문에 피해야 하는 일이었다. 이토록 교묘하게 대처한 결과 나폴레옹은 집정관이었던 바라스Barras의 지지를 얻었다. 1796년 나폴레옹은 이탈리아 원정군의 사령관으로 임명되었고 바라스의 정부이자 또한 왼손잡이였던 조세핀과 결혼했다.

나폴레옹이 이탈리아 원정 사령관의 자리를 원했던 이유는 그의 타고난 무인적 본능보다는 또 다른 왼손잡이인 카이사르의 생애에 영향을 받은 것으로 추정된다. 카이사르는 골족과의 전투 덕분에 자신의 권력 기반을 로마의 혼란스런 정치에서 벗어나 독립되게 형성할 수 있었다. 그가 골족과의 전투에서 승리를 거두고 돌아왔을 때 군중에게서 엄청난 인기를 불러일으켰고 특히 그와 함께 귀환한 부유층 때문이기도 했다. 카이사르의 군대는 충성스러웠으며

야망을 실현시키기 위해 기지를 로마 밖에 두었다.

파리의 너무나 불안정한 정치적 상황에 처한 나폴레옹은 카이사르의 지혜를 받아들였다. 나폴레옹이 이탈리아군을 넘겨받았을 때 그들은 뒤죽박죽에 제대로 훈련되어 있지 않았고 식량도 충분히 공급받지 못한 집단이었다. 그러나 카이사르처럼 나폴레옹 역시 이 무리를 제대로 된 군인으로 탈바꿈시켰다. 영토를 정복해 감에 따라 군대는 스스로 식량을 조달할 수 있었다. 또한 이탈리아는 약탈품이 가득했고 나폴레옹은 그것을 병사들과 나눠가져 병사의 가족들에게 부를 안겨주었고 그 덕분에 충성을 얻어냈다.

이탈리아 여러 곳에서 치러진 전투를 통해 병사들은 나폴레옹에게 '꼬마 상병'이라는 별명을 붙여주었다. 이는 다른 귀족적 군사 지도자들이 갖고 있는 거드름 부리는 태도와 달리 병사들의 처지와 이익을 돌봐주는 지도자에 대한 애정을 나타내는 칭호였다. 나폴레옹은 병사들의 충성심과 함께 정치적 야망을 뒷받침할 개인적인 부도 쌓아나가기 시작했다. 자신을 높게 평가하는 기사를 쓰는 자신만의 신문을 창간한 것도 이런 부를 통해서였다. 또한 이탈리아의 위대한 예술품들과 문화적 유물을 프랑스로 보내 루브르와 같은 박물관에 전시하게 하면서 예술국가로서의 위치를 확고히 하는 데 공헌했다.

이탈리아 출정은 나폴레옹의 가장 위대한 전투로 평가된다. 그는 오스트리아군과 교황의 군대를 모두 무찔렀으며 이탈리아의 지배권을 얻었다. 이 과정에서 16,000명의 포로를 사로잡았으며 2,000문의 대포를 획득했다. 승리는 주로 기습과 속임수로 이루어졌다. 나폴레옹은 군사 정보 분야에 있어 선구자였다. 기둥을 축으로 회전하는 방법을 이용한 샤프(Claude Chappe: 프랑스의 성직자 겸 토목기사)의 수기(手旗) 신호와 같은 신기술을 적용해 정보의 전달력을 극단적으로 발전시켰다. 나폴레옹은 군사 문제에 관해 독서를 통해 얻은 유용한 정보들을 본능적으로 전쟁의 구체적인 상황에 적용시키는 능력이 있었다. 또한 그 결과를 미리 예상하는 재능도 타고 났다. 이에 대해 그는 다소 거만하게 자랑한 적이 있었다. "나는 60번의 전투를 치렀고, 내가 그 이전에 몰랐던 것을 배운 적은 없다." 이는 어느 정도까지는 사실이었다.

혁명의 이념을 훼손시킨 황제 │ 1798년 나폴레옹은 왼손잡이 군인 영웅들인 알렉산드로스 대왕과 카이사르의 행로를 따라 이집트로 갔다. 그 원정대에 과학탐사대를 포함시킴으로써 거대한 성공을 거두었다. 이 탐사대는 수많은 고대 이집트 유물을 발굴했는데 그중에는 로제타스톤Rosetta Stone도 포함되었다. 로제타스톤의 발굴로 프랑스 학자들은 이집트의 상형문자를 번역할 수 있었는데 이 비문이 없었다면 람세스 대왕의 이야기는 알려지지 않았을 것이다. 이집트 출정의 결과는 반반이었다. 훌륭한 승리도 있었으나 패배도 있었다. 나폴레옹의 군대에 퍼졌던 선페스트가 그 원인 중 하나였고 또 하나는 영국 해군의 우월함이었다. 그러나 나폴레옹은 끝내 해군의 중요성을 깨닫지 못했으며 이는 그가 패배한 궁극적인 이유 중 하나이다.

1799년, 이집트 전투를 완전히 끝맺지 못한 채 나폴레옹은 본국으로 소환되었는데 국내의 상황은 매우 위태로웠다. 영국, 오스트리아, 러시아, 오스만제국으로 이루어진 2차 연합국의 침략 위협이 있었으며 당시의 집정부는 무능하여 국민의 지지를 얻지 못했다. 집정관이었던 시에예스Sieyes는 쿠데타의 군사적 지원을 위해 나폴레옹에게 접근했다. 1799년 11월 9일, 집정정부는 정권을 잡고, 나폴레옹은 카이사르처럼 3인 통령 중 한 명이 되었다. 그의 직책은 프랑스 제1통령이었다.

제1통령의 임기 동안 나폴레옹은 비교적 전쟁을 멀리 했지만 여전히 쉬지 못하는 그의 지성은 법, 교육, 은행 체계와 하수도, 도로 등 폭 넓은 영역에 걸쳐 개혁을 이루었다. 이로써 그는 계몽주의적 가치를 널리 전파했다는 평판을 얻게 되었다. 유럽 전역에서 여전히 전제정치의 강압 아래 살고 있던 지식 계급은 나폴레옹을 잠재적인 구조자이자 프랑스혁명의 이상적인 실천자로 생각했다.

그러나 그들은 곧 실망하게 되었다. 1804년, 자신을 암살하려던 음모를 이

▲나폴레옹 전쟁 중 이집트에 주둔 당시 스핑크스를 방문하는 나폴레옹, 제롬Gerome의 판화.

용하여 나폴레옹은 정치적 안정을 위해서는 상속 왕권이 필요하다고 주장했고 스스로를 프랑스의 적합한 세습 황제로 공표했다. 이로부터 머지 않아 나폴레옹 전쟁이 본격적으로 시작되었다.

전쟁, 전쟁, 전쟁 │ 1805년, 영국, 오스트리아, 러시아는 나폴레옹에 대항해 제3연합군을 결성했다. 이에 나폴레옹은 울름Ulm 전투에서 훌륭하고 신속한 기동작전을 펴 맥Mack 장군이 이끄는 오스트리아군을 고립시켰다. 이 전투는 나폴레옹이 그의 시각·공간 능력과 군대를 신속히 이동시키는 능력이 적군에 비해 얼마나 우월한지를 잘 보여주는 예이다.

　1805년 12월 2일, 나폴레옹은 오스트리츠Austerlitz에서 위대한 승리를 거뒀다. 이번 또한 전략적 사고의 걸작품이었다. 공급선이 겨우 닿는 상태에서 나폴레옹은 차르 알렉산더Tsar Alexander가 이끄는 오스트리아-러시아 연합군이 그의 진영으로 들어와 전투를 벌이기를 원했다. 이 작전을 실현하기 위해 그는 일부러 군대의 오른쪽 진영을 약화시켜 취약하다는 착각을 일으키게 했다. 적군이 취약함을 눈치 채고 그것을 무시하기엔 너무나 구미가 당기는 상황을 만든 것이다.

나폴레옹은 적군이 오른쪽 진영을 공격하자 연합군의 중심부를 향해 급습을 강행했다. 전투는 치열했고 9시간이 지난 후 프랑스군이 차츰 우위를 점하게 되었다. 연합군이 얼음 위로 후퇴하자 나폴레옹은 얼음이 깨져 적군이 익사하도록 얼음을 향해 대포를 쏘았다. 뛰어난 기습 능력과 비정함을 동시에 보여준 것이다. 실제로 많은 병사들이 물에 빠져 목숨을 잃었다. 연합군은 총 75,000명의 병사 중 27,000명을 잃은 반면 나폴레옹의 군대는 상대적으로 작은 군대였던 67,000명의 병사 중 오직 9,000명의 손실만을 입었을 뿐이다. 3개월 뒤, 프랑스군은 비엔나에 진입했다.

몰락의 길 | 알렉산드로스 대왕처럼 나폴레옹은 정복을 한번 맛보자 멈출 수가 없었다. 아마도 왼손잡이 정복자들에게 큰 영향을 끼친 불같은 성격과 목표를 향한 극단적인 야망이 복합적으로 작용했을 것이다. 이 불같은 성격은 피에 물든 안개 속에서 왼손잡이 정복자들의 약점이 되어 눈을 멀게 만든다. 프러시아, 러시아, 색스니(Saxony: 독일 동부의 작센 지방), 스웨덴, 영국으로 구성된 제4차 연합군은 1806년 나폴레옹과의 전쟁을 시작했다. 예나Jena 전투에서 프러시아 군을 무찌르며 나폴레옹이 화려한 승리를 거두자 유럽대륙은 사실상 프랑스와 러시아로 나누어졌다.

그러나 무적으로 보였던 나폴레옹의 허세에 금이 가기 시작했다. 1807년 그는 스페인이 포르투갈을 침략할 것을 명했는데 이는 포르투갈이 여전히 영국과 교역을 하고 있기 때문이었다. 스페인이 이를 거절하자 나폴레옹은 스페인을 공격하기로 결심했다. 그러나 잇따라 일어난 반발은 1814년까지 이어졌으며 프랑스의 군수자원은 눈에 띄게 고갈되기 시작했다.

1812년 나폴레옹이 러시아를 침공하자 피해는 더욱 심해졌다. 러시아 장군들은 나폴레옹과의 전투를 피하면서 프랑스군을 러시아 대륙 더 깊숙이 끌어들였다. 나폴레옹의 군대가 러시아 안으로 행군하자 농부들은 초토화작전을 펴 그들에게 식량을 공급하기를 거부했다. 나폴레옹군의 보급선은 너무 멀어 연결이 되지 못했고 급기야 허기와 러시아의 맹추위에 완전히 패배 당했다. 러시아로 파병된 65만 명의 병사 중 겨우 4만 명가량의 병사만이 살아 돌아왔다. 나폴레옹에게 불행한 전조가 덮치기 시작한 것이다.

1813년 드레스덴에서 제6연합군에 맞서 얻은 웅장한 승리를 즐긴 지 얼마 되지 않아 같은 해 라이프치히에서 패하여 나폴레옹의 군대는 10만 명으로 줄었으며 연합군의 규모는 이의 다섯 배에 달했다. 아무리 걸출한 왼손잡이라 해도 이런 수적 열세를 극복할 수는 없었다. 1814년 3월, 파리는 함락됐으며 나폴레옹은 강제로 퇴위당했고 루이 18세가 복위되었다.

쓸쓸한 퇴장 | 나폴레옹은 이탈리아 해안에서 19km 떨어진 엘바 섬으로 유배되었다. 루이 18세의 통치는 무능했고 국민에게 인기가 없다는 사실과 자신이 엘바 섬을 떠나 남대서양의 섬으로 추방당할 것이라는 소문을 들은 나폴레옹은 1815년 2월 엘바 섬을 탈출했다. 루이 18세는 이전에 나폴레옹의 지지자였던 마샬 네이Marshall Neyde를 사령관으로 임명해 제5연대를 이끌고 나폴레옹을 방어하라고 명령했다. 마샬 네이가 나폴레옹의 군대와 맞닥뜨리자 나폴레옹은 망설이지 않고 소리쳤다. "5연대의 병사들이여, 나를 잊었느냐. 원한다면 너희의 황제를 죽여라." 긴장이 감도는 망설임이 지난 후 병사들은 대응했다. "Vive L' Emperor" 즉 "황제 만세!"를 외쳤다. 나폴레옹은 다시 군대를 지휘하여 파리로 향했다. 그는 파리를 되찾았고 20만의 병사를 모아 100일 동안 프랑스를 통치했으나 워털루 전투에서 웰링턴 공이 이끄는 연합군에 의해 패배당하고 말았다. 미국으로 망명하려던 나폴레옹은 영국군에게 납치되어 외딴 섬인 세인트 헬레나에 유배당해 그곳에서 여생을 보냈다.

왼손잡이들의 공통점

1. 나폴레옹이 유럽 전역에 걸쳐 시행했던 개혁 중 하나는 차량의 우측통행이다. 봉건시대에는 모든 교통은 좌측통행이었다. 그 이유는 오른손잡이 마부가 왼손에 고삐를 쥔 채 오른손으로 마주 오는 사람과 악수를 하거나 혹은 오른손에 무기를 들 수 있도록 하기 위해서였다. 우측통행은 1794년 자코뱅파에 의해 도입되었다. 나폴레옹은 새로운 도로 건설과 유럽 전역의 정복에 따라 우측통행을 유지했다. 그의 이런 결정의 진짜 이유는 왼손잡이인 나폴레옹이 방어에 있어 더 유리한 자리를 차지하고 싶었기 때문으로 추측된다.

나폴레옹 시대가 끝나갈 무렵 대부분의 유럽 지역에서는 교통의 우측통행이 자리 잡았다. 이에 속하지 않은 지역은 나폴레옹에 대적했던 연합군의 구성국이었던 영국, 러시아, 핀란드, 스웨덴, 이탈리아, 오스트리아-헝가리 제국이었다. 오늘날 영국을 제외한 이 국가들도 모두 우측통행을 실시하고 있다. 핀란드는 1858년에 우측통행을 도입했으며 러시아는 볼셰비키혁명과 함께, 이탈리아와 포르투갈은 1920년대에 도입했고 오스트리아-헝가리 제국은 히틀러의 침략으로 우측통행을 도입했다. 유럽 대륙에서 마지막으로 우측통행을 도입한 나라는 스웨덴으로, 1967년에 도입했다.

2. 나폴레옹은 알렉산드로스 대왕, 카이사르처럼 개화된 전제정치와 단호한 무정함 사이를 오가는 성격을 지녔다. 현재 이스라엘, 레바논, 팔레스타인, 시리아에 해당하는 지역은 천년에 걸쳐 이것에 정면으로 맞서 온 것으로 보인다. 나폴레옹은 중동 전투 중 야파Jaffa에서 항복하려던 2천 명의 터키 병사를 사형에 처할 것을 명했다. 그의 군대는 곧 일반 시민의 대량학살에 착수했고 이는 며칠 동안이나 계속되었다. 나폴레옹은 이에 더하여 3천 명의 터키인 포로들을 사형시킬 것을 또다시 명했다. 이는 나폴레옹의 냉혹한 무자비함을 그대로 드러낸 사건이며, 알렉산드로스 대왕의 티레 공성전 이후 자행된 대량학살을 상기시키는 사건이었다. 두 경우 모두 적군의 마음 깊이 공포를 심어주기 위한 행동이었다.

3. 나폴레옹의 출현과 그가 추진한 개혁은 오스트리아-헝가리제국의 전제 정권에 갇혀 있던 베토벤과 같은 지식인들에게 새로운 바람으로 느껴졌다. 공포스러운 혼란기가 지나자 나폴레옹은 프랑스혁명의 이상을 실현할 수 있는 인물로 받아들여졌다. 그러나 나폴레옹이 스스로를 황제로 임명하자 대중에게 환멸감이 자리 잡았다. 세 번째 교향곡을 나폴레옹에게 헌사하려던 베토벤은 너무나 분노하여 악보에서 이 프랑스인의 이름을 긁어내버리고는 자신을 후원하던 오스트리아 귀족의 이름을 대신 써넣었다.

4. 나폴레옹의 최후 패배의 중요한 이유 중 하나는 그의 전략적 식견이 완전히 육지에 제한되어 있었다는 점이다. 그 때문에 영국 해군은 프랑스군에 비해 해상에서 우위를 점했고 이를 이용해 프랑스군의 이동과 군수물자 공급에 혼란을 가할 수 있었다. 결정적인 전투는 1805년 트라팔가에서 일어났다. 영국군은 왼손잡이 제독인 호레이쇼 넬슨Horatio Nelson이 지휘하고 있었다. 넬슨 제독은 원래 오른손잡이였으나 1797년 네 척의 함선을 이끌고 카나리아 제도에서 프랑스-스페인 연합군에 대항해 싸우다 오른팔을 잃었다. 이 전투 이후 넬슨 제독은 해군에서 은퇴하려 했다. "왼손잡이 제독은 절대 이전만큼 유능하다고 여겨지지 않을 것이다. 그러므로 내가 소박한 시골집으로 빨리 돌아갈수록 더 좋은 것이다. 그리하여 더 건강한 사람이 국가를 섬기도록 자리를 내주어야 한다." 오른팔을 잃기 전 넬슨은 오른쪽 눈의 시력 또한 잃었다. 그러나 영국 해군은 그렇게 생각하지 않았고, 넬슨이 프랑스군을 계속 공격하도록 했다. 넬슨은 트라팔가 전투의 승리를 이끌었으나 전투 중 사망했다.

나폴레옹의 왼손잡이 기질

~

직관력 | 나폴레옹은 어떻게 적군에게 공포를 불러일으키는지를 알았고 본능적으로 공격의 시기를 포착했다. 또한 그는 부하들의 욕구를 잘 이해했고 어떻게 해야 충성심을 유지시키는지도 잘 알고 있었다.

시각·공간 능력 | 수학적 능력과 더불어 시각·공간 능력에 힘입어 나폴레옹은 지도를 통해 전장을 그려낼 수 있었으며 포병을 배치할 정확한 위치를 잡아낼 수 있었다.

수평사고 | 나폴레옹의 수평사고 능력은 군사 전략에서 뚜렷이 나타나며 또한 이집트 탐사와 같은 대규모 행사를 통해 국민들에게 이미지를 고양시키는 방법을 구상해냈다.

화를 잘 내는 성격 | 여느 훌륭한 왼손잡이들처럼 다혈질의 성격은 나폴레옹의 약점이었다. 그의 급한 성미는 거의 전설적이었으며 또한 만족할 줄 모르는 전쟁에 대한 갈망으로 가득 찼다. 이러한 성급함은 그가 파멸을 맞이하게 된 중요한 원인이었다.

인습타파 | 나폴레옹법전을 포함해 계몽주의를 바탕으로 한 나폴레옹의 개혁은 유럽 봉건주의의 종말에 크게 기여했다.

공상가 | 어린 시절 나폴레옹은 몽상가적 기질이 있었고, 이는 후에 황제에 자리에 오르는 데 큰 역할을 했다.

Ludwig van Beethoven

베토벤

1770 ~ 1827

고 통 받 는 천 재 를 떠올리자면, 베토벤의 이름은 아마 상위권을 차지할 것이다. 어떤 이들은, 27세부터 귀가 멀기 시작하는 고통 속에서도 불후의 명곡을 작곡한 이 독일 작곡가가 인류 역사상 가장 위대한 정신의 소유자였다고 주장한다. 여전히 논란의 여지는 있지만 베토벤 역시 왼손잡이였다. 그는 고전음악에 낭만주의를 도입하면서 일대 변혁을 일으켜 그의 뒤를 이은 많은 위대한 작곡가들의 업적에 발판을 마련했다. 제멋대로인 은발머리와 단정치 못한 차림새, 품위 없는 성격, 눈에 띄는 기벽 등으로 무장한 채 인습타파에 앞장 선 이 왼손잡이는 우리가 위대한 예술가의 격동적인 삶을 떠올릴 때 가장 먼저 떠오르는 인물이다.

신동의 징후 │ 루드비히 반 베토벤은 1770년 독일 본에서 태어났다. 당시 본은 쾰른 선제후령이었다. 본은 무역의 중심지이자 선제후가 신성로마제국의 황제를 뽑을 권리를 가진 왕자들 중 하나였기에 의미 깊은 공국이었다. 베토벤은 3대째 음악가였다. 그와 같은 이름을 가졌던 할아버지 루드비히 Ludwig는 궁성 예배당의 합창단장이자 베이스 가수로서 명성이 높았다. 아버

지 요한Johann은 알코올 중독자였고 비교적 덜 출세했지만 역시 궁정 가수였으며 바이올린과 건반을 연주했다.

베토벤은 신동의 징후를 일찍부터 보였다. 그러나 아버지가 아들의 재능에 대해 느낀 애증 섞인 감정은 예술가로서의 발산을 방해했다. 요한은 아들의 조숙함을 칭찬할 때도 있었으나 그 재능에 분개하기도 했다.

베토벤의 어릴 적 이웃인 고트프라이트 Gottfried와 체칠리아 피셔Cäcilia Fischer에 따르면, 요한은 아들에게 즉흥연주를 한다고 야단을 쳤다고 한다. 이것은 평범한 재능의 소유자가 탁월한 재능을 지닌 왼손잡이의 개성을 억누르는 전형적인 예이다. 그럼에도 불구하고 요한은 베토벤이 일곱 살일 때 첫 공연을 마련해 음악가로서 세상에 나가도록 후원했는데 한편으론 전 세대의 신동이었던 모차르트와의 비교를 바라는 마음이었다.

이 책의 많은 위대한 왼손잡이들처럼 베토벤 역시 비교적 어린 나이에 정규교육을 중단했다. 비록 10살 때까지 라틴어학교를 다녔지만 김나지움(독일의 중·고등학교)에 진학하지는 않았다. 부족한 정규교육은 아마도 베토벤의 왼손잡이 특유의 독창성에 일조했을 것이다. 22세에 빈으로 이주해 하이든에게서 사사받을 때 베토벤은 음악에 대한 의견을 굽히지 않았고 하이든의 가르침을 받아들이려 하지 않았다. 당시의 위대한 작곡가에게서 배울 때마저도 관습을 거부할 정도로 고집이 셌다는 사실은 그의 개성과 걸출함을 보여주는 뚜렷한 전조였다.

자살을 꿈꾸다 | 베토벤이 약 27세일 무렵, 빈에 온 지 얼마 되지 않아 그는

▲ 베토벤의 초상화, 크리스찬 혼맨 Christian Horneman, 1803년 作.

◀ 베토벤의 교향곡 9번 자필 악보는 2003년 런던 소더비 경매에서 3천 5백만 달러의 기록적인 가격에 팔렸다.

끊임없는 귀울림을 자각하기 시작했다. 이때 그는 이미 빈에서 —논란의 여지가 있지만— 가장 훌륭한 그리고 —논란의 여지가 없이— 가장 대담한 콘서트 피아니스트로 이름을 날렸고 고전음악 작곡가로서도 알려지기 시작했다. 귀울림은 점점 더 심해져 1802년 베토벤의 의사는 빈에서 마차로 1시간 정도 걸리는 조용한 하일리겐슈타트Heiligenstadt의 시골에서 휴양하며 청각을 회복할 것을 권했다. 이 무렵 베토벤은 자신의 음악이 나아갈 방향에 대해서 불만을 표출했다. 이전에 그의 작곡은 모차르트와 하이든에 의해 그 표현이 이미 정점에 다다른 고전적인 전통을 따르고 있었다. 그러나 베토벤은 이 계열을 떠나 무언가 새로운 것을 창조하고 싶은 욕구로 가득 찼다.

그가 하일리겐슈타트에서 휴양하고 있을 때 베토벤은 존재론적 위기를 맞이했다. 그는 시골의 평화로움을 즐기고 있었음에도 청각은 조금도 나아지지 않았다. 사실 청각 문제는 점점 더 심해지고 있었다. 절망적인 상황에서 베토벤은 자살을 생각했고 동생들에게 유서가 담긴 편지를 썼다. 다행히 그는 자살을 실천에 옮기지 않았고 동생들에게 편지를 부치지도 않았다. 이 편지는 '하일리겐슈타트 유서'라는 이름으로 전해진다.

오, 내가 악하고 고집불통에 염세적이라고 말하는 당신들, 당신들이 얼마나 나를 오해하고 있는가, 당신들은 내 외양이 왜 그러한지 그 감춰진 이유를 알지 못한다. 어릴 적부터 나의 마음과 정신은 선의의 상냥한 감정으로 가득 차 있었고 나는 위대한 일을 성취하고 싶었다. 그러나 지금 돌이켜 보면 지난 6년 동안 무지한 의사들 때문에 내 병은 악화되고 해마다 회복될 것이라는 희망에 속아왔으며 결국은 치료에 몇 년이 더 걸릴지도 아니면 영영 고치지 못할지도 모른다는 상황에 직면하게 되었다. 나는 비록 불같고 쾌활한 성격을 갖고 태어났으나 사람들과 어울리는 것을 좋아했다. 그러나 일찍부터 나 자신을 세상으로부터 고립시켜 외롭게 살아야 했다. 때로는 이 장애를 잊고 싶었지만 그때마다 청각 문제는 내게 이중의 고통을 겪게 했다.

　그러나 나는 사람들에게, 내가 귀머거리이니 더 크게 말해주오, 외쳐주오, 그렇게 말할 수는 없었다. 그 누구보다도 뛰어나야 할 감각에 장애가 있다고 어찌 인정하겠는가. 한때는 그 누구도, 그 어떤 음악가도 가져보지 못했던 완벽한 청각을 가졌던 나인데……28세에 나는 벌써 달관한 철학자가 되어야 할 운명에 처했고, 이것은 결코 쉽지 않단다. 누구보다도 예술가인 내게는 말이다. 오, 내 영혼의 심연을 들여다보시는 분이여, 당신은 제가 사랑과 선을 행하려는 의지로 가득 차 있음을 굽어 살피소서.

첫 낭만주의 작곡가 ｜ 자살 위기 이후에 베토벤의 음악은 더욱 대담해졌고, 더 이상 그 누구에게도 영향을 받지 않고 자신만의 음악을 만들기로 결심했다. 교향곡 3번에서는 청각 장애를 딛고 계속 나아가려는 굳은 의지가 엿보인다. 이 교향곡은 '영웅교향곡' 혹은 '에로이카Eroica'라고도 불리며 1803년에 작곡되었다. 베토벤 이전에는 이런 교향곡은 존재하지 않았으며 1805년 이 교향곡이 초연되었을 때 청중의 반응은 완전히 반으로 나누어졌다. 한쪽은 완전히 무의미하기 짝이 없으며 조각조각난 허풍이라고 혹평했으나, 다른 한쪽은 그 거대하고 파괴적인 힘 안에 전체론적인 훌륭함이 묻어나는 전혀 새로운 음악이라고 극찬했다. 심지어 어떤 이들은 이 걸작을 완전히 이해할 정도로 청중의 수준이 발전하려면 최소한 한 세대가 지나야 한다고 주장했다.

　첫 낭만주의 작곡가로서 베토벤의 위대함은 그렇게 빛을 발한 것이다. 낭만주의파는 음악의 가치를 매우 높이 평가했으며, 음악은 물질적인 형태 없이 정신적인 것이므로 인간의 영혼을 가장 잘 표현할 수 있는 예술 형태라고 믿었다

　교향곡 3번이 그토록 혁신적인 이유는 무엇일까? 우선 이전의 교향곡에 비해 1.5배의 길이였다. 691개의 소절로 이루어진 장대한 첫 악장부터 교향곡 3번은 교향시를 전혀 새로운 서사시 규모의 단계로 끌어올렸다. 2악장의 장송

행진곡과 3악장의 명랑한 스케르초 사이의 극단적인 불일치는 이전에는 형식적인 우아함만을 추구하던 음악에 있어 새로운 기법을 도입한 것이었다. 악장 내부와 악장 사이에 존재하는 분위기의 분열은 좀더 고상한 인간적인 표현감을 창조해냈으며 마치 감상자가 작곡가의 영혼과 직접적으로 소통하는 것처럼 느껴진다. 이것은 선배인 모차르트나 하이든에게서는 찾을 수 없는 효과였다. 오케스트라에 호른을 하나 더 배치하면서 낭만적인 웅장함을 연출했고 이는 이후에 말러Mahler와 바그너Wagner 같은 작곡가들이 거대한 오케스트라를 구성하는 기법의 디딤돌이 되었다.

교향곡 3번은 이전부터 전해온 전통적인 음악적 가르침을 무시하는 왼손잡이적인 특징을 뚜렷이 보여준다. 당시 어떤 비평가는 교향곡 3번을 "악상들의 거대한 무더기"라고 혹평했다. 그러나 웅장한 긴장감은 베토벤이 다양하고 강렬한 주제들을 어떻게 종합했는지를 보여주는 결과물이다. 그 자신의 위기, 나폴레옹의 등장, 그리스 신화의 프로메테우스 등이 교향곡 3번을 관통하는 주제들이다. 그러한 통합의 시도는 낭만주의의 세계관과 연관이 깊다. 낭만주의는 종합적이고 유기적인 면에 중점을 두며 과학적 사고를 조각조각 연결하는 선형성에 반대한다. 이러한 낭만주의적 접근이 왼손잡이에게서 비롯되었다는 사실은 놀랄 만한 일이 아니다.

종합적 사고는 뇌의 우반구의 활동과 관련이 있으며, 단계적 논리는 우뇌의 영역에 속한다. 게다가 왼손잡이는 오른손잡이에 비해 뇌 양반구의 상호협력에 더 뛰어나다. 우뇌는 음조와 멜로디를 지각하며, 좌뇌는 복합적 선율을 지각하기 때문에 음악에 있어 양반구의 상호협력은 더욱 유용하다.

비평가들은 오랫동안 어째서 2악장의 장송행진곡 뒤에 기쁨에 찬 스케르초와 피날레가 이어지는지를 고민했다. 알기 쉬운 해석 중 하나는 베토벤이 하일리겐슈타트에서 가장 어두운 공포를 직면했으나 그 공포를 떨쳐내자 해방감을 느꼈다는 분석이다. 또 다른 가능한 해석은 이 교향곡이 프랑스혁명의 이상을 수호할 나폴레옹에 관한 것이었다는 점이다. 동시대의 자료들에 따르

◀ 베토벤의 음악은 18세기 고전주의로부터 19세기 낭만주의로의 변화를 상징한다.

면 베토벤은 애초에 이 교향곡을 자신과 같은 왼손잡이인 나폴레옹에게 헌정하기로 했다. 그 당시 나폴레옹은 프랑스의 제1통령으로서 프랑스혁명과 이상인 자유, 평등, 박애를 계승할 사람으로 평가를 받았다. 로베스피에르의 광신적인 집권이 초래한 무차별적인 피의 숙청과 공포시대로부터 나폴레옹은 구세주였다. 온화하지만 시대에 역행하는 정치 체제를 지닌 오스트리아-헝가리 제국에 살고 있던 베토벤에게는 프랑스혁명의 가치는 굉장히 매력적이었다.

이것은 베토벤뿐 아니라 당대 대부분의 예술가들과 지성인들에게도 마찬가지였다. 그러나 환멸 또한 있었다. 나폴레옹이 스스로를 프랑스의 황제로 선언하자 베토벤은 미친 듯이 화를 냈다. 그는 나폴레옹에게 헌정사를 쓴 부분을 찢어버리고 교향곡을 나폴레옹 대신 자신의 후원자였던 롭코비츠 Lobkowitz 공작에게 헌정했다. 비꼬는 마무리 또한 잊지 않았다. 헌정사와 함께 베토벤은 이렇게 적었다. "위대한 인물의 추억을 기념하며 작곡하다."

어떤 청중들은 교향곡 3번이 1801년에 초연된 베토벤의 발레곡 '프로메테우스의 창조물. Opus 43'과 주제가 비슷하다는 사실을 눈치 챘다. 그리스신화에서 프로메테우스는 인간에게 불을 전해준 죄로 신들에게 벌을 받는다. 그는 바위에 묶여 매일매일 독수리에게 간을 뜯어 먹히지만 밤마다 간이 다시 자라나 고통은 무한히 반복된다. 인간의 더 나은 삶을 위해 제우스의 명령을 어긴 반항자의 이야기 —프로메테우스도 아마 왼손잡이였을 것이다— 는 낭만주의자 사이에서 큰 인기를 누렸다. 베토벤은 발레곡에서 이 이야기를 변형시켜 프로메테우스가 그의 죄로 인해 죽임을 당하고 그 후에 부활하도록 각색했다. 베토벤은 청각 장애 때문에 자살의 문턱까지 다다랐다가 오직 이전의 음악보다 더 훌륭한 음악을 만들겠다는 일념으로 그 어둠에서 빠져나왔다. 이러한 베토벤이 인류의 진보를 위해 신에게 벌을 받은 신화 속 인물 프로메테우스와 자신을 어떻게 동일시했는지를 상상하기는 어렵지 않다.

교향곡 9번 〈합창〉 | 베토벤 교향곡 3번은 교향악의 전통에 전환점을 찍었

◀ 30세 무렵 베토벤의 초상화. 1800년경.

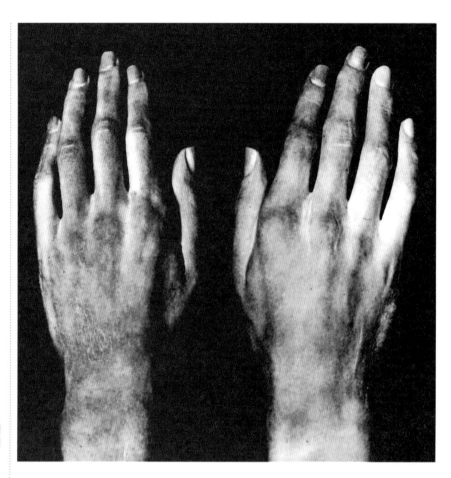

▶ 베토벤 손의 석고 모형. 베토벤 생전에 제작되었을 것으로 추정된다.

다. 그래도 베토벤 교향곡 중 가장 유명한 곡은 마지막 곡 9번 '합창교향곡' 이다. 또한 이 작품은 그간의 인습을 완전히 뒤엎는 곡이기도 했다. '합창교향곡' 은 베토벤 이후의 모든 작곡가들이 교향악적 규범에 있어 어떤 방식으로든 직면하게 될 굳건한 전설과도 같다. 실러의 '환희의 송가' 에 곡을 붙인 급진적인 4악장이 유명한 이 곡은, 음악사상 처음으로 성악 합창이 사용된 교향곡으로 환상적인 효과를 연출한다. 이곡은 한때 국가로도 사용되었으며 '환희의 송가' 악장은 개사되어 현재 유럽연합의 공식 상징가이다. 심지어는 현대 과학기술에도 영향을 미쳤다. CD가 보통 74분의 음악을 담도록 만들어진 이유는 베토벤의 교향곡 9번의 길이가 74분이기 때문이다.

이 '합창교향곡'이 다른 작곡가들에게 미친 영향은 그야말로 막대하여 슈베르트나 멘델스존과 같은 작곡가들은 작품을 구성할 가사를 찾아 헤매기도 했다. 말러나 바그너는 이 작품의 완전한 장대함, 대형 오케스트라와 성악으로 더 강력해진 음향에 큰 영감을 받았다. 바그너는 1846년 이렇게 썼다. "인간의 목소리와 혀의 등장을 장엄한 저음현의 레치타티보로 이토록 의문의 여지없이 필수 불가결한 것으로 만든 방식은 대단하다. 기존의 완전한 음악의 경계를 무너뜨리며 다른 악기들의 떠들썩함을 그 유려함으로 저지한다. 결의를 단언하다가 결국은 성악 주제로 넘어가 단순한 웅대함이 그 안에 흐르게 한다. 이 흐름은 하나하나 다른 악기들과 어우러져 결국은 거대한 홍수를 이룬다."

프랑스 작곡가인 클로드 드뷔시Claude Debussy는 이렇게 평가했다. "교향곡 9번은 어떤 사상을 미리 생각해둔 형태로 담아낸 가장 성공적인 예이다. 각 도약마다 새로운 기쁨이 있으며, 어떠한 반복의 노력이나 흔적도 보이지 않는다. 말하자면 마법과도 같이 일제히 잎이 만발하는 나무와도 같다. 이 경이로운 작품에는 그 어떤 불필요한 부분도 존재하지 않는다." 이런 평가들은 합창교향곡이 유기적 창조, 작곡에 대한 총체적인 접근과 인습타파적인 형태를 한꺼번에 성취한 낭만주의의 궁극적 업적임을 시사한다.

게다가 더 놀라운 점은 합창교향곡을 작곡할 무렵 베토벤은 완벽히 청각을 잃은 상태였다는 사실이다. 그는 교향악에 전혀 새로운 요소들을 도입했지만 오로지 자신의 머릿속에서만 그 음악을 들을 수밖에 없었다. 그는 순전히 음에 대한 기억력에만 의존하여 이 곡을 탄생시켰다.

초연은 1824년 5월, 빈의 케른트너토르 극장에서 이루어졌다. 베토벤은 이 날 수석 지휘자 미하엘 움라우프Michael Umlauf와 공동 지휘를 했다. 베토벤은 귀가 멀었기에 그는 오케스트라의 연주를 전혀 들을 수 없었고 이 때문에 움라우프는 연주자들에게 작곡가의 지시를 따르지 말라고 미리 말해두었다.

그러나 오케스트라가 연주를 시작하자 베토벤은 격렬한 감정에 휩싸여 지휘하기 시작했다. 자신의 머릿속에서 벌어지는 연주에 너무나 열중한 나머지 오케스트라가 연주를 끝마친 후에도 그는 지휘를 계속했다.

결국 독창자 중 한 명이 관중을 바라보게끔 베토벤을 돌려세웠고 관중은 이미 기립박수를 치고 있었다. 베토벤은 마치 광인처럼 보였고 박수는 처음에는 정중했지만 베토벤이 귀머거리 상태에서 그 곡을 작곡했다는 것을 깨닫자 열광적으로 변했다. 연민과 작품에 대한 감격에 휩싸인 청중의 열광적인 기립박수는 두 번, 세 번, 네 번, 다섯 번까지 이르렀다. 베토벤에게 이 찬사를 이해시키기 위해 청중은 손수건을 위아래로 흔들었다. 거장은 너무나 깊이 감동받았다. 보통 황실 가족에게만 세 번의 기립박수가 허용되는데, 이 초연에서 무려 다섯 번이나 기립박수가 나온 것이다. 당황한 경찰이 관중들을 제지하기 시작하자 박수가 멈추었다. 이 박수는 세상의 모든 장애를 극복하고 자신의 길을 걸었던 왼손잡이 천재에게 헌정하는 찬사였다.

☞ **베토벤은 정말로 왼손잡이였는가?** | 역사 속 많은 인물들은 왼손잡이였는지 오른손잡이였는지 확실치 않은 경우가 많다. 차별을 피하기 위해 오른손잡이로 행세한 사람들도 물론 많다. 또한 그 사람이 어느 손을 썼는지에 대한 특별한 언급이 없으면 오른손잡이로 여겨지는 것이 보통이다. 사진술이 발명되기 이전에 존재했던 베토벤과 같은 경우는 더욱 불확실하다. 많은 초상화에서 베토벤은 오른손잡이로 그려졌지만 베토벤의 친구와 동료들의 증언은 그 반대이며 바이올리니스트이자 베토벤의 첫 전기작가였던 안톤 쉰들러Anton Schindler 또한 베토벤이 왼손잡이였다고 주장했다. 쉰들러는 전기작가로서 신빙성이 없기로 정평이 나 있었지만 베토벤의 기록을 후세에 남기기 위해 심혈을 기울였다. 그러므로 베토벤이 왼손잡이였다는 사실을 쉰들러가 만들어낸 허구일 가능성은 낮다. 오히려 초상화들이 사실을 왜곡하고 있을 가능성이 높은데, 베토벤은 가만히 앉아 있기를 싫어했기 때문이다. 요셉 칼 슈틸러Joseph Karl Stieler가 1819~1820년 사이에 그린 초상화에는 베토벤이 펜을 오른손에 쥐고 있는데 이 그림은 베토벤이 오른손잡이였다는 주장의 증거가 되곤 한다. 슈틸러는 베토벤 자신을 위해서만 앉아 있었다고 주장했고 그가 그린 초상화는 베토벤과 매우 흡사하다는 평가를 받았다. 그러나 베토벤은 화가가 요구하는 시간과 횟수만큼 앉아 있기를 거부했기에 손 부분은 화가의 기억에 의지해 그려졌다. 아마도 슈틸러는 베토벤이 당연히 오른손잡이일거라 추측했을지도 모른다. 혹은 왼손잡이에 대한 사회적 낙인이 위대함을 깎아 내릴까봐 화가가 일부러 베토벤을 오른손잡이로 그렸을 가능성도 있다.

왼손잡이들의 공통점

1. 베토벤과 다 빈치 모두 10세에 정규교육을 그만둔 것이 차라리 삶에 보탬이 되었고 예술을 대하는 태도에 큰 영향을 미쳤다. 두 사람은 절대적인 권위자를 찾아 선배 대가들을 쫓지 않고 자연에서 그 절대적인 권위를 발견했다. 다 빈치는 눈으로 지각하는 자연의 탁월함을 언제나 우위에 두었다. 자연에 대한 베토벤의 태도는 창조가 자연의 본질을 간파하는 과정이라는 낭만주의적 믿음을 바탕에 둔 것이었다.

2. 베토벤에게 가장 큰 영향을 끼친 왼손잡이는 한때 그가 전 유럽에서 가장 위대한 인물이라고 생각했던 나폴레옹이었다. 그러나 이 코르시카 출신의 영웅이 프랑스의 황제라고 선언하며 프랑스혁명의 정신을 짓밟자 베토벤의 마음은 바뀌었다.

3. 왼손잡이였던 다른 위대한 작곡가와 음악가 중에는 임마누엘 바흐Carl Philip Emanuel Bach와 세르게이 라흐마니노프Segei Vasilyevich Rachmaninoff, 괴짜로 널리 알려진 캐나다의 피아노 대가 글렌 굴드Glenn Gould가 있다.

4. 오케스트라에서 특히나 왼손잡이 연주자가 없는 파트가 바이올린 파트이다. 식탁에서 왼손잡이와 오른손잡이가 서로 부딪치는 상황을 상상하면 이해하기 쉽다. 피아노와 바이올린 모두 연주할 줄 알았던 베토벤이 아마 이 때문에 바이올린에서는 2류의 평판을 받았는지도 모른다. 그러나 귀가 멀기 전까지 베토벤은 피아노에 있어서 당대 최고 연주자 중 한 명이었다.

베토벤의 왼손잡이 기질

～

직관력 ｜ 낭만주의 작곡가로서 베토벤은 인간적 감성을 음악에 불어넣어 이전 음악의 형식주의를 능가했다.

화를 잘 내는 성격 ｜ 하이든과의 불화에서 보듯이 베토벤은 어릴 때부터 급한 성격을 지닌 다루기 힘든 아이였다. 청각 문제가 심각해질수록 이런 성격 또한 악화되었다. 더 이상 정상적인 대화가 불가능해지자 베토벤은 감정을 직접적으로 표현할 수밖에 없었고 필담에만 의지하게 되었다.

고독 ｜ 베토벤의 청각 악화는 그가 세상으로부터 고립되는 주 원인이 되었다. 베토벤은 끝까지 미혼으로 남았기에 고립은 더욱 심했다. 또한 그는 불행하게도 사회적으로 용납될 수 없는 상대와 사랑에 빠지곤 했다. 비록 낭만주의의 천재적 작곡가의 시대가 열렸음에도 불구하고 베토벤의 시대에 음악가는 사회적으로 천대받는 직업이었다. 그의 애정 생활은 불운하기 짝이 없었고 자신의 천재성에 걸맞지 않는 좌절을 겪은데 대한 분노는 더욱 깊어만 갔다.

인습타파 ｜ 이 세상에 존재하는 음악 중 베토벤의 음악은 아마 록 음악보다도 더 진보적인 음악이었을 것이다. 그는 관현악에 혁명을 일으켜, 그것을 개인주의적이고 격앙된 감정을 표현하는 최고의 수단으로 탈바꿈시켰다.

실험정신 ｜ 음악의 형식을 다루는 데 있어 변화를 꾀한 베토벤의 방식은 매우 실험적이었다. 그의 실험정신은 교향악의 길이를 늘이기도 했고 성악 합창을 이용해 문학을 음악에 접목시켰으며 이전에는 생소했던 악장 사이의 감정의 극적 반전을 도입했다.

Queen Victoria

빅 토 리 아　여 왕 이　18세에 영국 왕위를 계승했을 때 상황은 썩 좋
지 못했다. 정신병자였던 조지 3세의 오랜 통치 끝에 왕위는 그의 두 아들인
사치스런 조지 4세와 윌리엄 4세에게로 이어졌는데 윌리엄 4세의 통치 중에
왕권은 눈에 띄게 힘을 잃었다. 빅토리아 여왕은 왼손잡이다운 직관력과 감정
이입 능력, 대변혁의 시기를 긍정적으로 받아들이는 능력을 바탕으로 스스로
의 운명을 이끌 수 있었고, 국민의 신임을 잃어가던 나라를 유럽에서 가장 사
랑받는 군주국으로 바꾸어 놓았다. 또한 그녀는 정치적인 통찰력과 기지를 보
여 영국이 19세기의 격동을 헤쳐 나갈 수 있게 했다. 빅토리아 여왕의 통치 중
에 대영제국은 그 절정을 맞이했다.

　1901년 사망할 무렵 그녀의 영토는 전 세계의 거주 가능한 지역의 1/4을 넘
어섰으며 신민의 수는 4억 명에 달했다. 63년 동안 통치했던 빅토리아 여왕은
영국 역사상 가장 오랜 기간 동안 군림한 군주로 남았다. 심지어 오늘날까지
도 '빅토리아 왕조Victorian'라는 단어는 특정한 문화적 정취를 의미한다. 그
것은 감상적인 것, 죽음에 대한 집착과 지나친 애도, 도덕적 엄격함(적어도 외
양으로는), 끊임없는 변화 속에서 견고함에 대한 환상 등을 내포한다. 이런 태

도는 빅토리아 여왕으로부터 나온 것이기도 하지만 급성장하던 당시 영국 중산층의 가치와 신념이 나타난 것이기도 하다. 영국 중산층은 제국의 부와 평화를 바탕으로 자라나 여왕의 기호를 공유하는 동시에 대변하기도 했다.

가난하고 외로운 공주 | 빅토리아는 조지 3세의 셋째 아들인 에드워드 켄트 공작과 라이닝겐의 섭정후 사이에서 태어난 외동딸이었다. 많은 왕족들이 그러했듯이 그녀의 아버지는 경제적으로 풍요롭지 못했고 그 결과 생활비가 더 적게 드는 유럽대륙에서 생활해야만 했다. 그러나 조지 3세의 아들들이 적법한 후계자들을 많이 낳지 못하던 차에 에드워드 공작은 아내가 임신한 것을 알자 아이를 영국에서 낳아야 한다고 고집을 피웠다.

에드워드는 약 8개월 뒤 사망했고 부인은 남편의 빚을 떠안은 채 말도 통하지 않는 나라에 남겨졌다. 그녀는 자신이 환영받는지조차도 확신할 수 없었다. 조지 4세는 그다지 내켜하지는 않았지만 그녀와 빅토리아에게 켄싱턴 궁에 방을 내주었다. 빅토리아는 그곳에서 세 살이 될 때까지 독일어만 쓰면서 자랐다. 그녀의 어린 시절은 전형적인 공주의 어린 시절에 걸맞는 것이 아니었다. 경제적으로 빈곤했기에 빅토리아는 어머니와 방을 같이 쓰며 양고기 같은 가장 싼 고기만 먹어야 했다.

빅토리아 여왕의 어린 시절은 또한 꽤나 고립된 채 보내졌다. 그녀는 어머니가 수행원으로 데리고 있던 독일 여인들 사이에서 자랐는데 어머니의 고문인 존 콘로이John Conroy의 아이들을 제외하고는 같이 놀 상대도 없었다. 어떤 면에서 그녀의 어린 시절은 같은 왼손잡이인 뉴턴의 어린 시절과 비슷했다. 뉴턴 또한 상대적으로 높은 계급 출신인 탓에 주위 사람들과 거리감을 느끼며 사회적 고립감을 겪었다. 빅토리아 여왕은 어린 시절에 대한 좋은 기억이 없다. 1858년 그녀는 큰 딸에게 이렇게 편지를 썼다.

나는 어렸을 적 꽤 불행한 삶을 살았단다. 강렬한 애착의 감정을 쏟을

◀ 책상에 앉아 있는 빅토리아 여왕, 1878년경. 3살 때까지 독일어만 하며 자란 빅토리아 여왕은 후에 영어, 중국어, 그리스어, 이탈리아어, 프랑스어에 정통하게 되었다.

곳도 없었고 함께 지낼 형제자매도 없었다. 아버지도 없었고 불행한 상황 때문에 어머니와 편안한 관계도 아니었고, 속내를 털어놓지도 못했으며 친밀한 감정도 느끼지 못했단다…….

뉴턴이 그랬던 것처럼 빅토리아 여왕은 지적 탐구를 불행한 어린 시절의 위안으로 삼았지만 뉴턴처럼 과묵하지는 않았다. 공주로서 빅토리아는 두 명의 훌륭한 개인교사를 두었고 언어에 대한 재능이 뛰어났는데 이는 후에 손자들과 증손자들이 각 유럽 왕가를 이어가는 데 큰 도움이 되었다. 독일인 여자 가정교사 레첸은 빅토리아가 다섯 살 때 처음 초빙되었는데 처음에는 어린 공주의 불같은 성격에 질겁했지만 공주가 언제나 진실만을 말한다는 것을 알아채고는 그녀를 좋아하게 되었다. 레첸은 그렇게 성미가 급하고 버릇없는 아이를 본 적이 없다고 말하기도 했다. 타고난 정직함과 뒤섞인 급한 성격은 그녀가 세상과 마찰을 빚으며 느낀 불공평함에서 비롯된 본능적인 왼손잡이적 징후였다.

그러나 그녀가 왕위에 오른 뒤로는 자기 인식과 자기 수양을 통해 이 분노를 다스릴 수 있었다. 레첸의 지도 아래 빅토리아는 고집 센 학생에서 뛰어난 학생으로 변화되어 갔다. 나이가 듦에 따라 빅토리아가 새로 얻은 가정교사인 조지 데이비스George Davies 목사는 그녀에게 공주보다는 왕자에게 어울리는 과목들을 가르쳤다. 그 과목들은 법학, 역사와 함께 영국의 번영을 이끌던 산업혁명의 기술 등 실제 세상사가 대부분이었다. 퇴폐적이라고 여겨졌던 소설은 금지되었지만 시를 읽는 것은 허용되었다. 빅토리아가 왕위를 계승할 무렵 그녀의 의식은 사내아이 같았다.

18세기의 여왕 | 1837년 윌리엄 4세의 사망으로 빅토리아가 여왕의 자리에 올랐을 때 그녀는 어머니가 섭정할 필요 없이 혼자서 왕위를 누릴 수 있는 나이인 18세가 겨우 되었다. 그녀의 외양은 군주로서 호감을 살 만한 것은 아

◀ 4세의 빅토리아 공주. 채색 석판화, 데닝S. P. Denning 作.

니었다. 키는 152cm 가량이었고 다소 뚱뚱해지고 있었다. 그럼에도 불구하고 그녀는 권력을 갈망하는 어머니와 야욕에 가득 찬 조언자 존 콘로이로부터의 자립을 단언하며 즉각적으로 성공적인 군주정치를 이끌기 시작했다. 윌리엄 4세가 수상 멜버른 경Lord Melbourne을 제거하려고 노력했던 반면 빅토리아 여왕은 멜버른 경과 정치적인 교분을 맺었다. 잔 다르크처럼 빅토리아 여왕은 세력 있는 남자들의 마음을 돌려 자신을 신임하게 만드는 능력을 타고 났다. 나아가 그녀는 잔 다르크와 달리 왕관이라는 강점을 갖고 있었다.

여왕이 받은 남성적 교육은 자유당원이자 관대하고 약간 염세적인 정치철학을 갖고 있던 멜버른 경과 함께 일할 수 있는 기반을 마련해주었다. 멜버른 경은 세상을 잘 아는 홀아비였고 그의 부인은 시인 바이런Byron과 염문을 뿌렸었다. 그는 빅토리아 여왕이 통치자로서의 직무에 보인 열의에 감동을 받아 많은 시간을 여왕을 보조하며 보냈다. 멜버른 경은 단지 영국의 수상일 뿐 아니라 비공식적으로 여왕의 개인 비서로 활약했으며 저녁식사와 그 후에도 말동무가 되어주었다. 빅토리아 여왕은 현명하게 조언자를 선택했고 멜버른 경의 인내심은 그녀의 통치 성격을 형성했다.

멜버른 경이 도맡았던 빅토리아 여왕의 조언자 역할은 여왕이 1840년 색스-코버그-고타Saxe-Coburg-Gotha가(家)의 앨버트 공과 결혼하면서 대체되었다. 여왕보다 낮은 위치에 있어 자신이 직접 청혼할 수 없었던 앨버트 공에게 여왕은 멜버른 경의 격려에 힘입어 청혼했다. 빅토리아 여왕과 앨버트 공은 서로에게 좋은 짝이었고 왼손잡이 여성과 오른손잡이 남성의 결합이 대체로 조화롭고 행복할 수 있음을 보여주었다. 이 둘은 아홉 명의 자식을 두었을 뿐 아니라, 의회가 오랫동안 앨버트 공에게 어떠한 실질적 직위도 내리려 하지 않았음에도 불구하고 한 팀으로서 국정을 효과적으로 꾸려나갔다. 여왕은 성미가 급하고 완고하며 곧잘 흥분하곤 했지만 관대했던 반면 앨버트 공은 좀더 과묵하고 학구적 성향이 강했으며 윤리에 관해서는 매우 완고한 성격이었다.

앨버트 공은 말 그대로 여왕의 오른팔이었으며 의사록을 작성하면서 시간

보내기를 좋아하는 완벽한 공무원이었다. 이 부부는 며칠씩 나란히 각자의 책상에 앉아 일하며 지내곤 했다. 앨버트 공은 또한 왕실을 꾸려나갔으며 몇 십년 만에 처음으로 왕실 재정 상태를 흑자로 돌려놓았다. 아마도 그의 경력에서 가장 빛나는 부분은 1851년에 하이드 파크의 수정궁에서 치른 만국박람회일 것이다. 그는 영국의 업적을 자랑하기 위해 이 박람회를 고안해냈다.

슬픔에 잠긴 미망인 │ 불행하게도 앨버트 공은 1861년 12월 14일 사망하면서 빅토리아를 홀로 남겨두었다. 그녀의 슬픔은 너무나 깊고 극단적인 것이었다. 이때 그녀는 왼손잡이의 공상적 기질 또한 보였다. 빅토리아 여왕의 공상은 감상적이었는데 이는 빅토리아 시대의 지배적인 특징 중 하나가 되었다. 알프레드 테니슨 경의 시에서도 이런 징후는 포착되는데 사실 그 어떤 것보다 여왕 자신의 삶에서 더욱 드러났다.

앨버트 공의 사망 후에 빅토리아 여왕은 왕실 자택인 발모럴 성과 와이트 섬의 오스본 하우스와 윈저 성에 앨버트 공의 방을 그대로 보존할 것을 명했다. 매일 저녁 앨버트 공의 옷가지는 그의 침대에 놓여졌고 뜨거운 물 한 주전자와 깨끗한 수건이 들여졌다. 이 절차는 40년 동안 계속되었고 매일 밤 빅토리아 여왕은 남편의 초상화가 걸려 있는 방에서 남편의 잠옷과 그의 팔을 본뜬 석고 모형과 함께 홀로 잠들었다. 빅토리아 여왕은 상복으로 검정 드레스를 채택했으며(이것이 검은 상복의 유래이다) 여생 동안 상복만 입고 지냈다. 그녀의 딸 앨리스Alice가 앨버트 공의 사망 다음해에 결혼식을 올릴 때, 그녀는 큰딸에게 "결혼식보다는 장례식처럼 느껴지는구나"라고 말하면서 "여전히 피 흘리는 고독한 마음을 단검으로 찌른 것 같다"고도 했다.

앨버트 공의 사후 몇 년 동안 빅토리아 여왕은 그를 추모하는 데에 전념하며 애도의 편지와 사후의 생에 대한 문학적 명상과 시를 담은 비망록 〈*Album Inconsolatium*〉을 제작했다. 또한 그녀는 전기작가를 고용하여 앨버트 공의 생애를 전기로 남기도록 명령했다. 이 임무를 맡은 시어도어 마틴Theodore

Martin은 14년에 걸쳐 총 5권의 앨버트 공 전기를 남겼다. 정교하게 꾸며진 앨버트 공의 웅장한 묘는 윈저 성의 정원에 세워졌고 빅토리아 여왕은 그 곁에 묻히길 원했다. 앨버트 기념비는 하이드 파크에 정부 예산으로 건립되었다. 앨버트 공의 사후 10년에는 로열 앨버트홀Royal Albert Hall이 완성되었다. 개관식에서 빅토리아 여왕은 감정에 복받쳐 연설을 할 수 없게 되자 아들인 웨일스Wales공이 대신했다. 대영제국이 거느린 모든 도시들에는 동상, 도로, 학교, 공원, 도서관 등이 앨버트의 이름을 따 그를 영원히 기리고 있다. 빅토리아 여왕이 앨버트 공의 영혼을 불러내 대화하기 위해 무당을 고용한 사실은 그리 놀라운 일이 아니다.

이 추모는 그녀의 명성에 돌이키기 힘든 타격을 입혔다. 그때까지만 해도 돋보이고 인기 있던 군주였지만 앨버트 공의 기념물이 갈수록 늘어남에 따라 빅토리아 여왕은 더욱 쓸쓸해져만 갔다. 그녀의 애도가 지나치게 계속되자 국

174

민들이 처음에 보여준 연민은 점점 식어갔고 여왕이 국민을 버렸다고 느끼게 되었다. 사실 빅토리아 여왕은 국민을 어느 정도 방치했으며 애도가 지나쳐 급기야 현실을 부정하기에 이르렀다. 어린 시절 빅토리아는 지독한 고집으로 유명했는데 그녀의 지나친 애도는 이런 성격이 드러난 행동이었다. 이 책의 많은 위대한 왼손잡이들처럼 그녀는 자신의 특이함을 표현하기 위해 세상에 맞설 준비가 된 사람이었다.

미망인이 미망인에게 | 빅토리아 여왕이 민중을 저버렸다는 논란이 벌어졌지만 그녀는 여전히 내각을 이끌었다. 또한 자손들을 유럽의 왕가와 유력자 가문과 혼인시켜 유럽 내의 권력 교체를 추구하는 등 비공식적으로 자신의 임무를 처리해나갔다. 빅토리아 여왕은 많은 시간을 국정에 관심을 갖고 참여했지만 의회의 승인 없이 독자적으로 의지를 관철할 만한 권력은 더 이상 없었다. 강한 설득력과 예리한 지성을 갖추었기에 그녀는 여전히 정치적 현안에 영향력을 미쳤지만 스스로 정치적 결단을 내릴 수는 없었다.

그러나 직관적으로 자신의 슬픔을 활용해 영국과 미국의 화합을 조성했다. 자신도 이미 몇 차례의 암살 시도를 겪었던 빅토리아 여왕은 링컨의 암살 소식을 전해 듣고 링컨의 부인 메리에게 편지를 썼다.

친애하는 부인, 제가 비록 당신과 친밀한 사이는 아니지만 당신의 조국과 당신에게 덮친 끔찍한 재난을 듣고 침묵을 지킬 수가 없었습니다. 당신이 직면한 불행의 경악스러운 상황에 진심에서 우러난 깊은 조의를 표하는 바입니다. 제 자신도 제 인생의 빛이자 버팀목이었고 제 모든 것이었던 사랑하는 남편을 잃어 깊은 상심에 빠졌기에 당신의 고통이 얼마나 큰지 그 누구보다도 잘 이해합니다. 또한 이 고통이 짓누르는 시기에 몹시 상처받은 자가 위안을 구할 수 있는 유일한 그 분께 의지할 수 있도록 진정으로 기도하겠습니다. 다시 한 번 심심한 애도를 전하며, 친애하는 부인, 저는

당신의 진실한 친구로 남겠습니다.

– 빅토리아 R.

비록 편지가 당대의 정황에 있어 조금은 공적인 도를 지나친 듯하지만 그 내용은 진심에서 우러난 애도였으며 메리 링컨Mary Lincoln은 이 위로의 편지를 매우 감사하게 여겼다. 또한 편지의 공개 발표는 영국의 모든 식민지에서 여왕의 평판과 영국의 이미지를 개선하는 데 큰 역할을 했다. 영국은 미국에서 남북전쟁이 벌어졌을 때 남부를 지지하는 듯 보였으나 빅토리아 여왕은 중립을 선언했었다. 그러한 상황에서 경험에서 우러나온 빅토리아 여왕의 메리 링컨에 대한 감정이 두 나라에 남아 있던 앙금을 희석시키는 역할을 했다.

자유주의 여왕 | 자신과 공통점이 없는 사람과도 공감대를 형성할 줄 아는 빅토리아 여왕의 능력은 그녀의 치세의 특징이었으며 동시에 왼손잡이들에게서 종종 발견되는 특징이기도 하다. 이런 성격 때문에 그녀는 자신보다 훨씬 연상인 멜버른 경 같은 사람과도 우정을 나누었다. 또한 그녀는 다른 수상인 벤저민 디즈레일리Benjamin Disraeli와도 깊은 우정을 나누었는데 디즈레일리는 영국 수상 자리에 오른 처음이자 마지막 유대인 출신이었다. 처음으로 배운 언어가 독일어에 왼손잡이였던 빅토리아는 아웃사이더가 되는 것이 어떤 것인지 잘 알고 있었다. 낯선 사람들과 공감할 수 있는 그녀의 능력은 공통점이 없는 민족들로 구성된 왕국의 통치자로서, 특히 1877년 인도의 여제가 되었을 때 여러모로 도움이 되었다.

빅토리아 여왕은 많은 면에서 최초의 다문화주의자였다. 자신의 영토의 모든 신민들이 기독교도여야 한다는 고집은 그녀에겐 애초부터 없었다. 인도에서 온 신하들을 맞이했을 때 그녀는 그들의 이국풍의 전통 복장을 좋아했다. 또한 여왕은 자신의 시종 중 한 명이었던 인도 출신 이슬람교도 압둘 카림 Abdul Karim을 개인적인 사무를 시중드는 가장 가까운 하인으로 승격시켰으

며 그에게서 힌디어를 배우며 많은 시간을 보내곤 했다. 카림은 가족들을 모두 데려와 빅토리아 여왕의 궁정에 이슬람교도의 집단 거주지를 만들었다. 또한 빅토리아 여왕은 학식 있는 흑인이 영국국교의 대주교가 되지 못할 이유가 없다고 생각했다.

나를 여왕이라 부르지 마시오 │ 빅토리아 여왕이 끝내 잘 지내지 못했던 수상은 개혁가 윌리엄 글래드스톤William Gladstone이었다. 두 사람은 처음부터 성격이 맞지 않았다. 글래드스톤 수상은 아일랜드의 자치법을 주장했고 외교정책에 있어 평화주의를 고수하는 등 정책에 대해서도 합의점을 찾지 못했다. 멜버른 수상과 디즈레일리 수상은 빅토리아의 열정적인 기질에 잘 맞았고 그 결과 그들이 여왕에게 낭만적으로 보인 반면 빅토리아 여왕은 글래드스톤 수상에 대해 "그는 마치 공청회라도 하듯이 나를 대한다"며 불평했다. 초기 전기 작가였던 리튼 스트레치Lytton Strachey는 그 상황을 이렇게 묘사했다.

> 그녀는 자신이 제도로서 여겨지는 것에 반대하지 않았다. 사실 그녀는 하나의 제도였고 그녀 자신도 그것을 알았다. 그러나 그녀는 동시에 한 명의 여성이었기에 단지 제도로서만 여겨지는 것은 참을 수 없었다. 그러므로 글래드스톤의 열의와 전념, 예의바른 말투, 공손한 인사, 격식을 차리는 딱딱한 품행은 하나같이 헛된 노력에 불과했다.

이 사실에서 빅토리아 여왕이 반권위주의적 성향이었음을 알 수 있다. 그녀는 여왕이었지만 자신을 한 인간으로 대해주는 사람을 더 좋아했다. 그녀의 삶 중 두 번째로 암울한 시기에서 그녀가 주위에 두었던 막역한 친구들을 보면 그런 성격이 더욱 드러난다. 원기왕성한 스코틀랜드 고지인이었던 존 브라운John Brown은 툭하면 술에 취해 있었고 빅토리아 여왕을 대할 때 왕에 걸맞는 어떤 경의도 표하지 않았다. 인도인 서기였던 압둘 카림이 궁중에서 누렸

◀ 빅토리아 여왕의 통치 60주년 축전 행렬에서 여왕을 보기 위해 모인 군중. 1897년 6월.

던 지위는 영국인들의 심기를 불편하게 했다.

한 시대의 막이 내리다 │ 빅토리아 여왕이 와이트 섬의 자택에서 1901년 서거하면서 이른바 '빅토리아 시대'는 그 막을 내렸다. 그곳은 여왕이 노후에 앨버트 공과 함께 살기 위해 마련한 저택으로 정치의 의례적인 압박을 피해 종종 휴식을 취하러 갔던 곳이었다.

빅토리아 시대는 영국 역사상 가장 번영을 구가했던 시기였다. 역사 속에서 그녀에게 지워진 지배적인 인상은 엄격한 미망인이었지만 그녀는 그 이상이었다. 그녀는 본능적으로 정치를 이해한 국가의 운영자였으며 한 가정의 어머니였다. 또한 왼손잡이 특유의 성격을 발휘해 빅토리아 시대라는 자신만의 위대한 역사를 만들어냈다.

왼손잡이들의 공통점

1. 빅토리아 여왕의 앨버트 공에 대한 애도는 도를 지나쳤고 집착에 가까웠다. 집착은 이 책의 많은 인물들이 공통적으로 가진 특징이지만 이 성향이 왼손잡이의 성격과 관련이 있는지는 알기 어렵다. 혹은 강박적 성격을 가진 사람들이 위대한 업적을 성취하는 경향이 있을 수도 있다. 알렉산드로스 대왕은 확실히 정복의 집착을 보였고 미켈란젤로는 예술적 표현을 통해 자연을 정복하고자 하는 정신 상태를 보였다. 람세스 대왕은 기념물 건조를 통해 광적인 자존감을 드러냈고, 잔 다르크가 환영에 대해 보인 집착 또한 도를 지나쳤으며, 뉴턴은 수학적 난제에 너무 집착한 나머지 먹는 것을 잊기도 했다. 니체는 철학적으로 강박 증세를 보였으며 지미 헨드릭스는 기타에 집착을 쏟아 붓느라 생업을 구하느니 굶기를 택할 정도였다.

2. 빅토리아 여왕의 통치는 영국 역사상 99년 동안의 평화기간으로 알려졌지만 그 평화를 깨뜨리는 작은 전쟁이 적지 않았고 그럴 때마다 그녀는 전투적인 여왕으로 변했다. 영국의 식민지에서 무력 개입을 필요로 하는 반란이 여럿 일어났는데 중대한 무력 충돌은 크림전쟁과 보어전쟁이었다. 이 기간 동안 빅토리아 여왕은 대신들을 몹시 괴롭혔다. 크림전쟁 중 전쟁을 책임진 장관 팬뮤어 공Lord Panmure은 전쟁 소식을 기다리는 빅토리아 여왕을 "사막에서 물을 찾는 목마른 여행자"에 비유하곤 했다. 물론 19세기 입헌군주로서 빅토리아 여왕은 전쟁을 선동할 수는 없었다. 그러나 다른 왼손잡이 정복자들인 람세스, 알렉산드로스, 카이사르, 나폴레옹 등에 그녀가 필적했을지 궁금한 것은 사실이다. 세상의 가장 위대한 제국을 지배했던 영예는 빅토리아 여왕과 그들이 공통으로 누린 영예였기 때문이다.

3. 왼손잡이 성향은 빅토리아 여왕의 가족들에게 유전이 되었다. 현재 영국 왕족 중 왼손잡이는 찰스 왕세자Prince Charles와 윌리엄 왕자Prince William가 있으며 조지 2세와 조지 6세 또한 왼손잡이였다.

빅토리아 여왕의 왼손잡이 기질

직관력 | 빅토리아 여왕은 1 : 1의 상황에 가장 강했고 현명한 조언자를 찾아내는 재주가 있었다. 앨버트 사후 그녀는 공적인 얼굴이었던 엄격한 안색과 모순되는 정열적인 우정을 키워나가기도 했다. 또한 자식들과 손자들을 유럽 왕실들과 혼인시키는 데 있어서는 눈치 빠른 중매쟁이 역할에도 뛰어났다.

감정이입 능력 | 타인의 감정을 이해하는 그녀의 능력은 빅토리아 왕조의 인기에 큰 역할을 했다. 특히 대영제국의 해외 무역과 대외 관계에 있어 그 진가를 발휘했다.

화를 잘 내는 성격 | 어릴 적 빅토리아 공주는 고집 센 성격으로 유명했다. 어른이 되어서 자기 통제를 익히기는 했으나 이 급한 성격은 그녀의 오랜 생애에 걸쳐 드러나곤 했다. 전쟁에 대한 열의에서 이러한 급한 성격은 두드러졌다.

인습타파 | 인습타파적인 군주라는 개념 자체가 자기모순을 지니고 있지만 많은 면에서 빅토리아 여왕은 선례를 무너뜨렸다. 국가 발전의 원동력이었던 중산층이 귀족 계층을 넘어서고 많은 신민들이 외국에 거주하던 시기에 그녀의 자유로움과 관대함은 이상적인 지도자의 모습이었다. 앨버트 경을 향한 정열과 남편의 사후 애도의 모습 또한 인습타파적이었다. 당시 대부분의 왕실 혼인은 로맨틱한 이유보다는 왕가의 이해관계에 따라 이루어졌기 때문이다. 그녀의 길고 긴 애도 표현은 삶의 법칙에 반한 저항으로 여겨질 정도였다.

공상가 | 빅토리아 여왕은 남편 앨버트 공에 대한 애도에서 드러나듯이 낭만적이고 감상적인 성향이 있었는데 거의 광기에 가까웠다.

Lewis Carroll

루이스 캐럴

1832 ~ 1898

다 수 가 공 유 하 는 집단적 상상에 있어 〈이상한 나라의 앨리스 *Alice's Adventures in Wonderland*〉와 〈거울나라의 앨리스*Through the Looking Glass*〉만큼 이나 사랑받는 작품은 없을 것이다. 어린 소녀와 허구의 세계에서 겪는 모험 이야기는 한 세기를 넘는 시간 동안 아이들뿐 아니라 어른들까지도 완전히 매 혹시켰다. 이 책들이 처음 출판된 날 만큼이나 그 내용은 오늘날까지도 신선하 게 다가온다. 그러나 저자에 대한 평판은 조금 다르다. 그는 수줍고 말을 더듬 는 옥스퍼드 대학의 수학 교수였으며 영국국교회의 성직자이기도 했다. 이 보 수적인 작가의 성격은 대체로 따분했지만 글을 쓸 때나 어린 소녀들과 함께일 때만큼은 활기를 띠곤 했다. 요즘 같은 시대에는 그가 어린 소녀들과 맺었던 관계가 용납될 수 있을지는 의문이다. 그는 어린 소녀들과 친하게 지냈을 뿐 아니라 어린 소녀들의 누드 사진도 찍곤 했기 때문이었다.

그 당시에도 그만의 독특함 때문에 그는 사회에 적응하기 어려웠다. 이것은 왼손잡이의 특이함이 사회 적응에 걸림돌이 되는 전형적인 예이다. 루이스 캐 럴은 재능 있는 수학자에 사진 분야에 있어 선구자였음에도 불구하고 자신이 만들어낸 상상 세계의 변형된 논리를 더 좋아했다. 이것은 학자적 위치가 가 져오는 억압적인 구속에 대한 재치 있는 왼손잡이적인 반항의 일환이었다. 그

의 글은 아동문학뿐 아니라 당시 새롭게 떠오르던 장르인 환상문학에도 큰 영향을 미쳤으며 20세기 예술운동인 초현실주의와 부조리주의에도 깊은 영향을 끼쳤다.

말더듬이 소년 │ 찰스 도지슨Charles Dodgson ―루이스 캐럴은 그의 필명이었다― 은 1832년에 태어났다. 그는 11남매 중 셋째이자 장남이었다. 남매들 모두는 성인으로 성장할 때까지 살아남았다. 그의 아버지는 재능 있는 수학자였으나 전도유망한 학자로서의 길을 버리고 시골 교구 목사가 되었다. 어린 시절 루이스 캐럴은 가족들과 마음 편히 지낼 수 있었고 가족들에게 카리스마 있는 존재였지만 밖에서는 말을 더듬고 어색해했다. 이 증세는 그가 왼손잡이 성향이지만 오른손으로 글씨를 쓰도록 강요받은 사실과 관련이 있을 수도 있다. 그러나 말더듬이 성향은 성직자나 재능 있는 수학자로서의 소명과 마찬가지로 도지슨 가족의 내력이기도 하다.

11명의 도지슨 가의 아이들 중 8명이 말더듬이였고 그중 여섯은 여자아이였다. 여성 중 말더듬이는 흔치 않다는 점을 감안하면 눈에 띄게 특이한 현상이었다. 말을 더듬는 현상은 주로 우뇌지배적인 성향의 사람들에게서 나타나므로 이 흔치 않은 말더듬이 비율은 도지슨 가의 강한 우뇌지배 성향을 의미하고 이것은 곧 왼손잡이 성향과 직결된다.

다른 유명한 왼손잡이들과는 달리 루이스 캐럴은 어린 나이부터 학업에 뛰어난 소질을 보였다. 12살 때까지 집에서 교육을 받았고 7살 무렵부터 이미 존 번연John Bunyan의 〈천로 역정*Pilgrim's Progress*〉를 읽는 수준이었다. 12살의 나이에 그는 가족 교구 목사관이 있는 요크셔 크로프트에서 그리 멀지 않은 작은 기숙학교에 보내졌다. 그러나 그의 성격에 진정한 충격은 1846년 럭비Rugby에 있는 야만적인 사립중학교에 보내졌을 때였다.

토마스 휴즈Thomas Hughes가 쓴 소설 〈톰 브라운의 학창 시절*Tom Brown's School Days*〉에서 이 학교의 생활이 잘 그려져 있다. 비교적 섬세한 루이스 캐럴

◀ 찰스 도지슨(루이스 캐럴)의 19세기 사진. 루이스 캐럴이 47년 동안 강의한 옥스퍼드 크라이스트 처치의 고문서 중에서.

에게 그런 괴롭힘과 거친 운동은 전혀 맞지 않았다. 그리고 자신을 고립시키고자 하는 왼손잡이 경향은 더욱 악화되었다. 그는 그곳에서 거의 고문 받는 기분이었고 심지어 선배들로부터 성적 학대까지 받았으므로 고립적 성향은 당연한 결과였다. 유일한 위안은 학업에서 뛰어난 성과를 거두었다는 점이었다. 루이스 캐럴은 수학과 고전문학에서 상을 받았고 그의 수학 선생님이었던 메이어R. B. Mayer는 자신이 가르친 학생 중 가장 뛰어났다고 평가했다.

그의 재능과 가계에 이어져온 영국국교회 성직 내력을 감안하면 캐럴이 아버지의 뒤를 이어 교회에서의 경력을 준비하는 단계로서 옥스퍼드 크라이스트 처치Oxford Chirst Church에 진학하는 것이 당연했다. 캐럴은 대학생 시절 지속적으로 수학에서 뛰어난 성적을 거두었다. 그러나 그는 전공 연구에 한결같이 집중할 수는 없었는데 종종 해학적인 글을 쓰느라 정신이 팔렸기 때문이었다. 그는 성취 가능하고 더 이익이 되는 목표를 무시하고 자신의 관심사를 쫓는 왼손잡이적인 경향이 강했다. 그렇게 바라던 수학 장학금을 받는데 실패했을 때 그 이유를 순전히 자신이 게으른 탓이라고 생각했다. 그러나 그는 여전히 뛰어났기에 크라이스트 처치에서 수학 강사직을 맡을 수 있었으며 이 직업은 그의 여생 동안 일정한 수입을 보장해주었다.

수학보다는 문학 | 학생들은 루이스 캐럴이 강의하는 것을 지겨워했다. 수학에 대한 그의 열의는 대단했지만 언어 장애와 그로 인한 수줍음 때문에 그는 재미없는 강사가 되었다. 아마도 그가 오른손으로 글씨를 쓰도록 강요당하지 않았더라면 모든 것이 달라졌을 것이다. 또한 그의 뛰어난 재능이 글보다는 공식으로 드러났을지도 모른다. 캐럴의 아버지는 옥스퍼드에서의 강의는 10년 정도로 마치고 이후에 결혼하여 목사직을 찾는 순서로 그의 미래를 설계해놓았다. 그러나 부분적으로는 설교에 대한 거부감 때문에 캐럴은 전임 목사가 되는 것에 대해 깊은 회의를 품게 되었다. 그는 대학강사직을 발판으로 삼아 자신의 진정한 포부였던 문학의 길을 가기 위한 재정적 뒷받침을 마련하고

자 했다. 강의 첫해가 저물어갈 무렵 그는 일기에 이렇게 썼다.

　　나는 강의에 지쳤고 낙담했다. 감사도 받지 못하는, 애만 먹이는 일이
　다. 의지도 없는 사람들이 취미도 없는 것을 배우라고 몰아대는 격에다가
　진정 원하는 다른 학생들을 무시하게 될 수밖에 없다.

그래도 그는 수학 강사로서 25년을 더 머물렀다.

캐럴은 아주 어릴 적부터 창조적인 글쓰기를 시작했다. 이것은 그가 형제자매들과 공유했던 가족적 취미였다. 그의 형제자매들은 아이들이 좋아하는 초현실적인 폭력이 주를 이루는 시를 써서 돌려보고, 서로 경쟁하곤 했다. 가까운 형제자매들끼리 무의미한 말장난으로 언어에 폭력을 가함으로써 얻는 더할 나위 없는 만족감은 상상할 법 하다. 바로 그 언어에서 비롯된 말더듬이 버릇으로 사람들 앞에 설 때 겪었던 난처함을 감안하면 더욱이 그렇다.

크로프트의 사제관은 캐럴이 이끄는 창조의 요람이었다. 그는 형제들과 글을 쓰고 연극도 했으며 자신의 누이들에게 마술 따위를 뽐내고, 어려운 수수께끼를 내 당황케 했다. 또한 가족들이 읽을 잡지를 만들어 기고하도록 졸라대기도 했다. 이 시기에 캐럴이 얻은 성취감은 그가 이후에 나아갈 목표를 결정하는 계기가 되었다. 또한 이때 그는 어린 누이들과 어울리며 비할 데 없는 행복을 느꼈기에 성인이 된 후에도 어린 소녀들과 어울리는 것을 특히 좋아하게 되었을 수도 있다.

이상한 나라의 탄생　｜　대학시절 캐럴은 〈코믹 타임스*The Comic Times*〉나 〈트레인*Train*〉과 같은 국민적인 유머 잡지와 지역 간행물인 〈위트비 가제트*The Whitby Gazette*〉에 글을 기고했다. 그는 글을 써서 수입을 얻을 방법을 끊임없이 궁리했다. 그러나 그의 막대한 성공은 문예직에 종사함으로써 온 것이 아니라 그의 실질적 상사였던 크라이스트 처치의 학장인 헨리 리델Henry Liddell의 딸

▶ 루이스 캐럴이 찍은 10살의 앨리스 리델. 루이스 캐럴은 그녀에게서 작품의 주인공에 대한 영감을 얻었다.

들과 어울리며 그 원동력을 얻었다.

캐럴은 사진을 통해 리델 집안 아이들의 호감을 얻어 우정을 쌓기 시작했다. 많은 왼손잡이들처럼 그는 실험적인 경향이 있었으며 1857년에 자신의 첫 카메라를 장만한 선구자였다. 그해 어느 날 그는 한 친구와 함께 크라이스트 처치 대성당의 사진을 찍으러 학장 관구의 정원에 들어갔다. 그러나 성당 대신 학장의 아이들인 해리 Harry, 로리나 Lorina, 앨리스 Alice, 에디쓰 Edith 의 사진을 찍게 된다. 이 일이 있은 후 캐럴은 리델 부인 몰래 리델 가를 자주 방문했다. 그녀의 거만함 때문이었는지 아니면 어머니로서의 본능 때문인지 리델 부인은 캐럴의 잦아지는 등장에 변덕스러운 반감을 드러냈다.

그러나 어떻게 해서인지 캐럴은 리델 부인의 신뢰를 사기에 이르렀고 그녀는 여러 해 여름에 걸쳐 아이들이 그와 함께 뱃놀이를 가도록 허락했다. 이 뱃놀이 중에 캐럴은 아이들을 즐겁게 해주기 위해 이야기를 만들어내곤 했다. 1862년 그들의 소풍 중에 캐럴은 한 이야기를 만들어냈다. 이 이야기 속의 앨리스라는 이름의 여자아이는 언니와의 소풍에 지겨워진 나머지 모험을 찾아 나섰다가 토끼굴에 떨어져 전혀 다른 세계로 들어서게 된다. 진짜 앨리스는 이 이야기를 너무 좋아해서 그 이야기가 잊혀지지 않도록 캐럴에게 그것을 글로 써서 남겨둘 것을 조른다. 그는 당연히 그렇게 했고 3년 뒤, 원래 만 8천 단어 정도의 이야기에 살이 더해져 3만 5천 단어의 〈이상한 나라의 앨리스〉로 첫 출판이 되었다.

이 책은 환상적인 이야기로, 오늘날까지도 흥미롭게 읽혀진다. 첫 출판 이후 150년 동안 이 책 속에 드러난 상징을 해설하기 위해 엄청난 양의 논문이 발표되었다. 그러나 최초 청중들에게 이 책은 "원래 자신들이 아는 세상과 인물들이 신기하고 재치 있게 변형되어 등장하는 이야기"였다. 왼손잡이들이 가진 재주로 알려진 것 중 하나는 모든 것을 변형하는 능력이다. 여기엔 이유가 있다. 오른손잡이 세상에 사는 왼손잡이들은 어린 나이부터 자연스럽게 모든 것을 자신에게 적합하게 변형시키는 능력을 갖추게 된다. 게다가 적응과 변형에 대한 이 자연스러운 성향은 잘 쓰는 손의 문제를 떠나 왼손잡이가 관여하는 모든 일에서 작용한다. 그러므로 캐럴은 터무니없는 이야기를 썼고 지미 헨드릭스는 기타의 음판을 확장시켰고, 다 빈치는 인간이 날기 위해 필요한 적응 형태에 집착했다.

캐럴은 어린 시절이 가장 행복했기에 아이들의 세계를 더 좋아하는 어른이 되었다. 물론 어린 시절로 되돌아갈 수는 없는 일이었다. 그러나 아이들을 즐겁게 해줄 세상을 창조하고 그들의 우정을 얻는 일은 가능했다. 이것은 어린 시절로의 대리 회귀였던 동시에 장난삼아 불가능에 도전한 일이었다. 여러 면에서 캐럴의 강박적인 성격은 삶의 필연적 궤도에 대항하게 만들었다.

앨리스가 토끼굴로 떨어지는 첫 장면을 포함해 〈이상한 나라의 앨리스〉 전체에서 그의 이런 면들을 쉽게 찾을 수 있다. 자신에게 너무 작은 문 앞에서 앨리스는 "나를 마시오"라고 쓰여 있는 병에 담긴 액체를 마시고는 약 25cm 크기로 몸이 줄어든다. 그러자 그녀는 그 문의 열쇠를 놔둔 탁자가 이제는 너무 높다는 걸 깨닫는다. 스스로를 탓하던 앨리스는 "나를 먹으시오"라고 쓰여 있는 케이크 한 조각을 발견하고 그것을 먹자 약 274cm로 커져버려 천정에 머리를 부딪친다. 깜짝 놀라 눈물을 흘리던 앨리스는 열쇠를 찾고, 흰 토끼의 장갑 한 쪽을 끼는 것으로 다시 원래의 크기로 되돌아온다. 이 과정을 거친 앨리스는 그 작은 문을 지나 정원에 들어간다. 이것은 캐럴의 허구세계의 전형적인 예이다. 그가 바랐던 허구세계는 자신이 갈망했던 불가능한 변화가 가능한 곳이었다.

속편인 〈거울나라의 앨리스〉는 1871년 처음 출판되었다. 이 책에서 앨리스는 거꾸로 살아가는 하얀 여왕을 만나게 되는데 이것은 캐럴 본인이 해보고 싶어 했던 일이었다. 또한 험티 덤티Humpty Dumpty는 때마침 나타나, 약간의 도움으로 그녀가 위대한 일을 할 수 있을 것이며 그렇게 되면 일곱 살에서 일곱 살 반이 되는 대신 나이 먹는 것을 멈출 수 있다고 충고한다.

〈이상한 나라의 앨리스〉와 〈거울나라의 앨리스〉는 모두 인간과 사물의 무질서한 변화를 그린 꿈같은 이야기이다. 예를 들어 앨리스가 낭송하는 시 '어떻게 작은 새끼 악어는'은 사실 아이작 왓츠Isaac Watts의 '나태함과 해악에 반하여'라는 자장가의 패러디인데 이 동요는 "어떻게 부지런한 작은 벌들은"이라는 구절로 시작한다. 이와 비슷하게 앨리스 시리즈의 많은 등장인물들은 다소 기괴한 변형을 거친 결과물이다. 3장에 등장하는 인물들은 원래 뱃놀이의 참가자들이었다. 로리Lory는 리델의 딸 로리나Lorina, 주인공 앨리스는 리델의 딸 앨리스Alice, 새끼 독수리Eaglet는 리델의 아들 에디쓰Edith, 오리Duck는 루이스 캐럴의 친구인 로빈슨 덕워스Robinson Duckworth 목사이다. 루이스 캐럴은 스스로를 도도Dodo로 등장시키는데 이는 그가 말을 더듬기 때문에 자신을 '도 도 도지슨Do Do Dodgson'이라고 소개하는 버릇에 대한 자기비하적인 농담이었다.

이 앨리스 시리즈는 변형을 위한 변형을 꾀한 걸작품이다. 도덕적인 시들은 부조리 시가 되어버리고 인물들은 풍자되고 폭력은 붉은 여왕의 계속되는 외침 "그들의 머리를 쳐라"로 울려 퍼진다. 이야기 속에서 펼쳐지는 괴상한 공리에 의해 논리라는 것 자체는 터무니없는 것이 되어버린다. 인물들은 우스꽝스러운 논점에 대해 말다툼을 벌이는데 그들이 부조리한 동시에 논리적이라는 점에 바로 그 재치가 담겨 있다.

뒤집혀진 거울 세계 | 〈이상한 나라의 앨리스〉의 속편에서 발견되는 특히 흥미로운 점은 앨리스가 또 다른 현실세계에 들어서는 방법이다. 그녀는 의자에 앉아 고양이들에게 혼잣말을 하다가 벽난로 위의 거울 뒤에 있는 세상은 어떤 것일까 상상을 한다. 자신이 왜 그런 행동을 하는지도 모른 채 그녀는 거울 가까이로 기어 올라간다. 그리고는 거울이 자신 앞에서 녹듯이 풀어지며 그 너머 세상으로 들어갈 수 있기를 기대한다. 거울 속 세상에서는 당연히 왼쪽은 오른쪽이 된다. 왼손잡이이자 선구적인 사진작가였던 캐럴은 이런 반전의 매력에 빠져 있었다.

앨리스가 거울나라에 들어서자마자 그녀는 재버워키Jabberwocky라는 시에 맞닥뜨린다. 앨리스는 처음에는 그 시를 읽지 못한다. 그러다 그것이 역서(거울 문자) —왼손잡이들에게서 자주 발견되는 필기법으로 특히 다 빈치가 역서를 즐겨 썼다— 라는 것을 깨닫는다. 앨리스는 곧 적응하여 그 시를 읽을 수 있게 된다. 그러나 앨리스가 이 모험에서 겪어야 할 진짜 첫 적응 관문은 아직 멀었다.

앨리스가 들어간 세계는 왼손잡이 세계이자 거울 세계인 곳이다. 그곳은 캐럴이 만들어 낸 전복된 논리가 자유롭게 활개를 치는 이상한 체스판의 세계다. 토끼굴 아래에서 겪은 앨리스의 모험처럼, 이번에 앨리스가 발을 디딘 왼손잡이의 거울 세계는 불가능한 세계에 속해 있다.

그곳은 유토피아가 아니다. 사실 앨리스는 그곳에 머무는 동안 많은 시간을 혼란에 빠져 있거나 울면서 보낸다. 그러나 그곳은 빅토리아 시대의 영국 내에 만연해 있던 강압적인 사회 도의와 규범으로부터 잠시나마 도피처를 제공하는 재치와 힘의 세계이다.

캐럴은 자신이 외적으로 유지하던 보수주의에도 불구하고 어른들의 세상에 끝내 적응하지 못했다. 그는 변형에 대한 재주를 극단적으로 발휘하여 앨리스의 세상을 창조해낸 것이다.

왼손잡이들의 공통점

1. 루이스 캐럴은 타고난 재능을 갖춘 수학자였다. 시각 · 공간 능력과 관련된 기하학보다는 수학의 언어성과 기호성에 더 흥미를 가졌지만 그의 수학적 재능은 왼손잡이 성향에 기인한 것이었다. 수학 분야에는 왼손잡이가 많기로 유명하다. 다른 훌륭한 왼손잡이 수학자로는 뉴턴, 다 빈치, 앨런 튜링, 빌 게이츠, 마리 퀴리 등이 있다.

2. 연구에 따르면 우뇌지배 성향이 있는 아이들은 어릴 때부터 언어 장애가 발전할 가능성이 높다. 앨런 튜링 또한 왼손잡이 수학자이자 말더듬이였다. 기타 연주자 지미 헨드릭스의 아버지는 아들이 오른손을 쓰도록 강요했는데 그 또한 말더듬이가 되었다. 영국 왕 조지 6세의 아버지 조지 5세는 아들이 어렸을 때 왼손에 긴 끈을 묶도록 명령했다. 그래서 그가 왼손을 쓰려고 할 때마다 왼손은 난폭하게 끌어당겨졌고 이로써 오른손을 쓰도록 강요당했다. 조지 6세 또한 말더듬이가 되었다. 이런 발병률은 말더듬이 성향이 어린 시절의 트라우마에서 비롯된다는 이론을 뒷받침하는 근거가 된다.

루이스 캐럴의 왼손잡이 기질

감정이입 능력 │ 캐럴은 아이들의 사고방식을 잘 이해했고, 그들을 즐겁게 할 만한 이야기와 농담을 만들어내는 재주가 뛰어났다.

수평사고 │ 변형적 사고의 대가인 캐럴은 논리를 넌센스로 바꾸어버리고 사람들과 사회를 패러디했다. 완전한 환상의 세계를 창조하기에 충분한 모순을 고안해냈으며 이 기발한 생각들은 여전히 아이들뿐 아니라 어른들도 매료시켰다.

고독 │ 캐럴은 애정 생활이 전혀 없었던 것으로 유명한 왼손잡이 중 한 명이다. 그는 형제자매들과 가까이 지냈고 어린 소녀들을 특히 좋아했다. 그러나 그의 정서 세계는 결국 진짜 세상과 타협하지 못했다.

인습타파 │ 실생활에서는 매우 보수적이었으나 역설적으로 그의 상상력은 무정부주의적이었으며 일종의 희극적 허무주의의 영향도 받았다.

실험정신 │ 그는 유머 작가로서 전혀 새로운 장르를 개척했다고 할 수 있다. 에드워드 리어Edward Lear의 넌센스 시를 비롯해, '몬티 파이썬'(Monty Python: 영국 유명 코미디언 그룹)과 '군스'(Goons: 영국 유명 코미디언 그룹)', 더글라스 애덤스Douglas Adams의 〈은하수를 여행하는 히치하이커를 위한 안내서Hitchhiker's Guide to the Galaxy〉(영국의 공상과학 코믹소설이자 TV드라마 시리즈)에 이르기까지 그의 영향력은 어마어마하다. 캐럴은 또한 사진예술의 선구자로서 실험적인 면모를 보였다.

공상가 │ 루이스 캐럴은 역사상 가장 유명한 공상문학 작품을 쓴 작가이다.

Mark Twain

마 크 트 웨 인 은 미국의 저명한 작가들 중 한 명이자 최초로 미국식 구어체 영어로 글을 쓴 작가이다. 트웨인의 글들은 다양한 체험에서 비롯되었다. 지칠 줄 모르는 원기 덕분에 그는 파란만장한 삶을 살았고 소설가로서 뿐만 아니라 강사, 저널리스트, 여행작가, 광부, 인쇄공, 미시시피 강의 증기선 선장과 실패한 발명가로서의 삶을 살았다. 여러 면에서 트웨인은 전형적인 왼손잡이 기질을 가진 소설가였다. 그는 정상인들이 가는 길을 거부한 사람이었으며 동시에 매우 해학적으로 삶을 바라본 사람이다. 트웨인의 다채로운 삶의 경험들은 그의 소설 속에 담겨 빛을 발했다.

그의 책들은 인기를 얻었고 재치 있고 신랄한 성격 덕분에 트웨인은 찰스 디킨스Charles Dickens와 같은 작가들과 함께 세계적으로 사랑을 받았으며, 19세기 후반의 유명한 소설가들 중에서도 가장 유명한 작가로 자리매김했다. 트웨인은 한동안 세상에서 가장 재미있는 사람으로 명성을 날렸다. 그러나 그의 관점에서, 웃음은 지금까지 그가 받은 고통들에 대한 보상일 뿐이었다. 그의 평범한 삶은 아내의 죽음과 네 아이들 중 세 명의 죽음으로 망가졌고 "하늘에는 웃음이라는 것이 없다"는 쓸쓸하고 금언적인 결론에 이르게 되었다.

▶사무엘 클레멘스Samuel Clemens는 마크 트웨인Mark Twain 혹은 조시Josh, 토머스 제퍼슨 스노드그래스Thomas Jefferson Snodgrass 등 여러 필명을 사용했다.

그러나 〈톰 소여의 모험The Adventures of Tom Sawyer〉과 〈허클베리 핀의 모험The Adventures of Huckleberry Finn〉 등의 소설에 담긴 유머는 인종 평등을 부르짖었고 '사교계'의 허세에 강력한 일격을 가했다. 그의 유머가 가지고 있는 인습타파적인 경향은 저항가로서의 왼손잡이 기질과 미국 서부 지역에서 살아온 기질을 구체화한 것이었다. 그의 책에 재현된 생생한 세계들은 인간의 활력으로 넘쳐나고 수백만의 독자들을 기쁘게 했으며, 이는 오늘날까지도 이어져 내려오고 있다.

11살짜리 인쇄공 ｜ 사무엘 랭혼 클레멘스Samuel Langhorne Clemens는 미주리 주의 플로리다에서 태어났지만 어렸을 때 미시시피의 서쪽 강변에 있는 한니발로 이사했다. 아버지는 판사였고 사회적으로 지위가 있는 사람이었으나 재정적으로는 실패했다. 클레멘스의 어린 시절은 가문은 좋았지만 가난했고, 아버지의 죽음으로 가족의 생활은 더욱 어려워졌다. 이로 인해 클레멘스는 어린 나이인 11세 때 학교를 그만두고 인쇄공으로 도제살이를 시작하게 되었다.

클레멘스의 모국어 영어에 대한 사랑이 자란 곳은 교실이라는 제한된 공간이 아니라 인쇄소였다. 그는 손에 닿는 모든 것을 다 읽었으며, 선배들의 거칠고 남성적인 언어를 흡수했다. 트웨인은 왼손잡이였기에 학교생활이 괴로웠을 것이다. 19세기와 20세기 전반적으로, 미국 학교에서는 왼손으로 펜을 잡으면 몹시 꾸짖거나 실컷 때리는 것으로 끝났다. 고쳐지지 않는 왼손잡이들은 종종 왼손을 책상이나 등 뒤로 묶었다.

인쇄소의 도제를 어느 정도 거친 후 클레멘스는 조판 작업을 할 수 있게 되었는데 이것은 활자판에 금속활자들을 배열하고 종이가 통과하기 전에 잉크칠을 하는 과정이었다. 교실에서와는 다르게 인쇄소에서의 작업은 조판을 하든지 글을 쓰든지 왼손으로 하던 오른손으로 하던 그 일을 마치기만 하면 아무 문제가 되지 않았다.

클레멘스의 학교생활은 그에게 확실한 영향을 끼쳤다. 우리는 〈톰 소여의 모험〉에서 그 흔적을 볼 수 있다. 당시에는 왼손잡이로 태어났다는 이유만으로 많은 고통을 당하던 때였으며, 다른 많은 왼손잡이들처럼 트웨인 역시 반항적이고 독립적인 기질을 갖게 되었다. 이런 기질에, 권위주의자들의 '위선적인 가치관'을 뛰어넘는 '평등한 가치관'이 결합되었다. 이는 세상의 불공평함을 깨달은 직관력 있는 사람들이 흔히 갖는 성향으로서, 이런 사람들은 시행착오에 의해 고유의 가치체계를 형성하게 된다.

클레멘스의 경우, 반항적인 기질은 경직된 사회의 구속을 벗어나 인본주의를 우선시하는 모습으로 표현되었다. 어린 클레멘스는 톰 소여처럼 독특한 행동을 했고 날씨가 좋지 않은 날만 학교에 나타나는 것으로 유명했다. 해가 나는 날에 그는 평판이 좋지 않은 술주정뱅이의 아들 톰 블랭큰십Tom Blankeship을 비롯한 친구들과 밖에서 뛰어놀았다. 그들은 함께 미시시피 강 근처의 섬이나 한니발 마을 바로 밖에 있는 거대한 동굴들을 탐험했다. 혹은 사냥과 낚시를 하러 다녔다. 이러한 경험은 어린 왼손잡이 작가에게 교실이나 주일학교에서 배우는 무미건조하고 비현실적인 관념들보다 훨씬 더 가치 있는 일이었을 것이다. 만약 클레멘스가 오늘날 어린 시절을 보냈다면, 아마도 이 책에 나온 다른 왼손잡이들처럼 주의력 결핍 과잉행동 장애로 진단받고 리탈린(Ritalin: 어린이의 주의 결핍 장애에 쓰이는 약의 상표명)을 복용하고 있었을 것이다.

불량 소년들 | 트웨인의 가치 체계는 자기의 분신인 톰 소여Tom Sawyer의 소년 시절에 분명히 나타난다. 〈톰 소여의 모험〉은 클레멘스가 성장한 곳과 비슷한 마을에서 일어난 일련의 사건을 담고 있다. 소설은 톰이 곤란에 처한 상황에서 시작한다. 그는 무단결석을 하고는 수영을 하러 갔는데, 숙모에게 거짓말을 한다. 숙모는 집요하게 알아내려고 하지만 그녀는 톰이 이미 그녀의 전략을 파악하고 있다는 것을 모르고 있다. 그녀가 셔츠가 말라 있는 것을 확

인하고는, 왜 머리가 젖어 있는지 추궁하자 톰은 더위를 식히기 위해 찬물에 머리를 감았다고 말함으로써 위기를 모면한다. 의심이 든 숙모는 톰의 셔츠 칼라가 세대로 달려 있는지를 확인한다. 칼라는 정상적으로 달려 있기에 톰은 이 상황을 벗어날 수 있었지만, 배다른 동생 시드Sid의 고자질에 덜미가 잡힌다. 시드는 폴리Polly 숙모가 바느질한 하얀색 실이 검정색으로 변했다며 소리를 질렀다. 톰은 심성은 착하지만 반항적인 아이로서, 곤란한 상황에서 벗어나기 위해 창의적인 생각을 곧잘 해내지만 언제나 성공하지는 못한다.

이 에피소드는 결국 톰은 "마을의 모범 소년이 아니었다"라는 소견으로 끝을 맺는다. 톰은 모범 소년에 대해 잘 알고 있었으나 모범 소년을 몹시 싫어했다. 모범 소년이 되기 위해서는 오른손잡이들이 정해놓은 가치관을 따라야 하고 나이에 맞지도 않는 사회적 예의범절을 습득해야 했다. 톰과 트웨인이 추구하는 이상은 이와는 반대되는 것이었다. 〈톰 소여의 모험〉에서 우리는 트웨인이 친구인 톰 블랭큰십을 모델로 했다는 허크 핀Huck Finn도 만날 수 있다.

〈허클베리 핀〉에서 나는 톰 블랭큰십을 그의 모습 그대로 그렸다. 그는 무지했고, 불결했고, 충분히 먹지도 못했다. 그러나 그는 그 어느 소년들보다 훌륭한 마음을 가지고 있었다. 그의 자유로운 삶에는 구속이 전혀 없었다. 그는 유일하게 사회에서 진정 독립적인 사람이었다. 그로 인해 그는 지속적으로 행복했고 모두의 부러움을 샀다. 그리고 그의 사회성이 우리의 부모들에 의해 금지되었기에 그런 삶은 더욱 가치 있는 것이 되었고, 결국 우리는 톰 블랭큰십의 사회성에 매료되었다.

이 진술은 트웨인의 왼손잡이로서의 가치 체계를 잘 요약하고 있다. 학교의 추상적인 세상은 실재하는 현실의 세상보다 덜 흥미롭다. 규칙은, 그것이 멍청한 것이라면 지키지 않는 것이 현명한 것이며, 가치 판단은 가슴으로 느낀 대로 하는 것이다. 결국 뇌의 우반구가 감정 처리를 주로 책임지고 있는 것이다. 사회로부터 독립은 매우 중요한 가치이다. 사람은 자연스러운 상태로 살아갈 수 있을 때 가장 행복하다는 것이며, 이러한 사실은 왼손잡이들이 학교에서 사회화되어 가면서 절실히 깨닫는 것이다. 물론 오른손잡이들이 이러한 감정들을 공유하는 것은 가능하지만 사회는 너무나 많은 부분이 오른손잡이들에게 맞춰져 있고, 왼손잡이들은 이러한 상황을 더 예민하게 느낀다.

뱃사공에서 작가로 | 한니발에 있는 인쇄소에서 경험을 쌓은 후 클레멘스는 필라델피아와 뉴욕에서 일을 하기 위해 미주리 주를 떠났다가 1857년 미주리 주의 세인트루이스로 돌아왔다. 그는 그곳에서 미시시피 강의 증기선 실습생이 되었고, 1년 후 증기선 항해 자격증을 땄다. 그의 일은 증기선이 세인트루이스와 뉴올리언스 사이를 이동하면서 깊이, 암초, 장애물과 진흙 강변으로 인해 변하는 드넓은 강의 수심을 파악하는 것이었다. 그는 이 시기의 감회를 회고록 〈미시시피 강의 생활 *Life on the Mississippi*〉(1983)에서 이렇게 기록했다.

강의 모습은 그 자체로 훌륭한 책이 되었다. 교육을 받지 못한 승객들에게는 아무런 의미 없는 책이지만, 강은 나에게 자신의 마음을 솔직하게 말해주었다. 가장 소중한 비밀들을 큰 목소리로 이야기해주듯이 또렷하게 전달해주었다. 이 책에는 매일 새로운 이야기들이 있었기 때문에 한번 읽고 옆으로 치울 만한 책이 아니었다.

경험과 직관력으로 연마한 예리한 관찰력을 가지고 있는 클레멘스에게 '강의 상황을 알아내는' 일은 이상적인 일이었다. 그는 강에서 삶의 기쁨을 느꼈기에, 남북전쟁으로 인해 강의 통행이 막히지 않고, 그의 어린 동생 헨리 Henry가 증기선에서 사고로 죽지 않았다면 여생을 강에서 보냈을지도 모른다. 강을 오가는 배의 항해사가 된 것은 확실히 클레멘스로 하여금 다양한 사람들을 관찰하고, 자연을 깊이 인식하도록 하는 데 큰 도움이 되었다. 다 빈치

가 예술은 전적으로 자연에 근거를 둬야한다고 믿었듯이 클레멘스 역시 오감을 통해 생각하고, 사람들을 바로 그들의 언어로 표현하고, 실제 세계를 해석하는 것 등을 가치 있게 여겼다.

클레멘스의 유명한 필명도 이 즈음에 만들어졌다. 마크 트웨인Mark Twain은 2길(3.7m) 깊이를 나타내는 항해사들의 신호로 사용되는 용어였다. 이는 배가 좌초되는 것으로부터 안전하다는 것을 의미한다.

클레멘스는 잠시 동안 남북동맹 민병대의 일원으로 있다가 네바다 주의 장관으로 임명된 형 오리온Orion과 함께 서쪽으로 전진하면서 남북전쟁에서 탈출했다. 그 후 광부가 되어 국경 근처에서 광산 작업을 하면서 다양한 경험을 쌓았다. 한때 캘리포니아의 잭애스 구릉지대에서 금으로 부를 얻으려 했지만 실패했다.

광부로서 실패하자 클레멘스는 신문잡지계로 들어가 '마크 트웨인' 이라는 필명으로 유머러스한 작품들을 신문에 투고해 생계를 꾸려나갔다. 그의 작품들은 그가 겪은 다양한 삶의 이모저모였는데 곧 미국 전역의 신문과 잡지에 발표되었다. 유머 작가로서 인기가 치솟자 유럽으로 여행을 떠나게 되었고, 여행을 하면서 겪은 체험과 느낌을 묶어 〈철부지의 해외여행기The Innocents Abroad〉라는 제목으로 책을 펴냈다. 이 책은 큰 인기를 얻었으며 미국인의 여행기 중 가장 많이 팔린 책으로 남아 있다. 이제 클레멘스는 명실상부한 마크 트웨인이 되었고, 마크 트웨인은 클레멘스의 생생한 경험들을 감동적인 글로 재현해냈다.

그렇다면 이 모든 것이 트웨인이 왼손잡이라는 사실과 어떠한 연관성이 있는가? 왼손잡이들이 능숙하다고 증명된 것 중 하나는 사물을 새로운 용도로 개조하거나 바꾸는 것이다. 이들에게는 가위를 사용하거나 공책에 글을 쓰는 것과 같이 매일의 삶에서 어떤 형태로든 적응이 필요하다. 더 깊은 단계로 들어가면, 뇌의 우반구는 —어떤 물건의 새로운 용도를 찾거나 새로운 장소를 찾는 것처럼— 새로운 영역을 담당하는 반면, 좌반구는 일상적인 것들을 계속해서

☞ "모든 미국 문학은 허클베리 핀이라고 불리는 마크 트웨인의 한 책에서 시작한다. 미국의 모든 저술은 그것으로부터 비롯되었다. 그것만큼 훌륭한 책은 그 이전에도 없었고 그 이후에도 없다."
- 어니스트 헤밍웨이

◀ 1901년 증기선 갑판 위의 마크 트웨인. 그는 1857년 미시시피 증기선의 수습 기관사가 되었다. 필명 '마크 트웨인' 은 강을 오가는 배의 기관사들이 사용하는 항해용 용어였다.

하는 것과 관련이 있다. 이는 새로운 경험을 끊임없이 원하는 클레멘스의 성격을 부분적으로 설명해준다. 그의 많은 직업과 여행을 비롯해 그가 살기로 결정했던 곳을 보면 알 수 있다. 클레멘스가 마크 트웨인이 된 방법도 또한 흥미롭다.

유명한 왼손잡이들을 정리한 목록을 살펴보면, 배우들이 많다는 사실에 놀라게 된다. 배우들은 세상을 거의 바꾸지 않지만(그래서 이 책에는 상대적으로 적게 언급되어 있다), 그들은 자신을 바꾸는 데에는 특히 소질이 있다. 연기자들은 다른 역할로 자신을 변화시켜 새로운 인물을 창조함으로써 생계를 꾸려나간다. 트웨인의 〈미시시피 강의 생활〉과 같은 산문문학과 〈톰 소여의 모험〉과 같은 소설뿐만 아니라 순회강연에서도 이러한 능력이 나타난다.

난잡하고 부도덕한 책 ┃ 트웨인이 1884년 또 다른 대표작인 〈허클베리 핀의 모험〉을 썼을 때, 그는 부유했고 코네티컷 주의 하트포드Hartford에서 살고 있었다. 그는 탄광에서 지냈던 고생스러웠던 시절에서 벗어나 여리고 신앙심이 깊은 상류층 여성 올리비아 랭던Olivia Langdon과 결혼했다. 그들에게는 네 명의 아이들이 있었는데, 그중 클라라Clara만이 트웨인보다 오래 살았다. 제멋대로인 소년이 항해사에서 광부로, 광부에서 유머작가로 변화를 추구했다면 이제는 하얀 양복을 일상복으로 입는 또 하나의 변화를 맞이하게 된 것이다. 또한 이 시점에 그는 인습을 타파하기 위해 자신의 삶을 변화시켰다. 그는 이전의 삶에서 경험한 원초적인 즐거움을 바탕으로 책을 쓰기 시작했다.

〈허클베리 핀의 모험〉은 굉장히 인습타파적인 책이다. 허크Huck와 도망친 노예 짐Jim, 두 사람의 대화에서 사용되는 언어는 트웨인이 학교에서 배운 영어가 아니다. 그가 사는 코네티컷 가정의 점잖은 환경에서 사용할 법한 언어도 아니다. 그것은 트웨인이 유년기와 청년 시절에 사용했던 언어였다. 이는 허클베리 핀 이전에 쓰인 책에서는 찾아볼 수 없는 언어였다. 당연히 그 책은 많은 도서관에서 열람을 금지 당했다. 미국의 초기 문학과 문화의 본거지인

◀ 1900년의 마크 트웨인. 그의 통상적인 의상인 흰색 정장 차림으로 파이프 담배를 피우고 있다.

매사추세츠 주에 있는 콩코드 도서관은 작품이 "난잡하고 부도덕하다"고 금지했고, 브룩클린 공공도서관은 1902년 '긁었다itched' 뿐만 아니라 '긁었다 scratched' 라는 말을 사용하고, '발한 작용perspiration' 대신 '땀sweat' 이라는 말을 사용했다는 이유로 금지시켰다.

　여기서 우리는 트웨인이 즐겨 사용했던 실제적인 언어와 미국의 문학 엘리트들이 선호하는 추상적인 언어 사이의 차이를 알 수 있다. 이는 '경험에 의한 것' 대 '학교에서 배운 지식'의 차이를 반영하는 것으로 〈톰 소여의 모험〉과 〈허클베리 핀의 모험〉 두 작품에서 모두 나타난다. 그러나 많은 사람들은 트웨인에게 공감했다. 트웨인은 출판사로 편지를 보내 "콩코드 도서관에서 내 책을 금지하는 것은 그들이 20,000권의 책을 더 팔 수 있게 도와주는 것"이라고 썼다.

물론 〈허클베리 핀의 모험〉에서 인습을 타파한 것이 언어뿐만은 아니다. 그 책에서 가장 혁신적인 것 중 하나는 학교에서 거의 교육을 받지 않은 마을 술 주정뱅이의 아들인 허크가 책의 내레이터라는 사실이다. 이전에도 그런 캐릭터가 종종 책에 등장하기는 했었지만 그가 직접 이야기를 들려주는 일은 극히 드물었다. 그의 책 처음부터 끝까지, 허크는 짐을 그의 주인 미스 왓슨Miss Watson에게 돌려보낼지, 아니면 자유에 대한 추구를 도와줄지에 대한 도덕적 딜레마를 가지고 있다. 허크는 구체적인 것과 추상적인 것, 인간 본연의 선과 사회적 규범 사이에서 갈등하며, 결국에는 짐도 똑같은 인간이라는 것을 깨닫고 사회적 윤리에 반기를 든다. 이러한 사회적 윤리는 기독교에서 노예제도를 지지하는 근간으로 사용되던 것이었다. 책의 대부분에서 이런 딜레마로 혼란을 겪지만 허크는 결국 왼손잡이의 길을 선택하고 "좋아, 그렇다면 난 지옥으로 가겠어"라고 외치면서 짐을 도와준다. 항상 그랬듯이 트웨인은 인간 본연의 선이 안내하는 대로 인습과 전통에 반대되는 길을 걷는다.

〈허클베리 핀의 모험〉은 허크가 "하지만 나는 더 나은 곳으로 급히 떠나야 한다고 생각해. 왜냐하면 샐리 이모가 나를 입양해서 교화시키려고 할 것이거든. 하지만 나는 그것을 견디지 못할 거야. 이미 경험해봐서 잘 알지."라는 말로 끝맺는다.

왼손잡이들의 공통점

1. 도망친 노예 짐을 돕기로 결심한 허크가 "좋아, 그렇다면 난 지옥으로 가겠어"라고 했을 때 그는 정말로 왼손잡이의 길을 선택한 것이다. '왼손잡이의 길'이라는 용어는 종종 주류에 반대되는 곳에 스스로를 자리매김했을 때 종교적으로 사용된다. 힌두교 금기사항의 위반을 받아들인 위험한 형태의 탄트리즘Tantrism에서부터 시작된 그 용어는 블라바츠키 여사 Madame Blavatsky와 악마 숭배자 알레이스터 크로울리Aleister Crowley와 같은 유럽의 신비 주의자들에게 채택되었다. 최근 이 용어는 보편적인 개인주의, 개척되지 않은 인생의 길에서 정신적·윤리적인 삶에 대한 반인습적인 접근을 의미한다.

2. 트웨인에게 최고의 영웅은 같은 왼손잡이 잔 다르크였다. 비평가들의 생각은 달랐지만, 트웨인은 자신의 소설 〈잔 다르크에 대한 개인적 회고The Personal Recollections of Joan of Arc〉 (1895)가 최고의 작품이라고 생각했다. 그는 또한 잔이 이제까지 살았던 사람 중 가장 놀라운 인물이라고 주장했다. 그의 에세이 〈성 잔 다르크Saint John of Arc〉에서 트웨인은 "훈련이나 경험 없이, 단지 타고난 가능성만 이용하는 인간 지성의 역사에서 그녀에게 필적할 만한 사람은 없다. 잔 다르크는 위대해야 한다. 그리고 계속해서 위대해야만 한다. 왜냐하면 다른 어느 누구와도 달리, 그녀는 어떠한 준비된 교육, 연습, 환경, 경험의 도움 없이도 위대하기 때문이다. 그녀를 비교할 사람도 그녀를 평가할 사람도 없다. 왜냐하면 다른 모든 유명인사들은, 자신의 재능을 발견하고, 키우는 환경에서 성장했기 때문이다. 내가 일찍이 주장했듯이 그녀는 인류가 배출한 가장 특출한 인간이다"라고 썼다.

마크 트웨인의 왼손잡이 기질

～

직관력 | 트웨인은 자연적 선의가 세상에서 자기자신을 발견하는 탁월한 방법이라고 믿었다. 자신을 잘못 인도할지라도 그는 충동을 따랐다.

감정이입 능력 | 작가로서 트웨인의 강점은 사물과 행위를 개성적 관점에서 보는 능력이다. 이것이 〈허클베리 핀의 모험〉이 스토우Harriet Beecher Stowe 부인의 〈톰 아저씨의 오두막Uncle Tom's Cabin〉 등의 다른 작품보다 훨씬 우수한 반노예제도에 관한 책인 이유 중 하나이다. 〈톰 아저씨의 오두막〉은 인종적 차이를 인정하지 않고 그 문제를 기독교적 도덕성의 문제로 보았다. 허크의 도덕적 선택을 결정하는 것은 그와 짐의 실질적 우정이었다.

수평사고 | 젊은 시절 트웨인은 많은 체험을 쌓았다. 부유한 작가가 되어서도 그는 수많은 무모한 사업에 투자를 했는데 이로 인해 재산을 날려버렸다. 트웨인은 파산에서 벗어나기 위해 1895년 세계일주 강연 투어를 떠나지 않을 수 없었다. 그의 유머는 놀라운 조합과 아이러니에 기초하고 있는데 이는 수평적 사고의 한 예이다.

화를 잘 내는 성격 | 트웨인의 냉소적인 유머 감각은 매우 통렬했고, 작품 속에 나타나는 인용과 금언은 결정적으로 매운 맛이 있다. 그러나 그는 어처구니없는 이유로 유머 감각을 상실하고 화를 냈다. 예를 들자면, 한 방문객이 하트퍼드에 있는 트웨인의 집을 방문했을 때 그는 트웨인이 2층 창밖으로 수많은 셔츠를 내던지고 있는 모습을 보았다. 그런데 그 이유라는 것이, 셔츠에서 단추가 떨어져 나갔는데, 아직도 달려 있지 않다는 것을 발견했기 때문이라는 것이었다.

인습타파 | 트웨인은 구어체 문장을 사용해 미국 문학의 전반적 방향을 바꿔놓았다.

독학 | 트웨인은 경험을 통해 배웠으며 전 생애를 통해 교실에서 배우는 무미건조하고 추상적인 것보다는 체험의 학습을 더 선호했다.

실험정신 | 트웨인은 새로운 것을 시도하기를 좋아했다. 인생, 사업, 예술에서의 많은 실험은 성공적이지 못했다. 그러나 바로 이 개방성이 그가 최초의 위대한 미국 작가 중 한 명이 되는 데 기여했다.

Friedrich

Nietzsche

생 전 에 는   인 정 을   받지 못했지만 니체는 서구 철학의 전통에서 가장 뛰어난 인물 중 한 명이다. 그는 자신의 철학을 재치 있는 우상타파적인 문체로 기술했는데, 진정한 왼손잡이 반항아답게 철학 체계의 논리적 접근법을 거부했다. 니체는 주로 그가 주창한 '초인(Ubermensch 또는 Superman)'의 개념으로 기억되고 있으며, 극단적 개인주의와 자아 극복은 실존주의의 대두에 특히 영향을 주었다. 그가 독일 철학자 쇼펜하우어Arthur Schopenhaur의 작품을 연구하면서 발전시킨 '권력에의 의지'에 대한 관념은 나치에 의해 왜곡되었으며(니체는 반유대주의를 경멸했다) 오늘날 지배적인 유행 철학인 프랑스 후기구조주의 운동의 핵심이 되는 사상이었다.

니체는 건강은 형편없었지만 그것을 무시할 만큼 지적 자존심이 강한 천재였다. 그는 삶의 마지막을 여기저기 바쁘게 돌아다니면서 살았고 독일, 프랑스, 스위스, 이탈리아 등 여러 장소에 머물렀다. 그는 싸구려 하숙집에 기거하면서 병약한 몸의 한계를 훨씬 뛰어넘는 작업을 했다. 점점 이상한 행동을 함에도 불구하고 헌신적으로 남아주었던 친구들은 두려움과 안타까움 속에서 "그가 속세를 벗어났다"고 말했다. 프로이트는 니체를 "이제까지 살았거나 앞

▶ 니체는 24살의 나이에 대학교수가 되었다.

으로 살게 될 그 어떤 사람보다도 자기 자신에 대한 통찰력을 지닌 사람"으로 묘사했다.

이 책에 등장하는 위대한 왼손잡이 이야기는 흔히 시류에 역행하는 사람들의 이야기이다. 그들은 천부적 천재성을 꽃 피울 수 있도록 관습의 강한 압력에 저항했다. 니체의 비극적 이야기는 가장 강력한 사례 중 하나이다. 그의 철학적 주제는 급진적으로 새로운 분야를 개척했고 오늘날 우리가 사는 세계에서 극히 중요한 요소가 되었다. 함축적 금언과 강렬한 짧은 문장을 사용하는 니체의 문체는 '영원한 윤회', '권력에의 의지', '초인'과 같은 개념들만큼이나 혁명적이고 영향력이 있었다. 그는 자기 극복의 야망을 전파시켰고, 왼손잡이 철학자의 으뜸이 되었다.

여자만 있는 집의 소년 | 니체의 아버지는 루터교 목사의 계통에서는 마지막 사람이었고 니체가 겨우 다섯 살 때 사망했다. 이듬해 동생 루드비히Ludwig도 사망했다. 니체의 어린 시절 대부분은 당시 독일의 동부에 있는 프러시아의 일부인 나움부르크Naumburg에 있는 친할머니 집에서 보냈다. 거기서 그는 어머니, 누이동생, 할머니와 두 명의 결혼하지 않은 고모들과 함께 살았는데, 집에서 그가 유일한 남자였다. 이 책에서 다룬 많은 왼손잡이들과는 대조적으로 니체의 뛰어난 재주는 일찍부터 드러났다. 그의 학업성적은 눈에 띄게 뛰어나서, 프러시아의 명문기숙학교 중 하나인 슐포르타Schulpforta에 입학할 수 있었다.

1864년 학교를 졸업한 후 니체는 본 대학에서 신학을 공부하기 시작했다. 한 학기 후 그는 첫 번째 우상파괴의 순간에 도달했다. 그는 신에 대한 믿음을 잃었고 철학을 공부하기 위해 신학(가족 전통까지도)을 포기했다. 그의 어머니는 두려움에 떨었다. 이듬해 그는 문헌학 교수인 프리드리히 리츨Friedrich Ritschl을 따라 라이프치히 대학으로 갔는데, 그곳의 한 중고서점에서 우연히 쇼펜하우어의 작품을 발견했다.

◀ 대부분의 유명한 왼손잡이들과는 달리 니체는 어린 시절부터 총명함을 드러냈다.

리츨 교수의 후원으로 니체는 스위스 바젤 대학의 교수직에 거의 전대미문의 나이인 24살 때 임명되었다. 그 당시 그는 통상적으로 그런 자리에 필요한 조건인 박사과정이나 교사 자격증 과정을 아직 끝내지 못한 상태였다. 그럼에도 불구하고 니체는 —학문적 분야로서 문헌학의 좁은 한계에 약간 좌절되기는 했어도— 인기 있는 교수임이 입증되었고, 직업적 측면에서 능력을 발휘했다. 바젤 대학에서 강의하는 동안 그의 초기 작품에는 여전히 우상파괴적 특징이 남아 있었다. 〈비극의 탄생*The Birth of Tragedy*〉(1872)은 고대 그리스 문화가 어떻게 영향을 끼쳤는지에 관한 전통적 지식을 공격함으로써 논쟁을 불러일으켰으며 〈반시대적 고찰*Untimely Meditations*〉(1876)은 독일의 문화적 속물주의를 공격했다. 〈인간적인, 너무나 인간적인*Human, All Too Human*〉(1878)은 정상적으로는 무미건조한(둔한) 엄격함으로 쓰여지는 철학 저서에 창의적 접근으로 풍자적 문체를 사용한 최초로 책으로 평가받는다.

10년 동안 바젤 대학에 재직한 후, 나빠진 건강과 정상적 생활의 속박에 적응할 수 없어 괴로워하던 니체는 교수직을 그만두었다. 그는 방랑하는 철학자가 되어 유럽대륙을 여기저기 떠돌아 다녔는데, 한 곳에 2~3개월 이상은 머물지 않았으며 얼마 안 되는 식량으로 겨우 생존했다. 니체가 유명 저서 대부분을 집필한 것이 바로 이 시기였다. 니체는 독일 국적을 포기함으로써 무국적자가 되었고 어떤 기관에 소속됨으로써 생기는 속박에서도 벗어났다. 그의 고독한 존재는 사회의 명령에 따를 수 없는 왼손잡이들의 궁극적 표현이다. 그러한 요소들은 미켈란젤로, 베토벤, 잔 다르크 등 여러 왼손잡이 천재들에게서 눈에 띄지만, 니체처럼 강력하게 개인의 주체성에 대한 열망에 사로잡힌 사람은 없었다. 이런 이유로 그는 장 폴 사르트르Jean Paul Sartre, 록스타 짐 모리슨Jim Morrison, 작가 헨리 밀러Henry Miller, 비트족 작가 잭 케루악Jack Kerouac을 포함하는 사회적 반항자 집단에게 영감이 되었다.

비극의 탄생 | 니체의 철학에서 중요한 왼손잡이적 요소 중 하나가 첫 번째

저서인 〈비극의 탄생〉에 담겨 있는데, 이 책에서 그는 고대 그리스와 유럽 문화에 대한 급진적이면서도 낭만적인 재해석을 제안했다. 당시 유럽에서의 지배적인 관점은 고대 그리스가 가장 중요한 문명으로서 합리성과 평온함의 상호보완에 입각한 사회라는 인식이 강했다. 니체는 이 아폴로니언적(Apollonian: 고대 그리스 태양의 신) 합리성(가장 두드러진 숭배자로는 소크라테스 이후의 철학자인 플라톤과 아리스토텔레스가 있다)에 앞서서 보다 어두운 창조적 에너지(니체는 고대 그리스 포도주와 도취의 신이며 또한 연극의 후원자였던 디오니소스의 이름을 따서 디오니시언으로 특징지었다)가 있었다고 주장함으로써 아폴로니언적 관점을 부정했다.

니체에게 있어 디오니시언Dionysian은 본능에 이끌린, 거칠고, 혼란스러우며, 초도덕적, 자연적 에너지로서 창조성뿐만 아니라 인생 그 자체의 원천이었다. 그는 합리적 질서, 평화, 현상유지와 같은 아폴로니언적 힘을 디오니시언에 대비시켰다. 디오니시언은 반항자, 개인주의자, 예술가의 에너지이다. 그것은 또한 왼손잡이에 대해 이야기하는 반면 아폴로니언은 사회질서와 합리적 조화로 오른손잡이에 대해 이야기한다. 니체는 이 디오니시언 에너지의 팬이었으며 고대 그리스 문명이 아폴로니언적 에너지의 지배를 받게 되면서 몰락하기 시작했다고 생각했다.

니체의 디오니시언에 대한 해석은 고전적 왼손잡이의 철학이다. 우리는 베토벤에게서 디오니시언 원리를 볼 수 있다. 베토벤은 고전음악의 깔끔함으로부터 험하고 창조적인 낭만주의 시대의 장엄함으로의 변화를 개시했다. 그것은 또한 존 매켄로의 성난 듯한 경기나 알렉산드로스 대왕의 유목민 스타일의 먹고, 마시고, 정복하는 생활양식에서도 나타난다.

초인의 투쟁 | 니체의 걸작 〈짜라투스트라는 이렇게 말했다Thus Spake Zarathustra, A book for All and None〉(1883~85)는 그가 바젤 대학에서 은퇴하고 방랑자로서 생활을 시작했을 때 쓴 작품이다. 그것은 근본적으로 새로운 철학운

동을 창조하기 위해 성경, 소크라테스식 철학, 배화교, 낭만주의를 포함하는 사상적 전통으로부터 인물, 줄거리, 형상 그리고 철학적 문제를 합성하는데 있어서 니체의 왼손잡이적 총명함을 설명해주는 뛰어난 작품이다. 그 책은 예수의 탄생보다 약 1,000년 전에 살았던 페르시아의 예언자 짜라투스트라(Zarathustra 혹은 Zoroaster)의 관점에서 쓴 것이다. 니체처럼 짜라투스트라도 자기의 철학을 전파시키는 데 문제가 있었고, 생애의 대부분을 스스로 선택한 유랑 속에서 방황하던 사상가였다. 그가 창안한 종교는 계급 제도가 없고 개인의 자유의지를 강조한다는 점에서 주목할 만하다(짜라투스트라가 왼손잡이였는지 오른손잡이였는지는 알려지지 않았다).

〈짜라투스트라는 이렇게 말했다〉에서 가장 유명한 관념은 위버멘쉬 Ubermensch의 개념으로서 그것은 글자 그대로는 '인간을 능가한', 즉 초인을 뜻하지만 통상 영어로는 '슈퍼맨'으로 번역된다. 니체는 인생이라는 것은 그가 '권력에의 의지'라고 특징지은 것에 의해 지배된다고 믿었다. 그러나 이 탐구에서 성공한 사람들은 타인에 대한 권력을 취득한 정치가, 정복자, 전제군주라기보다는 자기 자신에 대한 권력을 취득한 사람들이었다. 니체는 이런 사람들만이(의심할 여지없이 니체는 스스로가 그 사람들에 속한다고 여겼다) 인간성의 한계를 뛰어넘을 수 있다고 생각했다. 인기 없는 예언자로서 사회와 등지고 황야에서 자신과의 싸움에 몰두한 짜라투스트라는 니체류의 전형적인 초인이었다.

니체의 초인에 대한 설정은 특별한 왼손잡이식 위대함의 개념이다. 사회의 질서는 전통적으로 왼손잡이들에게 불리하게 겹겹이 쌓여 있으므로 그들은 흔히 자기 자신과의 싸움을 선호하며, 니체식 자기극복의 도전을 즐긴다. 베토벤의 귀머거리 작곡은 자기극복의 가장 강력한 예이지만, 존 매켄로가 코트에서 벌이는 망나니 같은 행동에서 볼 수 있듯이 자기극복에 항상 성공하는 표현은 아니다. 그의 행동은 적에 대한 것이라기보다는 자기 내부의 악마를 정복하고자 하는 투쟁이다. 다 빈치와 미켈란젤로의 완벽주의는 초인식 투쟁의 또 다른 예이다. 위대함이 특정 수준에 이르면 왼손잡이 천재들은 자기 자신만이 경쟁자가 된다. 절정에 올라 있던 베토벤은 알렉산드로스에게 라이벌이 없었듯이 자기와 견줄 만한 예술가를 보지 못했다. 그러나 니체가 궁극적으로 자신을 희생하여 발견한 것처럼, 초인이 되고자 하는 노력은 성공으로 끝나기보다 긴장 상태를 유발할 가능성이 더 많다.

비극적 광기 │ 오늘날 우리는 과격한 스포츠에 대해 즐겨 이야기한다. 니체는 과격한 사상을 실행한 사람이었다. 정신세계에 대해 홀로 탐험했기에 그의 철학은 급진적이었으며, 19세기와 20세기 사이에 개념적 단절을 가져온 것으로 널리 인식되고 있다. 그는 오늘날 현대철학에 가장 결정적 영향을 준 사람의 하나로 남아 있다. 그러나 빌딩에서 뛰어내린다든지 세계에서 가장 높은 산을 등반하는 많은 사람들처럼 니체의 극단주의는 궁극적으로는 육체적, 정신적 황폐를 가져올 수 있다. 왼손잡이들은 오른손잡이들보다 천재가 될 기회가 더 많은 것으로 추정되며 또한 정신이상, 특히 정신분열증에 걸릴 가능성도 더 큰 듯하다.

니체는 통계학적 가능성을 양쪽 다 결합하고 있다. 그의 명석함이 아직은 알려지지 않았던 1889년 어느 날 —이탈리아의 투린에 있을 때— 그는 마부에게 매를 맞는 말의 머리를 두 팔로 감싸 안고 쓰러졌다. 회복된 후 그는 친구들과 유럽의 정치 지도자들에게 편지를 보냈다. 그 편지에는 디오니소스와 그리스도라는 —그의 철학적 명제에 등장하는— 두 인물의 서명이 있었다. 이것은 명백히 정신분열증적 행위였다. 굉장한 아이러니의 하나는 니체의 몰락이 그의 저서가 받아들여지기 시작한 바로 그 시점에 왔다는 사실이다. 니체는 그 후로 10년을 더 살았는데, 처음에는 수용소에 있다가 그 다음에는 어머니, 또 그 다음에는 여동생의 보살핌을 받았다. 그 과정에서 서서히 병이 악화되어갔고 생의 마지막 몇 년은 말을 하지 않고 침대에 누워서 보냈다.

뉴턴이나 존 매켄로의 경우처럼 니체도 공격적 성향의 편집증적 특징을 가지고 있었다. 또 다른 유명한 편집증적 왼손잡이로는 섹스 피스톨즈의 전 리드싱어 존 라이든John Lydon이 있는데, 그는 "분노는 에너지다"라는 바로 그 니체식 표현을 만들어낸 인물이다.

천재의 자기파괴 │ 니체는 우리가 정신분열성 인간이라고 부르는 그러한 사람이었다. 그러한 사람들은 정신분열 상태로 향하는 경향이 있지만 삶의 대부분을 정신분열증으로 고생하면서 보내는 것은 아니다. 심리학자인 브래드 폴리Brad Folly와 박 소희Sohee Park에 의해 밴더빌트 대학에서 시행된 조사에 의하면 정신분열증 환자의 생각은 통상 너무 혼란스러워서 생산적인 형태로 창조적 사고를 할 수 없지만 정신분열성 인간은 정신분열증 환자나 정상적인 사람보다 더 창조적 사고를 하는 것이 입증되었다.

이 결과는 친숙한 부엌 도구의 새로운 사용법을 발명하는 능력을 측정하는 테스트에 근거한 것이다. 정신분열증 환자(치료 후)와 정상적 인간은 대체로 같은 수준의 발명도를 보였으나 분열성 사고자들은 그들을 앞질렀다. 이 과정에 관련된 신경세포의 활동을 측정했을 때 연구원들은 분열성 인격자들의 우뇌에서 훨씬 강력한 집중적 활동이 일어나는 것을 발견했다. 왼손잡이들이 더 정신분열증에 걸릴 가능성이 많다는 것도 입증되었다. 추가적인 연구로 정신분열성 사람들은 왼손잡이거나 양손잡이일 가능성이 크다는 사실도 나타났다. 다시 말해 이것은 창조력과 왼손잡이 사이에는 연관이 있다는 과학적 증거인 셈이다. 친숙한 물체를 재사용하는 것은 알렉산드로스의 비정통적 전투 전술에서부터 뉴턴이 사과가 땅 위로 떨어지는 것을 보고 만유인력 이론으로 변형시키는 능력, 빌 게이츠가 도스DOS의 2진코드 속에서 윈도우의 가능성을 엿본 것에 이르기까지 위대한 왼손잡이들의 생각에서 흔히 발견되는 적응성과 유연성의 고전적 특징이다.

수년 동안 철학자로서 니체가 하찮은 대우를 받은 이유 중 하나는 철학적 체계가 없다는 것이었다. 이것은 질서와 점진적인 합리적 사고의 범주에 의존

▶ 1895년의 니체. 이 해에 그는 〈짜라투스트라는 이렇게 말했다〉를 완성했다.

하는 극단적인 오른손잡이식 비판이었다. 니체는 의도적으로 그런 체계를 갖지 않기로 정했는데 부분적으로는 디오니시언적 원리에 대한 선호 때문이기도 했지만, 그러한 체계는 기만적이라고 믿었기 때문이었다. 아마도 철학을 널리 전파시키려는 경향으로 인해 상대적으로 왼손잡이 철학자가 드문 것 같다. 아리스토텔레스의 왼손잡이적인 특성에 대해서는 추측만 있을 뿐이지만 그의 많은 작품을 번역한 중세 철학자 토마스 아퀴나스Thomas Aquinas는 왼손잡이였다.

니체의 디오니시언 원리는 창조적인 면도 있었으나 또한 파괴적인 면도 있었다. 여러 가지 면에서 니체는 작품을 창조하면서 그 자신을 파괴했다. 좋지 못한 건강에도 불구하고 그는 끊임없이 작품에 매달렸고, 계속되는 작업이 병을 악화시킨다는 것을 깨달았다. 이것은 궁극적으로 정신적 붕괴로 이어졌다. 지미 헨드릭스나 커트 코베인Curt Kobain 같은 왼손잡이 록스타에게서는 더 명백한 자기파괴적 행위가 발견된다. 비록 자기파괴가 왼손잡이들만의 배타적 기분 전환은 아니지만 물질 남용과 재능에 대한 편애, 자연적인 아웃사이더 성향으로 인해 자기파괴 행위에 빠져드는 경향이 강하다.

☞ **〈짜라투스트라는 이렇게 말했다〉에서 발췌** | 그러나 짜라투스트라는 사람들의 그런 모습을 바라보고 의아하게 생각했다. 그래서 그는 이렇게 말했다. 인간이란 동물과 초인 사이에 놓인 하나의 밧줄이고, 심연 위에 놓인 밧줄이다. 그 줄을 타고 건너가는 것도 위태롭고, 뛰어넘는 순간도 위태롭고, 뒤돌아보는 것도 위태롭고, 덜덜 떨며 그 위에 머물러 있는 것도 위태로운 일이다. 인간이 위대한 것은 그의 삶이 하나의 다리일 뿐 목적은 아니기 때문이다. 인간이 사랑스러운 것은 그들이 건너가기도 하고 몰락하기도 하기 때문이다. 나는 몰락 이외에는 살아갈 방도를 모르는 자들을 사랑한다. 그들은 피안을 향해 건너가는 자들이기 때문이다. 나는 위대한 혐오자들을 사랑한다 그들은 위대한 숭배자이며, 피안을 동경하는 화살이기 때문이다. 몰락하고 희생해야 하는 까닭을 별들의 배후에서 찾는 자들이 아니라, 언젠가는 대지가 초인의 것이 되도록 대지에 몸을 바치는 자들을 사랑한다.

인식하기 위해 살며, 언젠가는 초인이 살 수 있도록 인식하려고 하는 자들을 나는 사랑한다. 그들은 자신의 몰락을 바라고 있기 때문이다. 초인을 위해 집을 짓고, 초인에게 대지와 동물과 식물을 마련해주기 위해 일하고 연구하는 자들을 나는 사랑한다. 그들은 그렇게 함으로써 자신의 몰락을 바라기 때문이다. 상처를 받고서도 영혼의 깊이를 깨달으며, 사소한 체험으로도 파멸할 수 있는 자를 나는 사랑한다. 그리하여 그는 나아가 다리를 건널 수 있기 때문이다. 자기 자신을 잊어버리고 모든 사물을 자기 내부에 거느릴 정도로 넘쳐흐르는 영혼을 지닌 자를 나는 사랑한다. 그리하여 모든 사물은 그의 몰락이 되는 것이다.

자유로운 정신과 마음을 지닌 자를 나는 사랑한다. 그의 머리는 그의 마음의 오장육부일 뿐이며, 그의 마음은 그를 몰락으로 몰아넣는다. 인류의 머리 위에 드리워져 있는 먹구름에서 떨어지는 무거운 빗방울과 같은 자들을 나는 사랑한다. 그들은 번개가 칠 것을 예언하고, 예언자로서 멸망해 가기 때문이다. 보라! 나는 번개의 예언자이며, 먹구름으로부터 떨어지는 무거운 빗방울이다. 그러나 이 번개를 '초인'이라고 부른다.

니체의 왼손잡이 기질

직관력 | 니체는 철학적 체계 없이 작업했는데 프로이트는 그가 다른 어느 누구보다도 스스로에 대해 더 많은 지식을 가지고 있었으며, 그것은 논리보다는 직관을 통해서만 얻을 수 있는 것이라고 평했다.

화를 잘 내는 성격 | 니체는 사상가들의 혹평의 대상이었고 친구들과 가족들은 그에게 과도하게 요구하는 경향이 있었다. 그러나 대부분의 그의 분노는 디오니시언 원리를 구체화시킨 재치 있는 우상타파적 작품 속에 담겨져 있다. 짜라투스트라가 말했듯이 "나는 위대한 혐오자들을 사랑한다. 왜냐하면 그들은 위대한 숭배자이기 때문이다."

고독 | 니체는 결혼할 생각으로 딱 한번 프로포즈를 했으나 거절당했다. 그는 엄청난 시간을 홀로 지냈는데 그것은 그가 같은 장소에 2개월 이상 머물지 않는 습성에 의해서였다.

인습타파 | 역사상 가장 위대한 우상타파자의 한 사람으로서 니체는 이렇게 썼다. "나는 그저 매일 위안을 주는 믿음을 잃어버리기를 기원하는 사람이며, 이러한 매일매일의 위대한 마음의 해방에서 행복을 추구하고 발견하는 사람이다. 그것은 아마도 내가 성취할 수 있는 것 이상의 자유사상가가 되기를 원하기 때문일 것이다."

실험정신 | 니체가 발전시킨 경구적 문체는 철학 교과서 집필에 혁명적인 방법이었다. 하지만 그는 또한 자기 철학의 실험용 쥐였다.

Henry Ford

1888년 헨리 포드는 머릿속에 기계를 다룰 꿈을 가득 품고 디어본에 있는 가족 농장을 떠나 디트로이트의 공장으로 향했다. 당시 미국의 도시와 시골의 인구 비율은 1:4였지만 포드가 사망한 해인 1947년에는 4:1이 되었다. 이것은 그가 발명한 T형 포드Model T Ford가 도시와 농촌 사이의 이동을 보다 원활하게 만들어주면서 사람들의 일상생활의 범위가 넓어졌기 때문이었다. T형 포드는 첫 제작된 1908년부터 1927년 사이에 틴 리지Tin Lizzie 혹은 플리버Flivver라고도 불리면서 천오백만 대 이상이 팔려나갔다. 당시 T형 포드는 단연 가장 많이 팔린 자동차였다. T형 포드가 한창 생산되던 시기에는 세계 자동차의 90% 이상을 차지하기도 했다.

헨리 포드는 "미국을 바퀴 위에 올려놓은" 사람으로 널리 인정을 받는다. 그는 새로운 자동차 조립라인을 개척함으로써 제작의 시스템을 전반적으로 개혁했다. 1947년까지 미국인 7명 중 1명의 근로자가 자동차 또는 그와 관련된 생산업 분야에 고용되었다. 또한 직원들의 월급에 대한 포드의 기발한 생각은 대량생산 사회를 만들기 위해 필수적이었던 중산층 확장에 중요한 역할을 했다.

그러나 안타깝게도 포드는 삶의 종반기에 왼손잡이의 탁월함이 무너지는

▲ 자신의 첫 번째 자체 추진 자동차인 사륜차 앞에서의 헨리 포드, 1896년.

전형적인 모습을 보였다. 그는 성격이 이상해지고, 반유대주의와 같은 사상을 지지했다. 포드자동차Ford Motor Company가 T형 포드로 세계를 지배했던 화려한 과거로 돌아갈 수 없었던 이유 중의 하나는, 회사가 한층 더 혁신을 꾀하려는 것을 그가 반대했기 때문이었다. 헨리 포드가 사망했을 때, 포드자동차는 그의 편집증적이고 이상한 독재 경영으로 인해 붕괴 직전까지 몰렸다.

유능한 동네 시계 수리공 │ 다른 훌륭한 왼손잡이들과 마찬가지로 포드도

▲ 헨리 포드의 T형 자동차는 미국 사회에 엄청난 반향을 불러일으켰다. 중산층 이하의 사람들도 장만할 수 있는 저렴한 가격 덕분에 판매량은 폭발적으로 증가했다.

오랜 시간 정규교육을 받아 정형화된 생각을 하는 사람이 아니었다. 장남인 포드는 가족 농장을 물려받을 것으로 여겨졌지만, 그는 뉴턴처럼 농장 일에는 전혀 관심이 없었다. 포드는 타작과 톱을 작동시키는데 사용되는 증기기관이 자동차의 4개의 바퀴에 장착되어 있는 '자체 추진 기계'를 10살 때 처음 봤다. 포드는 훗날 이 경험을 두고 "내가 타고난 기술자라는 것을 알려준 사건이었다"고 술회했다. 15살이 되었을 때 포드는 유능한 동네 시계 수리공으로 알려졌다.

1879년, 그는 기계 숙련공의 견습생으로 일하기 위해 고향을 벗어나 디트로이트로 갔다. 그러나 가끔 농장으로 돌아와 일을 해야만 했는데 그때에도 항상 도망칠 생각만 했다. 1891년, 포드는 에디슨전기회사의 기술자가 되었으며 월급만으로도 자신의 발명품을 만들기에 충분했다. 그의 자동차 정비공장은 1896년 그의 첫 자체 추진 자동차인 사륜차로 전성기를 맞이했다.

자동차 회사를 시작하려는 헨리의 야심은 이상을 추구하려는 고집과 지금까지 받아들인 지식에 반기를 드는 그의 능력을 보여주었다. 당시 포드는 아내 클라라Clara를 굉장히 사랑했고 아들 에드셀Edsel에게는 다정한 아버지였기 때문에 아직까지는 진정한 의미의 왼손잡이식 외톨이는 아니었다. 포드에게 흠이 있었다면 극도로 독특한 캐릭터를 가졌다는 것이었다. 포드가 포드자동차의 단독 경영권을 갖기 전 그는 수많은 자동차 회사들과 함께 일을 했다. 그러나 그 회사들은 포드의 남다른 시야와 생산에 필요한 노동력을 제대로 분배하지 못해서 망하고 말았다. 첫 자동차 회사인 디트로이트 오토모빌Detroit Automobile Company은 포드가 자동차 디자인을 개선하는데 너무 많은 시간을 소비하느라 제대로 팔지도 못했다.

그 후의 헨리포드사 —이 회사는 후에 캐딜락Cadillac이 되었다— 는 헨리 M. 리랜드Henry M. Leland가 영입돼 생산을 운영하면서 포드는 사임했다. 포드는 1903년 포드자동차를 시작했는데, 이곳의 역사는 창업자의 위대한 노력이 가득한 곳이다. 그러나 불행한 일도 없지 않았는데 가장 큰 불행은 그의 유일한 아들인 에드셀이 스트레스로 사망한 일이었다. 그의 죽음에는 포드의 심한 압박이 큰 작용을 했다. 이 일로 편집증적 성격이 분출된 포드는 완전히 인내심을 잃었고, 그로 인한 부정적 결과는 회사에 치명적인 영향을 주었다. 그는 점점 융통성이 없어졌고, 피할 수 없는 변화를 권위에 대한 도전으로 받아들였다. 그러면서 포드는 전형적인 독재자처럼 행동했다. 심지어 전 해군의 권투선수였던 헤리 베넷과 같은 사악한 심복 부하를 고용하여 회사 안에 자본주의식 비밀경찰 조직을 운영하기도 했다.

2대 중 1대는 T형 포드 | 헨리 포드의 가장 위대한 업적은 의심할 바 없이 T형 포드였다. 포드자동차와 T형 포드의 성공을 이끌었던 그는 전형적으로 수평사고를 하는 왼손잡이의 표본이었다. 자동차 시대의 초창기에 다른 자동차 제조업자들은 사물을 단편적으로 봤던 것에 반해 T형 모델에 대한 헨리 포드의 시야는 넓었고 독특했다. 그는 역사적인 시야를 가지고 다른 어떤 사람도 상상하지 못했던 자동차 디자인을 창조해냈고, 생산과 시장은 서로 복잡하게 관련이 되어 있다는 사실을 간파하고 있었다.

첫 번째 T형 포드는 1908년에 출시되었는데 당시 일반적인 자동차 가격의 1/3에 불과한 850달러에 판매되었다. 이 T형 포드는 1910년 포드가 하이랜드에 산업 세계를 혁신시킨 최초의 조립라인을 완비한 제조공장을 열기 전까지 11,000대가 팔렸다. 그의 예전 공장에서는 T형 포드의 조립에 12시간이 걸렸지만, 새 조립과정으로는 93분이면 가능했다.

이 조립라인은 자동차를 만드는 관점의 변화로 생긴 결과였다. 전통적인 자동차 조립라인은 자동차에 초점을 맞춘 것이었다. 각각의 자동차는 공장에서 한 공간을 차지했고 여러 명의 기술자들이 자동차가 있는 곳에 모여 부품을 조립한 뒤 완성되어 공장에서 출고될 때까지 함께 일했다. 그러나 포드는 피가 사람 몸의 다양한 기관을 통과하듯이 자동차 역시 생산의 다양한 단계를 지나가는 유기적인 것으로 인식했다. 포드는 자동차공장에 대한 더 큰 그림을 볼 수 있는 시각을 가지고 있었던 것이다.

하이랜드에서는 자동차가 기술자들이 일하는 곳으로 이동했다. 엘리베이터가 설치돼 자동차의 몸체가 조립되고, 실내 장식품들이 끼워지고, 바퀴가 달리고, 페인트칠이 되는 4층으로 재료들을 올려주었다. 컨베이어 벨트를 거쳐 부품들이 분배되면서 각각의 기술자들은 특정 작업을 할당받았다. 2층에서는 완전히 조립된 자동차들이 1층 사무실을 지나 진입로로 내려왔다. 이러한 생산 방식은 T모델을 생산하는 데 드는 시간을 8배 빨라지게 했다. 1920년까지 이 공장은 1분에 1대의 자동차를 제조했고, 세계 자동차의 2대 중 1대는 T형 포드였다.

시장을 창조하다 | 초창기에 포드는 극단적인 이상주의적 자본주의자였다. 그는 종종 동부 지역의 은행들과 록펠러Rockfellers 가문과 같은 자본가들이 실천하는 공평한 사업관에 대해 강한 혐오감을 표현하는 열정가였다. 포드의 생각으로 자신의 공장은 자기 자신을 확대시켜 놓은 것이었다. 하이랜드 4개의 층에 15,000대의 기계들로 이뤄진 새로운 조립라인이 만들어졌을 때, 왼손잡이로서 관료적인 경영에 강한 혐오감을 갖고 있었던 포드는 대부분의 시간을 공장의 기술자들과 함께 그들을 격려하면서 공장 바닥에서 보냈다.

공장의 기술자들은 에너지 넘치고 수수께끼 같은 고용주를 늘 공장에서 마주쳤다. 그는 그들에게 장난스럽게 어깨를 툭 치고 허물없이 얘기를 나누었고, 재미있는 일화들을 들려주면서 증가하는 수요에 맞춰 함께 일했다. 새로 온 기술자가 기계를 다루지 못해 쩔쩔매고 있는 모습을 발견하면 포드는 그에게 다가가 기계를 올바르게 사용하는 법을 친절히 일러주었다. 그리고 포드는 기계가 그를 위해서 일을 해주니 이제 하루의 남은 시간은 집으로 돌아가 가족들과 즐길 수 있도록 충분한 에너지를 가지라고 충고했다. 이 시기 포드자동차에서 일하는 사람들은 헨리 포드를 위해서라면 무엇이든 하겠다고 서슴없이 말했다.

포드는 직접 실무에 참여했기 때문에 자동차를 만들고 사는 사람들을 직접 대면할 수 있었다. 그랬기 때문에 그는 자동차를 생산해내는 노동자도 자동차를 살 수 있게 되면 T형 포드의 판매가 더욱 증진될 것이라는 접근법을 시도했다. T형 포드가 있기 전까지 차를 소유한 사람은 드물었고 당연히 부유한 사람들에게만 한정된 사치스러운 것으로 여겨졌다. 특히나 제조업자들이 자동차를 사치품이라는 생각을 하게 만들었다. 예를 들어 포드자동차의 초창기에 포드는 그의 동업자가 T형 포드를 더 크고 더 비싼 자동차로 만들어야 한다는 주장과 격렬하게 싸워야만 했다.

포드는 당시 그의 대리인에게 설명했듯이 "대량의 자동차를 만드는 것은 하나의 자동차를 다른 자동차처럼 만들고, 그것들을 똑같이 만들어서 똑같은 모양으로 공장에서 생산하는 것과 같은 것인데, 이는 핀 공장에서 나온 한 개의 핀이 다른 핀과 같은 것과 마찬가지다"라고 생각했다. 새로운 자동차 조립라인으로 덕분에 850달러였던 첫 T형 포드의 가격은 300달러로 내려갔다. 이는 T형 포드의 가능성과 인기를 굉장히 상승시켰고 이익은 엄청났다. 포드를 포함한 주주들은 그 돈으로 무엇을 할지 모를 정도로 많은 돈을 벌었다.

이 많은 돈을 긁어모으던 시기, 사업에 적극적인 태도를 가진 포드는 근로자들에 대해 마음으로부터 공감하면서 그들이 공장의 최저임금에 불만족스러워한다는 점을 알게 되었다. 근로자들은 하루에 2.36달러를 받았는데, 이것으로는 가족의 생계를 유지하기가 힘들었다. 새로운 자동차 조립라인은 개인적인 기술이 더 이상 필요하지 않다는 것을 의미했고, 일을 보다 빨리 하는 사람은 늦은 사람이 따라잡을 때까지 기다려야만 했다. 1913년까지는 이직률이 굉장히 높았기 때문에 회사는 100개의 상근 근로자 자리마다 1,000명을 고용해야 했다. 이들을 교육시키는 데만 1년에 3백만 달러 이상이 들었다. 어느 날, 포드가 그의 아들 에드셀과 함께 하이랜드에 있는 조립라인을 걸어가는데, 한 근로자가 망치를 들어올려 그가 작업하고 있는 기계를 부수는 시늉을 했다. 포드는 자기 자신의 분신이라고 생각한 공장이 제대로 돌아가지 않고 있는 것

◀ NBC 라디오 방송에서 강연을 하고 있는 헨리 포드, 1940년. 2차 세계대전 기간에 포드는 반유대주의에 대해 꽤 솔직했다.

을 보고, 직감적으로 해결책이 필요하다는 것을 깨달았다.

그 즉시 포드는 일당을 5달러로 두 배 이상 올려주기로 결정했다. 이는 왼손잡이 천재의 특징인 인습타파적인 일격을 가한 것이었다. 포드의 파격적 임금인상은 사업의 하향을 막아주고 이윤을 분배시키는 역할을 했다. 12,000명의 사람들이 하이랜드로 몰려들어 일자리를 위해 줄을 섰다. 이런 결정으로 실업계에서는 비상을 맞이했다. 당시 미국은 전통적인 사업 모델인 ―노동자 임금은 최대로 억제하고 시장이 줄 수 있는 최대 가격을 매기는― 악덕 자본가 시대의 막바지에 있었다. 다른 자동차 제조업자들은 포드를 업계의 반역자라고 맹비난했고 〈월스트리트저널〉은 이러한 움직임을 "성서의 원리와 맞지도 않는 부분을 악용하는, 노골적으로 비도덕적인 경제 범죄"라고 비난했다. 전형적인 왼손잡이들이 갖고 있는 현실에 대한 무관심으로, 포드는 그를 비판하는 사람들에게 "이는 사업을 위해 내린 결정이지 인도주의적 결정이 아니다"라고 응수했다. 그는 옳았다. 근로자들의 장기 결근율이 10분의 1에서 200분의 1로 줄어들었고, 포드사에서 일하는 것은 자부심과 위신의 문제가 되었다. 심지어 근로자들은 위신을 과시하기 위해 포드사의 유니폼을 주말에도 입었고 휴일에도 입었다. 생산성 또한 엄청나게 증가했다.

중산층을 탄생시키다 | 여기서 가장 중요한 것은 임금 인상으로 인해 포드사의 근로자들은 자신이 만든 물건을 살 수 있게 되었다는 점이다. 뿐만 아니라 포드의 임금 인상은 전체 고용시장을 변화시켰다. 다른 기업들도 임금을 억지로 올리게 되었으며, 그리하여 많은 근로자들이 별안간 T형 포드를 살 수 있게 되었다. 게다가 일당 5달러의 임금 상승을 유발시킨 포드는 국제적 아이콘이 되었다. 이는 T형 포드가 가장 바라던 최고의 홍보였다. 새로운 계층의 모든 사람들이 자동차를 살 수 있게 되자, 그들은 더욱더 이를 가능케 한 사람의 자동차를 사고 싶어 했다. 특히 T형 포드가 튼튼하고 쉽게 다룰 수 있는 자동차였기 때문에 더욱 그러했다.

하지만 포드가 그런 결정을 내렸을 때, 이처럼 완벽하고 가치 있는 계획이 모두 그의 머릿속에서 나왔는지는 의심스럽다. 다른 많은 왼손잡이들처럼 포드 역시 체계적인 논리에 의한 단계적 행동을 하기보다는 직관적인 번뜩임으로 행동했기 때문이었다. T형 포드의 이야기에서 발견할 수 있는 또 하나의 사실은, 이러한 직관적인 번뜩임이 본래 각각 분리되어 있던 사업의 영역을 하나로 연결되도록 해주었다는 점이다.

포드의 왼손잡이식 사고의 결과물은 오늘날 우리 주변에서 쉽게 찾을 수 있다. 우리의 도시가 자동차를 중심으로 형성된 것이 그러하다. 더 중요한 것은 포드가 근로자와 소비자 사이를 잇는 최초이자 최고의 기업가였다는 점이다. 노동계층이 소비를 이끄는 중산계층으로 이동하는 데 결정적 역할을 했던 헨리 포드는 오늘날 우리들의 삶을 향상시킨 원동력인 대량소비의 개척자였다.

왼손잡이들의 공통점

〜

1. 왼손잡이 사고의 특징 중 하나는 1차원적으로 생각하기보다는 전체적인 틀로 생각한다는 점이다. 우뇌의 기능이 더 발달된 결과 왼손잡이들은 오른손잡이들보다도 양쪽 뇌의 교류가 더 많은 경향이 있다. 1차원적 사고는 논리적 결론을 향해 단계적으로 밟아가는 것인 반면 전체론적 사고는 통찰의 단계에서 완전한 해결책이 나올 때까지 다양한 관련성들을 가로질러 직관적으로 작동함으로써 더 많은 작용을 한다. 전체론적 왼손잡이식 사고의 예는 카이사르가 그리스의 폼페이와 싸워 승리한 방법이나 베토벤이 고전음악의 틀을 깨고 낭만주의의 논리를 널리 퍼뜨린 방식에서 찾을 수 있다.

2. 다 빈치가 그랬듯이 헨리 포드도 불안한 정신을 가진 채식주의자였다. 포드는 자동차를 만들어 유러피안 피스십European Peace Ship을 후원해 반유대주의 신문사를 운영하면서 선과 악 양쪽 사상의 분출구 역할을 했다. 1934년 시카고 세계박람회에서 특이하게도 포드의 전시장은 대두(大豆)의 효능에 대한 공들인 발표를 했다. 샐러리와 대두 치즈 요리, 토마토소스를 얹은 대두 커틀렛, 대두 빵, 대두유에 탄 코코아와 다양한 대두 쿠키 등의 대두 요리 메뉴를 선보였다. 포드는 단지 대두의 음식으로서의 가치에만 관심을 가졌던 것은 아니다. 1935년까지 포드는 대두를 창문의 내장 재료, 액셀러레이터 페달, 문의 손잡이와 자동차에 사용되는 페인트에 이용했다. 심지어 대두 자동차의 본체 원형을 만들기도 했다.

3. 뉴턴의 경우에서처럼 포드는 가족 농장을 이어받아야 한다는 가족들의 기대를 저버렸다. 두 왼손잡이들은 농사일에는 관심이 없었으나 조용한 전원생활에서 삶에 도움이 되는 많은 지혜를 얻었으며, 자유롭게 사고할 수 있는 마음의 여유를 주었다. 포드는 말년에 초목이 우거진 휴양지에서 살면서 일부러 사교계와 거리를 두고 지냈다. 전원생활에서 사고의 여유를 즐긴 왼손잡이들로는 다 빈치, 베토벤, 니체가 있다.

4. 관료주의에 대한 포드의 혐오는 직관적인 왼손잡이 사상가들에게서 볼 수 있는 전형적인 것이다. 한번은 포드가 사무실에서 열심히 일하는 직원 옆을 지나가다가 그의 책상 위에 높이 쌓인 서류들을 보고는 충동적으로 그 서류들을 쓰레기통에 집어넣어 버렸다. 그런 다음 직원에게 이제 하루의 남은 시간을 자유롭게 가지라고 말했다. 그러나 이러한 직관적이고 전체적인 접근방식이 창의력과 소규모 회사를 운영하는 데는 효율적이지만 큰 조직에서는 문제를 일으키게 된다. 큰 조직에는 지시에 따른 효과적인 관리망이 필요하다. 어쩌면 포드는 회사를 자기 자신의 확장이라고 생각했기 때문에 스스로 관리를 포기하는 것에 많은 두려움을 갖고 있었을지 모른다.

왼손잡이의 직관적이고 전체적인 사고의 문제는 관점을 잃으면 의지할 만한 분별 있는 체계도 동시에 사라진다는 점이다. 이로 인해 왼손잡이들은 종종 편집증적인 모습을 보이거나 잘못된 결정을 내리는 나쁜 결과를 초래하는 것이다. 어떤 면에서 T형 모델은 포드가 그 이상의 발전을 생각할 수 없을 정도로 완벽함 그 자체였다. T형 모델 이후, 그의 영리함에도 불구하고 독재적이고 고약한 성질과 흐려진 결정 능력은 포드자동차에 막대한 손실을 가져왔다. 결국 포드가 손자에게 밀려난 이후부터 비로소 포드자동차는 다시 살아나게 되었다.

헨리 포드의 왼손잡이 기질

직관력 | 포드가 T형 모델을 디자인할 때, 그는 기술자들에게 세부 사항을 작업하도록 지시를 했지만 그의 마음속에는 이미 6~7단계를 한 번에 뛰어넘는 구상이 있었다. 만약 그가 단계적인 논리적 사고를 했다면 T형 모델의 생산과 시장은 절대 이루어질 수 없었다.

감정이입 능력 | 젊은 시절, 포드는 근로자들과 함께 많은 공감대를 형성했고 그들의 충성을 격려해주었다. 근로자들의 생활수준 향상을 이루고자 하는 욕망은 T형 모델이 처음으로 순수하게 대량시장의 자동차가 되는데 결정적인 역할을 했다. 그러나 삶의 후반기에 그는 그러한 공감대를 잃고 괴팍해졌고 편집증 환자가 되었다.

시각·공간 능력 | 자동차를 디자인하고 자동차를 생산하는 모습을 전체적으로 볼 수 있는 능력은 포드가 왼손잡이의 특징을 타고났다는 것을 입증한다.

수평사고 | 포드는 이 능력을 확실히 가지고 있었다. 임금을 인상해서 근로자들이 자동차를 살 수 있도록 하고, 대두와 같은 재료를 혁신적으로 사용한 과정에서도 파악할 수 있다.

화를 잘 내는 성격 | 포드는 늘 성급했고, 생의 마지막에는 세상과 어울리지 못하고 화를 잘 내는 심술쟁이가 되었다.

인습타파 | 근로자들의 임금을 2배 이상 올림으로써 그는 계급의 반역자로 낙인찍혔다. 포드는 전통에 대한 존경심을 갖고 있지 않았으며 오히려 사회계급의 겉치레를 경멸했다.

독학 ｜ 포드는 정규교육을 제대로 받지 못했고 학교의 판에 박힌 생각에서 자유로웠다. 기계 조작에 대한 지식은 직접 기계를 만지면서부터 갖게 된 것이다.

실험정신 ｜ 포드는 자동차와 자동차의 제조 기술을 근본적으로 바꿔놓았다.

공상가 ｜ 포드의 발명은 현실에 입각한 것이지만 그의 정치적 사상은 언제나 광적이며 극단적이었다. 가장 두드러진 것은 광신적인 반유대주의 운동이었다.

마리 퀴리

1867 ~ 1934

Marie Curie

이 명석한 왼손잡이 폴란드 여성은 모든 역경을 딛고 과학 영역에서 두 개의 노벨상을 수상한 유일한 사람으로 남아 있다. 그녀의 남편과 함께 받은 노벨물리학상(1903)과 단독으로 수상한 노벨화학상(1911) 모두 방사능을 함유한 라듐의 발견과 관련된 것이다. 다양한 범위의 의료용 목적 이외에도 라듐은 원자가 어떻게 구성되었는지에 대한 이해력을 넓히는 데 중요한 역할을 했다. 이 원자에 대한 과학적 지식은 핵에너지와 핵무기의 개발을 가능하도록 했다.

마리 퀴리는 평생 동안 강한 결단력과 남다른 집중력을 보여준 여성이다. 남과 다른 것에 대한 두려움이 없었기에, 과학과 사회 두 영역에서 새로운 분야를 개척할 수 있었다. 그녀의 위대한 발견과 국제적인 수상에 힘입어 그녀는 여성으로서는 최초로 프랑스에서 대학 교수가 되었다.

러시아어를 배운 폴란드 소녀 | 어린 시절에 마리가 왼손잡이라는 특징은 단지 정상인과 약간 다르다는 것에 불과했다. 그녀가 과학자가 되었다는 사실은 한결같은 결단력과 심각한 장애에 대해 남들과 다르다는 것을 기꺼이 인정

▶ 파리 대학의 실험실에서 연구에 열중하고 있는 마리 퀴리, 1925년.

한 결과였다. 그녀가 왼손잡이로서 다른 사람들과 다르다는 사실을 받아들인 것은 그녀에게 불리하게 적용된 거센 사회적, 경제적 벽에도 불구하고 신념을 확고하게 해주었다.

마리 퀴리는 1867년 바르샤바에서 다섯 명의 아이들 중 막내로 태어났고, 어린 시절의 이름은 마리아 스크로도프스카Maria Sclodowska였다. 그녀의 부모는 귀족 출신이었지만 부유하지 않았고, 두 사람 모두 학교에서 아이들을 가르치며 겨우 생계를 꾸려나갔다. 그 당시 폴란드는 세 부분으로 분리되어 각각 러시아와 프로이센, 오스트리아의 지배를 받고 있었다. 마리가 살았던 바르샤바는 러시아의 지배를 받았는데, 1863년 폭동을 일으켰으나 실패로 돌아갔고 그 후 폴란드 문화는 더욱 탄압을 받게 되었다.

예를 들어 학교에서는 러시아어를 가르쳤고 학생들은 학교에서 폴란드어를 사용할 수 없었다. 심지어 학교 운동장에서 놀 때에도 폴란드어를 사용하는 것이 금지되었다. 애국심이 강한 폴란드인이었던 마리의 부모는 그러한 탄압에 반발하여 조국의 문화적 정체성이 자녀들의 의식에 자리 잡도록 교육을 했다. 이러한 행동은 러시아인의 눈 밖에 났고 그녀의 아버지는 러시아인들에 의해 강등되었다. 가족들은 하숙을 치며 근근이 살아나갈 수밖에 없었다. 가족의 곤경이 더 악화된 것은 1876년, 하숙생 중 한 명이 장티푸스에 걸려 마리의 큰언니 조시아Zosia가 죽었을 때였다. 마리의 어머니는 이미 결핵을 앓고 있었는데, 딸의 죽음으로 망연자실하여 몸이 약해지다가 결국 1878년에 죽고 말았다.

마리의 부모는 선생님으로서 당연히 교육에 열정적이었다. 다른 왼손잡이들과 달리, 마리는 학교에서 훌륭한 학생이었다. 그녀의 어머니가 죽고 난 후 몇 달 지나지 않아 아버지는 마리를 러시아 김나지움에 보냈다. 그곳에서는 폴란드어를 전혀 사용할 수 없었다. 이런 강압적인 체제에서도 그녀는 4년 후 —진심으로 혐오하는 언어를 배웠지만— 무사히 졸업할 수 있었다.

고등학교를 졸업하자 그녀의 성별은 공부를 계속하는데 장애가 되었다. 당시 폴란드의 대학들은 여학생의 입학을 허락하지 않았고 그녀의 집에서는 파리에서 공부할 교육비를 지원해줄 여유가 없었다. 마리의 학업은 언니 브로니아Bronia가 프랑스에서 대학을 마치기 전까지 불법으로 지하에서 비밀리에 교육을 하는 대학 —이를 'Flying University'라고 불렀다— 에서 수업을 받아야 했다. 마리는 폴란드에서 가정교사로 일하면서 언니가 파리에서 의학을 공부하는 동안 학비를 보내주었다. 언니가 졸업한 후에는 반대로 언니가 마리를 지원해주었다.

지방에서 가정교사로 일한 지 3년이 지나고 마리는 바르샤바로 돌아와 아버지를 돌보면서 다시 지하 비밀대학에서 수업을 받았다. 이곳이 그녀가 처음 과학 실험실을 접하게 된 곳으로, 그때 그녀의 나이 22살이었다. 그때까지 그녀는 문학을 공부할지 과학을 공부할지에 대해 별로 고민하지 않았다. 그런데 실험실에서 여러 실험을 하면서 보낸 1년 뒤 파리로 떠날 때는 과학을 공부하겠다는 확고한 의지를 갖고 있었다.

고독의 보상 | 마리가 소르본 대학에서 과학을 공부하기로 결정했을 때, 그녀는 과학 학부 1,800명의 학생 중 23명뿐인 여학생 중 한 명이었다. 폴란드와 비교해서 이곳에서는 적어도 여성이 대학에 갈 수 있는 기회는 주어졌다. 그러나 프랑스가 교육을 통해 민주주의를 실천하고 여성의 권리를 인정해 주었지만 어떤 면에서 성차별은 폴란드보다 더 심했다. 프랑스 대학의 여학생 대부분은 외국인이었는데, 신문기자이자 소설가이며 극작가인 옥타브 미르보Octave Mirbeau 같은 사람은 "여자는 지적인 존재가 아니며 성적인 존재이다. 그리고 그 편이 훨씬 낫다"라는 생각을 갖고 있었다.

마리가 다른 사람들과 분명히 달랐던 왼손잡이라는 특징은 그녀를 꺾기보다는 성장할 수 있게 해준 원동력이 되었다. 왼손잡이인 것만으로 그녀는, 자신이 세상의 대부분과 태어날 때부터 다르다는 것을 알았다. 그렇다면 왜 프랑스에 사는 폴란드인이라는 사실이 문제가 되며, 여성 과학천재를 인정할 준

비가 되어 있지 않은 세상에서 왜 여성이라는 사실이 문제가 되는 것인가? 공부를 할수록 마리는 그 생각에 점점 더 빠져들게 되었고, 점차 왼손잡이 천재들에게서 발견되는 고독에 침잠하게 되었다. 그러면서 그녀는 고독을 추구하게 되었고 언니의 집에서 이사를 나와 혼자 거주를 했다. 부분적으로는 그녀의 형부가 너무 시끄러웠던 것도 하나의 이유였다. 이에 대해 그녀는 집에 보내는 편지에 이렇게 썼다.

나는 처음 이곳에서보다 천 배 이상 열심히 공부하고 있다. 유감스럽게도 독일 사람인 작은 형부는 나를 끊임없이 괴롭히는 버릇이 있다. 그는 내가 집에 있을 때 자신의 얘기에 장단을 맞춰주지 않으면 참지 못한다.

당시 여학생이 혼자 사는 것은 정말로 드문 일이었다. 마리는 5층이나 6층짜리 작고 간소한 학생 아파트를 전전하며 살았는데, 이런 곳은 겨울이면 싱크대가 얼곤 했다. 처음 1년 동안 마리는 폴란드 애국자 학생모임과 함께 공부를 했지만 교우관계는 또 다시 그녀를 괴롭혔다. 그때를 그녀는 이렇게 기억했다. "나는 이러한 관계를 그만두어야 했다. 왜냐하면 나의 온 정력을 공부에 집중시켜야 하기 때문이었다."

대부분의 사람들은 추운 아파트에서 친구도 없이 공부하는 것이 외롭고 비참한 상황이지만 그것은 마리의 특이한 성격이라고 생각했다. 그녀는 훗날 이 집중 학습기간을 "내 인생 최고의 기억 중 하나로, 고독했던 몇 년은 목표에 다다를 수 있도록 나를 이끌었다"고 술회했다.

열심히 한 공부는 결국 보상을 받았다. 1893년, 그녀는 소르본 대학에서 석사학위와 동등한 물리학 자격증 시험에서 1등을 했다. 1894년 7월, 그녀는 2등으로 소르본에서 수학 자격증 시험을 통과했다.

아웃사이더를 만나다 | 마리 스스로 자진해서 만든 고독한 생활은 과학자

244

피에르 퀴리Pierre Curie를 만나면서 끝났다. 피에르도 어쩌면 왼손잡이였을지도 모르는데, 그는 마리보다 훨씬 더 타고난 아웃사이더였다. 그는 과학자로서는 이미 상당한 위치에 올라 있었지만 고집스럽고, 숫기 없는 성격이 결합되어 사람들과 어울리는 데는 끔찍할 정도로 재주가 없었고 정정당당하게 경쟁하지도 못했다. 그때 프랑스 엘리트 남자들의 학업, 즉 진로는 정해진 형식이 있었다. 고등학교는 소르본이나 다른 대학에 가기 위한 통로였으며, 그랑제꼴(grandes ecoles: 대학과 유사한 고등교육기관) 중 하나를 나와 박사학위를 딴 후 프랑스의 대학들 중 한 곳에서 교수를 하는 것이었다.

그러나 피에르는 집에서 교육을 받았고 충분히 많은 기발한 연구를 했음에도 박사학위를 받으려고 애쓰지도 않았으며, 실험도구가 형편없이 부족한 낡은 학교에서 학생들을 가르치는 일을 했다. 그는 학문 정치의 지저분한 세상에서 성공하기 위한 외적인 매력이 부족했고 세상물정에 어두웠다. 그러나 그의 첫 번째 연구 프로젝트인 광석의 전기적 특성, 자기작용에 관한 연구는 혁신적이었다.

마리처럼 피에르도 혼자 있기를 원했다. 그러나 그 소망은 곧 사라졌다. 만난 지 1년 만에 키가 크고, 꿈이 가득 찬 눈을 가진 34살의 피에르가 마리에게 청혼을 한 것이다. 마리는 혼탁한 세상에서 일어나는 치밀한 계산에는 관심이 없는 이 답답한 남자에게 굉장히 끌렸다. 사회와의 결합을 꿈꾸는 다른 많은 아웃사이더들과 다르게 마리는 같은 아웃사이더와 결혼하는 것이 자신의 자주성을 지킬 수 있다고 생각했다. 피에르가 청혼했을 때 그들은 같은 아파트에서 다른 방을 사용하고 있었다. 마리는 폴란드로 돌아가 아버지를 돌보는 일과 파리에서 결혼하는 일 사이에서 망설였다. 즉 피에르의 청혼을 받아들이기 전까지 26살의 마리는 안절부절못했다. 그러나 결국 그들은 1895년 7월 결혼을 했고, 프랑스 북부로 자전거 여행을 떠났다.

라듐을 발견하다 | 피에르가 연구논문을 체계화하여 박사학위를 받고 봉

급이 오르는 동안 마리는 강철의 자기적 특성을 연구했고, 집안을 돌보고, 여자고등학교에서 과학을 가르치기 위한 자격증을 따기 위해 공부를 했으며(그녀가 최초였다) 임신을 했다. 1897년 9월 12일, 그들의 첫딸 아이린Irene이 태어났다. 출산을 한 지 얼마 되지 않아 마리는 박사학위를 따기 위한 연구 주제를 찾기 시작했다.

1895년에 빌헬름 뢴트겐Wilhelm Röntgen이 음극선관으로 실험을 하면서 X선을 발견했다. 이를 계기로 다양한 에너지 광선의 특성과 이용을 규명하기 위한 무수한 실험들이 이루어지기 시작했다. 그중 하나가 파리의 명문대학인 에콜폴리테크니크 물리학 교수였던 앙리 베크렐Henri Becquerel의 실험이다. 그는 검정색 종이로 싸인 사진판 위에 우라늄염을 올려놓고 그것을 햇빛이 드는 곳에 두었다. 그는 태양에너지가 X선을 방사하게 만들어 그것이 감광판 위에 나타나길 바랐다. 첫 번째 결과가 긍정적으로 나타나자 그는 검은 종이와 소금 사이에 십자 모양의 구리를 놓고 그 형태가 판 위에 나타나는지 재차 실험을 했다. 며칠이 지난 후 베크렐은 조바심이 나서 판을 열어보았다. 그는 소금으로 윤곽이 정확하게 나타난 것을 보고 몹시 놀랐다. 바꿔 말하면, 소금은 그들만의 에너지 광선을 방사한다는 뜻이었다.

베크렐은 실험 결과를 발표했지만 그의 실험은 X선보다 훨씬 이목을 덜 끌었으며, 아무도 관심을 기울이지 않았다. 그러나 마리 퀴리는 예외였다. 그녀는 음극선관에 기초한 이론은 이 현상을 설명하기에는 부적절하다는 것을 발견하고, 베크렐의 판 위에서 일어난 현상인 신비로운 인광이 어떻게 생겼는지를 연구하기로 결심했다. 그녀는 광물 샘플을 여러 사람에게서 얻고 빌리기도 하면서 피에르의 사장이 제공해준 어둡고 먼지로 가득찬 창고에 실험실을 마련했다. 샘플들을 정련하기 위해 작은 석탄난로를 설치하고, 전기의 발전량을 측정하기 위해 피에르가 발명한 압전기 석영 전위계도 들여놓았다. 그리고 탐구를 시작했다.

마리는 추상적인 것보다는 구체적인 것을 선호한다고 알려진 다른 왼손잡

◀ 1904년의 마리와 그녀의 남편 피에르 퀴리. 장차 이 부부는 두 개의 새 원소인 라듐과 폴로늄을 발견할 것이다.

이들처럼 연구에 실제적인 접근을 했다. 그녀는 항상 이론형 과학자이기보다는 실험형 과학자였다. 그녀는 실험실에서는 완벽주의자 그 자체였다. 그녀의 연구 동료 중 한 명은 후에 그녀에 대해 이렇게 묘사했다.

> 일련의 압전기 석영 전위계의 작동과 관련하여 기구를 켜고, 크로노미터를 내리누르고, 중량을 올리는 등의 일은 퀴리 부인에 의해 완성되었다. 그 어떤 피아니스트도 이러한 특수한 종류의 작업에서 퀴리 부인의 손놀림과 같은 완벽하고 훌륭한 묘기를 보여줄 수는 없을 것이다. 이는 실수를 일으킬 확률을 0으로 줄이기 위한 완벽한 기술이었다.

마리가 주로 사용한 원료는 역청 우란광이었는데 이는 우라늄을 함유하고 있다고 알려져 있다. 압전기의 방식을 사용하면서 그녀는 역청 우란광이 순수 우라늄보다 주변 대기를 더 전도력 있게 만든다고 단정했다. 다른 방사능원소가 작용하고 있다고 생각한 것이다. 피에르는 자기장에 관한 연구를 일단 미뤄두고 마리의 연구를 돕기 시작했다. 1898년 7월 20일, 마리는 그녀의 고향 이름을 딴 폴로늄polonium이라는 새 원소의 발견을 발표했다. 1898년 12월이 되자, 그들의 연구는 라듐radium이라고 불리는 다른 원소를 발견했는데, 이는 우라늄보다 900배 더 방사성이 있는 물질이었다. 그들은 역천 우란광은 방사능보다 100만 배 전도력이 있다는 것을 증명했다.

마리는 화학자의 성배라고 할 수 있는 새로운 원소를 하나도 아닌 두 개를 발견했을 뿐만 아니라 방사성이 원자의 특성이라는 것도 입증했다. 이는 뉴턴 세계의 물리학적 안정성에서 양자역학의 불안정한 세계로 이동하는 중요한 과정이었다.

실천에 옮기는 실험형 과학자로서 마리는 자신의 에너지를 이론화시키는데 쏟아 붓지 않았다. 마리는 그 후 3년 동안 이러한 원소들의 적은 질량을 원료로부터 증류하는 기술을 완성하는데 보냈다. 그러는 동안 라듐이 충분히 쌓여서 물리적 형태를 갖추면 어떤 모습일까 기대했다.

두 번의 노벨상 │ 1903년 마리와 피에르는 앙리 베크렐과 공동으로 노벨물리학상을 받았다. 그녀가 여자라는 이유로 차별대우를 한 것이다. 실제적인 발견을 한 것이 마리임에도 불구하고 피에르가 그녀와 함께 받겠다고 고집하지 않았다면 피에르에게만 주어졌을 것이다. 1년 뒤 피에르가 소르본 대학의 교수로 임명되었을 때, 사회적 관습은 그들의 과학적 대등함을 무시하고 마리를 그의 보조로 임명했다. 그러나 그들은 창고를 떠나 시설이 훌륭한 실험실로 옮겨갈 수 있었고, 함께 일하면서 돈을 벌 수 있었다. 그것으로 차별에 대한 분노를 충분히 극복할 수 있었다. 또 같은 해인 1904년, 둘째 딸 이브Eve가 태어났다.

하지만 이런 행복은 오래가지 못했다. 1906년, 피에르가 6톤의 물건을 싣고 있는 마차에 치여 갑작스럽게 사망한 것이다. 마리는 절망하여 실험실에서 은둔했지만 아이러니컬하게도 피에르의 죽음은 마리에게 또 다른 기회를 주었다. 소르본 대학의 조교수로 임명된 것이다. 그렇게 마리는 프랑스에서 첫 여자교수가 되었다.

마리가 가까이 지낸 물리학자 폴 랑주뱅Paul Langevin은 피에르와 절친한 친구였다. 그는 불행한 결혼생활을 하고 있었는데 마리와 차츰 가까워지게 되었다. 1907년까지 이 관계는 전형적인 불륜관계로 발전했다. 1911년 스웨덴 아카데미에서 마리에게 두 번째 노벨화학상을 주려고 했을 때, 마리와 폴 랑주뱅의 불륜에 관한 스캔들이 알려지게 되었다. 이 사건이 알려지기 전 마리는 여자 영웅으로 여겨졌지만 이제 프랑스 여자의 남편을 빼앗은 폴란드 여자로 빛이 바래게 되었다. 그들의 연애편지 내용이 누설되고 언론에 공개되면서 상황은 더욱 악화되었다.

언론이 요란하게 떠들어대자 노벨상위원회는 마리에게 "간통죄가 무죄라고 밝혀질 때까지 상을 거절해달라"고 요구하는 편지를 보냈다. 마리는 다시 한

번 사회적 관습에 대처하는 왼손잡이의 능력을 보여주었다. 그녀는 그들에게 "당신들이 나에게 한 충고는 내 입장에서는 굉장한 잘못되었다고 생각한다. 그 상은 라듐과 폴로늄의 발견으로 수여되는 것이다. 내가 생각할 때 나의 과학적 업적과 사생활 사이에는 그 어떤 관련도 없다"라는 매우 강경한 답장을 보냈다. 마리 퀴리는 여론의 압력에 굴하지 않았기에 오늘날까지도 역사상 서로 다른 분야에서 각각 상을 받은 유일한 사람이 되었다. 그녀는 또한 힘든 과학 분야에서 상을 받은 네 명의 여성 중 한 명이다. 나머지 셋 중 한 명은 그녀의 왼손잡이 딸 아이린 졸리오 퀴리Irene Joliot-Cuire였는데, 그녀는 1935년에 그녀의 남편 프레드릭 졸리오 퀴리Frederic Joliot-Curie와 함께 방사능 원소의 합성으로 노벨화학상을 받았다.

평화를 위해 | 마리의 새로운 발견은 대부분 피에르가 살아 있을 때 얻은 것들이다. 그녀의 남은 생애는 주로 라듐을 모으고 과학적 기반을 만들어 그것의 실용성을 탐구하는 데 바쳤다. 그녀의 다른 업적으로는 라듐연구소 건립이 포함되어 있다. 1차 세계대전 기간 중 그녀는 X선 설비가 더 발전되어야 한다는 것을 깨달았다. 말의 숫자가 아직은 차의 숫자보다 많았지만 그녀는 X선 기기가 자동차 엔진에서 동력을 공급받을 수 있다는 사실을 알게 되어 X선 기기를 장착한 트럭을 만들어 육군병원으로 갔다. 그리하여 야전에서 백만이 넘는 사람들을 진찰하여 많은 사람들의 목숨을 살렸다. 돈을 모아 라듐 몇 그램을 사기 위해 미국에서 캠페인도 벌였다. 첫째는 라듐연구소의 연구를 발전시키기 위해, 둘째는 폴란드의 첫 번째 핵 의학시설을 세우기 위해서였다. 그녀는 또한 국제협력단의 국제연맹 위원으로도 활약했다.

라듐 실험으로 오랜 기간에 걸쳐 마리의 건강은 약해졌고 삶의 후반기에는 병으로 고생했다. 그녀는 결국 방사능에 노출되어 생긴 재생 불량성 빈혈로 사망했다. 그녀는 왼손잡이로서의 능력을 통해서 무수한 사회적 그리고 경제적 장애물을 극복했고 세계에서 가장 훌륭한 과학자 중 한 명이 되었다.

왼손잡이들의 공통점

～

1. 마리 퀴리만 왼손잡이가 아니었다. 사진에 나타난 피에르와 그들의 딸 아이린 또한 왼손잡이였다. 아이린의 남편 프레드릭 졸리오 퀴리 역시 왼손잡이로 추정된다. 두 사람이 함께 노벨상을 받으러 갔을 때 프레드릭이 찍힌 사진을 보면 그의 왼손에 담배가 잡혀 있었다.

2. 퀴리와 —똑같이 왼손잡이— 뉴턴의 공통점은 일에 너무 몰두해서 종종 먹는 것을 잊어버린다는 사실이다. 그녀는 너무 힘이 빠져 졸도를 한 적이 있었는데 형부에게 오늘은 무만 먹었고, 어제는 체리만 먹었다고 털어놓기도 했다.

3. 다른 왼손잡이들처럼 마리 퀴리는 이론적인 것보다는 실험적인 것을 더 우선시했으며 추상적인 것보다는 구체적인 것을 선호했다. 이러한 성향은 마크 트웨인의 실제적인 삶, 다빈치의 본질이 중요하다는 믿음, 니체의 기존 철학적 체계에 대한 혐오에서 찾을 수 있다.

마리 퀴리의 왼손잡이 기질

수평사고 | 마리는 자신의 발견에 특허를 출원하는 것을 거부했으며, 원료를 공급해주는 광산과의 관계를 유지하는 방법에서 혁신적이었다. X선 기기를 움직이게 하는 X선 자동차의 발견은 그녀의 수평적 문제 해결 방법의 또 다른 예이다.

화를 잘 내는 성격 | 마리는 생각한 것을 숨김없이 말하고 감정이 폭발하는 성향이 있었다. 학생들은 그녀를 무서운 선생님이었다고 회고했고, 그녀는 일을 하는 데 있어서 부당한 점이 있으면 그것과의 싸움을 절대 피하지 않았다.

고독 | 마리는 학업에 열중하던 긴 시간 동안 우정을 희생했고, 형부가 그녀에게 너무 말을 많이 한다는 이유로 싸우기까지 했다. 마침내 마리는 과학에 한결같이 전념할 수 있게 지원해주고 자신과 똑같이 고독을 즐기는 배우자를 만나게 되었다.

인습타파 | 마리는 끊임없이 교육을 탐구했으며 장벽이 되는 것을 모두 무너뜨렸다. 노벨 상위원회에서 폴 랑주뱅과의 불륜을 이유로 노벨상 수상을 미루었을 때 그녀는 그들에게 과학적 업적은 사생활과 아무런 관련이 없다고 강변했다.

실험정신 | 마리는 이미 존재하는 이론을 테스트하기 위해 실험을 하는 일반적인 과학적 방법보다는 실험을 먼저 하고 이론을 전개했다. 그녀는 또한 삶의 다른 분야에서도 실험을 했는데, 동료들과 함께 아이들을 위해 재택학습 공동체를 형성한 것이 그 예이다. 또한 X선 기기가 장착된 트럭들은 그녀의 실험정신의 실천적인 본보기이다.

마하트마
간디

1869 ~ 1948

2 0 세 기 의   가 장   위대한 인물 중 한 사람인 간디는 평범한 소년시절
을 보냈지만, 결국에는 전세계에서 압박을 받고 살아가는 모든 사람들의 우상
이 되었다. 독재에 대한 비폭력적 저항을 옹호하는 그의 '비폭력 불복종주의'
교리는 인도에서 영국을 축출하는 데 결정적인 요인이 되었다. 빈틈없는 전략
가로서 그가 실천한 남아프리카공화국과 인도에서의 비폭력 전술은 다른 어
떤 군 사령관의 전술만큼이나 정교했다.

간디는 행동의 상징적 가치를 어떻게 극대화시킬지에 대한 뛰어난 직관적
이해력이 있었고, 그의 투쟁 무기인 비폭력 행진, 시위, 동맹파업, 부조리하고
불공정한 법률의 고의적 집단 위반 등은 전세계 행동주의자들의 기초가 되었
다. 마틴 루터 킹이 선도한 미국에서의 흑인시민권 운동, 반베트남전 항의 시
위, 투옥된 IRA(Irish Republican Army: 아일랜드공화국군) 멤버 보비 샌즈
Bobby Sands의 캠페인, 환경보호론자들이 자신의 몸을 숲 속의 나무에 묶는
것 등은 모두 간디의 뜻을 이어나가는 실천 전략이다.

그러나 간디의 꿈이었던 손수 곡물을 수확하고, 스스로 옷을 만들어 입고,
카스트 계급제도를 없앤 자급자족적 마을로 이루어진 나라는 결국 실현되지

못했다. 그러나 그의 영향은 보다 공평한 기초 위에 인도 사회의 틀을 바꾸었으며, 사회적 행동주의와 아룬다티 로이Arundhati Roy 같은 반국제화 행동주의자들에게서도 발견된다. 역사의 진로를 바꾼 조그맣고 비쩍 마른 남자, 간단한 옷을 두른 대머리 남자의 모습은 진정 20세기의 지워지지 않는 강렬한 이미지 중의 하나가 되었다.

열등한 학생 | 마하트마 간디는 현재는 구자라트Gujarat 주에 속한 인도 서부 아라비아해에 있는 조그만 공국인 포르반데르Porbander에서 태어났다. 간디의 가족은 상인계급('간디'라는 이름은 '식료품 장사'라는 뜻이다)에 속했으나 아버지는 그곳의 수상이었다. 어머니는 힌두교의 한 분파인 프라나미스Pranamis의 독실한 신자였는데, 프라나미스는 힌두와 회교 교리를 한데 섞었고, 종교들 사이의 조화를 믿었다. 구자라트 주의 많은 사람들처럼 간디 가족도 금욕주의 종교인 자이나교의 영향을 받았다. 자이나교는 모든 생물에 대한 비폭력을 실천했다. 자이나교의 가장 극단적인 형태는 호흡에 의해 벌레가 죽지 않도록 마스크를 쓰고, 식물 전체가 죽을 수 있기 때문에 뿌리채소를 먹는 것을 거부하는 행위 등이 포함된다.

어머니가 안겨준 신앙의 강력한 영향으로 간디는 전생애를 통해 술을 마시지 않는 채식주의자였고, 정신적인 구제를 위해 단식을 했으며, 금욕주의와 관능적 충동의 순화로부터 얻는 에너지를 믿었다. 간디가 16세 때 아버지가 사망했다. 아버지가 사망하던 바로 그 순간에 간디는 13살 때 결혼한 아내 카스투르바이Kasturbai와 섹스를 하고 있었고 이 기막힌 우연으로 그는 섹스 행위에 대해 혐오감을 갖게 되었다. 이러한 어린 시절의 정신적 영향들이 복합적으로 작용해 그의 의식을 형성했다.

어린 시절에 간디는 곧 나타날 위대함의 징조를 거의 보이지 않았다. 그는 열등한 학생이었는데 그 원인 중 하나는 아마도 오른손을 쓰도록 강요받았기 때문일 가능성이 크다. 인도에서 왼손잡이는 강력하게 지탄받았다. 지탄받은

◀ 노벨상을 수상한 벵골의 시인 타고르는 간디가 참파란에서 영국에게 승리함에 따라 '위대한 영혼'이라는 뜻의 마하트마라는 이름을 붙여주었다.

원인 중 하나는 인도인들이 전통적으로 맨손으로 식사를 하기 때문이다. 식사할 때는 오른손으로 음식을 먹었고 왼손은 손을 씻는데 사용했다. 왼손잡이들은 손을 비껴서 사용할 수 있지만 대개 의심스러운 눈초리를 의식해야 했다. 더욱이 어떤 힌두교 종교의식에서는 오른손은 신성불가침의 영역이어서 왼쪽 손의 사용은 금지되었다.

예를 들어 푸자(pooza: 숭배의식)와 프라사드(prasad: 신성한 음식)에서는 왼손 사용을 배제하는 금기가 존재했다. 어떤 지역에서는(특히 시골에서) 신부가 —드물게는 신랑이— 왼손잡이라면 결혼을 거절할 수도 있었다. 여자들은 요리를 하거나 밥상을 차릴 때 왼손 사용이 허용되지 않았으므로 이것은 골칫거리가 될 수 있었다. 왼손을 확실히 못쓰게 하기 위해 손을 지지거나 태우거나 때릴 수도 있었다.

또한 아이들에게도 글을 쓰거나 먹는 등의 많은 일상 행동에서 왼손 사용을 하지 않도록 설득했고 사용을 못하도록 했다. 왼손을 사용하려고 하는 기미가 보이면 때리거나 매운 고춧가루를 왼손에 비비거나 등 뒤에 붙들어 매거나 가방 속에 집어넣거나 했다. 어떤 사진들은 간디가 오른손으로 글을 쓰는 모습을 보여주는데 아마 이런 이유 때문일 것이다. 재미있는 것은 변호사가 되었음에도 불구하고 그는 결코 읽거나 쓰는 것을 즐겨 배운 적이 없다는 사실이다.

그가 학교를 마치자 부모는 그를 영국으로 보냈다. 그것은 절망에서 나온 행동이었다. 그는 인도에서 근근이 고등학교를 졸업했고 성적은 인도에 있는 대학에 입학이 보장될 만큼 좋지가 않았다. 반면에 런던 템플 법학원은 교육기관이면서도 일종의 조합이었는데 간디 같은 '멍청이'도 통과할 만큼 입학 시험이 쉬운 것으로 소문나 있었다.

영국에서 인도를 발견하다 | 간디는 1888년, 18세 때 영국에 도착했다. 약간 우스꽝스럽게도 그는 왼손잡이가 지닌 적응력을 발휘해 자기 자신을 완전히 영국인으로 변화시키려고 노력했다. 그는 정장, 중산모, 은장식 지팡이를

샀다. 바이올린을 구입하고 웅변, 댄싱, 프랑스어 등 일련의 '문명 강의'를 듣기 시작했다. 그는 당시의 히트곡들을 열심히 배우고, 이미 결혼했다는 사실을 알리지 않은 채 젊은 여자들과 어울려 무도회에 출입했다.

그러나 이 모든 영국인 흉내 내기는 돈이 바닥나자 끝나버렸다. 하숙집 주인이 내놓는 양고기 요리를 먹지 못하기 때문에 그는 런던 시내를 걸어 다니다가 한 채식 식당을 알게 돼 무척이나 행복했다. 그 식당에는 무정부주의적 사상가인 솔트H. S. Salt가 쓴 〈채식주의자들을 위한 탄원A Plea for Vegetarianism〉이라는 제목의 책이 있었다. 무심코 그 책을 읽은 간디의 머릿속에서 불현듯 깨달음의 종이 울렸다. 그 책은 그에게 강요된 관습, 신화, 종교에 대해 이성적 논증을 통해 비판을 가했다. 즉시 간디는 그동안 추구했던 바보 같은 짓들을 그만두었으며 채식주의자협회에 가입했다. 더 중요한 것은 솔트의 책에 의거하여 일련의 식이요법을 시작했다는 것인데 이것은 그가 말하는 '진정한 실험'의 첫 번째였다.

채식주의자협회의 어떤 회원들은 견신론(접신론) 운동에도 속해 있었는데, 그들은 모든 종교는 일정량의 절대적 진리를 포함하고 있다고 믿었다. 이것은 간디가 물려받은 프라나미 종교의 교리에 어긋나지 않는 믿음이었다. 간디는 이 집단에 가입하면서부터 다양한 문헌을 접하게 되었다. 아이러니한 것은 그가 영국 학문을 통해 인도 문화와 친숙해지기 시작했다는 점이다. 그는 어린 시절의 삶을 통해 힌두교와 어느 정도 친숙했지만 처음 읽은 힌두교 경전 〈바가바드 기타Bhagavad Gita〉는 에드윈 아놀드Edwin Arnold가 고대 범어를 영어로 번역한 것이었다.

이러한 고대 문헌들을 접함으로써 그는 조국 인도의 이상적인 밑그림을 형성하게 되었다. 그것은 힌두경전의 가르침을 자신들을 위한 세습적 계급제도로 악용한 브라만의 이미지와는 달랐다. 간디는 아놀드의 장편 시 '아시아의 빛The Light of Asia'을 통해 부처에 대해 배웠고, 성경을 읽었으며, 특히 신약성경에 깊은 영향을 받았다. 반면에 구약성경은 혐오했다. 그는 또한 토마스

칼라일Thomas Carlyle 같은 영국 작가들을 통해 이슬람교의 마호메트에 대해서도 배웠다. 그것은 간디의 인생에서 가장 의미 있는 독서 기간이었다. 그의 후기 인생에서는 이론보다는 현실을 더 중요시했으므로 독서를 할 시간이 없었고 따라서 청년 시절에 읽은 톨스토이와 러스킨의 작품들은 그의 의식세계에 커다란 영향을 주었다.

다양한 독서와 더불어 간디는 유기적 판례제도를 갖춘 영국 보통법의 실용적 전통도 배웠다. 영국인 흉내 내기 시도를 포기한 후 —아마도 그것이 정말 어떤 것인지는 몰랐겠지만— 그는 인도의 전통과 영국의 진보적이고 자유주의적 가치를 모두 흡수했다. 이러한 의식의 발전은 영국인과 인도인 모두에게 호소력이 있는 완벽한 결합이었다.

차별을 체험하다 | 1891년 학업을 마친 후 그는 인도로 돌아왔다. 그때는 행복한 시기는 아니었다. 어머니는 돌아가셨고 포르반데르의 재판소에서 그들 가족의 영향력은 쇠퇴했다. 그는 봄베이에서 법정 변호사로 개업하고자 노력했으나 그가 맡은 첫 번째 사건에서 무대공포증으로 벙어리처럼 말문이 막혀 웃음거리가 되고 말았다. 1895년 포르반데르에 있는 한 회교도 무역업자가 간디에게 법적 분쟁을 처리하기 위해 남아공으로 가주도록 요청했고, 그해에 그는 남아공의 더반 행 배를 탔다.

본국에서는 인도인들이 다수였지만 영국인들에게 차별대우를 받았고, 남아공에서 인도인들은 인구의 3% 정도 —약 80,000명— 로 소수민족의 차별대우를 받았다. 영국에서는 나름대로 정중한 대우를 받은 뒤라서 남아공에서의 차별대우는 그에게 충격으로 다가왔다. 한번은 출장을 가기 위해 더반에서 프레토리아까지 가는 일등석 기차표를 구입했다. 그가 일등실에 앉아 있을 때 피터마리츠버그에서 한 백인이 올라타 간디의 방으로 들어왔다.

그는 간디를 한번 흘깃 쳐다보고는 돌아서 나갔다. 몇 분 후 그는 차장과 함께 돌아왔고 차장은 간디를 일등실에서 쫓아내 짐칸에 몰아넣었다. 간디가 일

▶ 1900년, 31살 정도 되었을 때 남아공에 머물던 시절의 간디.

258

등석 표를 보여주며 항의하자 차장은 간디를 아예 기차에서 쫓아내버렸다. 간디는 역 대합실에서 그 밤을 보내야 했다. 다음날 나머지 여행을 위해 그는 역마차를 탈 수밖에 없었다. 역마차 차장은 간디가 좌석에 앉는 것을 거절하면서 마부의 발치에 앉으라고 명령했다. 간디가 항의하자 차장은 다른 승객들이 말릴 때까지 주먹질을 했다.

간디는 그 여행을 인생의 주요 전환점으로 삼았다. 일등석에 있는 것을 정당화시켜주는 차표가 있었고, 그 대가를 모두 지불했음에도 그는 너무나 불합리한 차별로 쫓겨난 것이다. 이는 예민한 왼손잡이들이 아주 어릴 적부터 본능적으로 키워온 혐오의 대상이었다. 보아전쟁이 끝난 후 인도인들의 지위는 불안정했다. 간디가 경험한 일상적인 차별은 말할 것도 없고 나아가 인도인들은 추방과 투표권 박탈의 위협에 직면해 있었다. 간디가 무역업자와의 계약이 끝난 후에도 남아공에 행동주의자로서 남아 있게 만든 것은 남아공 정부가 인도인의 참정권을 빼앗기 위해 제출한 법안 때문이었다.

변호사로서 간디는 처음에는 법적조치를 통해 점진적으로 차별을 근절시킬 수 있을 것으로 믿었다. 그러나 점점 악화되어 가는 남아공 인도인들의 곤경으로 이런 믿음은 산산조각이 나고 말았다. 정부가 식민지 인도인들에게 등록 및 지문날인을 강요한 법안을 통과시키자 간디는 차별에 대항하기 위해 최초로 비폭력, 불복종운동인 사티아그라하(satyagraha: 구자라트 합성어로 '진리의 힘'이라는 뜻)를 전개했다. 그는 동족들에게 폭력적 저항 대신 그 법을 무시하고 처벌을 감수할 것을 요구했다. 그리하여 7년 동안의 투쟁이 시작되었는데 파업, 등록 거부, 등록증 불태우기 등 비폭력저항이 시작되었다. 그 과정에서 수만 명의 인도인들(간디를 포함해서)이 투옥되고, 구타당했으며 심지어 총에 맞기도 했다.

간디는 비폭력저항을 옹호함으로써 남아프리카 백인들의 도덕적 우월감을 훼손시켰다. 스머츠Smuts 정부가 인도인들을 진압하기 위해 사용한 거친 전술은 인도인들의 비폭력저항에 비추어 점점 더 비이성적인 것으로 나타나게 되었다. 이것은 스머츠 정부가 보호하고자 했던 바로 그 백인들이 정부에 대해 항의를 하는 결과를 초래했다. 간디는 사람들이 미련 없이 자신의 지위를 내던질 수 있는 행동이 평화의 가능성에 중요하다고 믿었다. 스머츠는 결국 간디와 협상할 수밖에 없었고, 간디는 —인도로 돌아간 후 조건들이 훼손되기는 했지만— 타협안에 합의했다.

비폭력저항의 시작 | 1915년 인도로 돌아온 간디는 진리, 비폭력, 금욕, 채식주의, 비물질주의에 헌신하고 인도인들에게 봉사하는 단체를 설립했다. 그것은 엄격한 수도자 단체였고 간디는 그에 대해 약간 전제적인 통제를 했다.

그러나 오래지 않아 간디는 인도의 국회와 정당, 정의를 위해 싸우는 데 비폭력저항을 사용하는 캠페인에 관여하게 되었다. 네팔 국경 부근 참파란 마을의 농민투쟁에 참여했으며 간디의 첫 번째 성공이 찾아왔다. 당시 아닐린 염료의 발명으로 농작물의 가격이 폭락했다. 그 결과 주로 영국인인 지주들은 자기들이 공급하는 물량에 대해 소작인들에게 현금을 부과하기 시작했고 이것은 농부들을 절망적 빈곤 상태로 몰아넣었다.

농부들은 현지 변호사를 통해 이 조치에 항의하고 있었는데 변호사들은 수수료를 벌어가면서도 이제까지 어떤 결과를 얻는 데는 실패했다. 간디는 분쟁 지역으로 가서 변호사들에게 자신의 조력자가 되어 달라고 설득했다. 얼마 후 경찰은 그의 존재가 공공평화에 위협이 된다고 여겨 추방을 명령했다. 그는 거절했고 재판에 회부되었는데 거기서 스스로 유죄를 인정했다. 그러나 지주와 농민들에 대한 조사가 이어져 영국인 지주들은 농부들에게 보상을 할 수밖에 없었다.

참파란에서 간디는 영국인들에게 맞서 이겼다. 노벨상을 수상한 시인 타고르는 이 사건을 지켜본 뒤 간디에게 마하트마('위대한 영혼'을 뜻함)란 칭호를 붙여주었다. 그것은 또한 그를 전인도적 영웅으로 만들었다. 그의 다음 캠페인은 인도 공동체 내에서 있었는데 임금 문제로 제분 공장주에 항의해 파업을

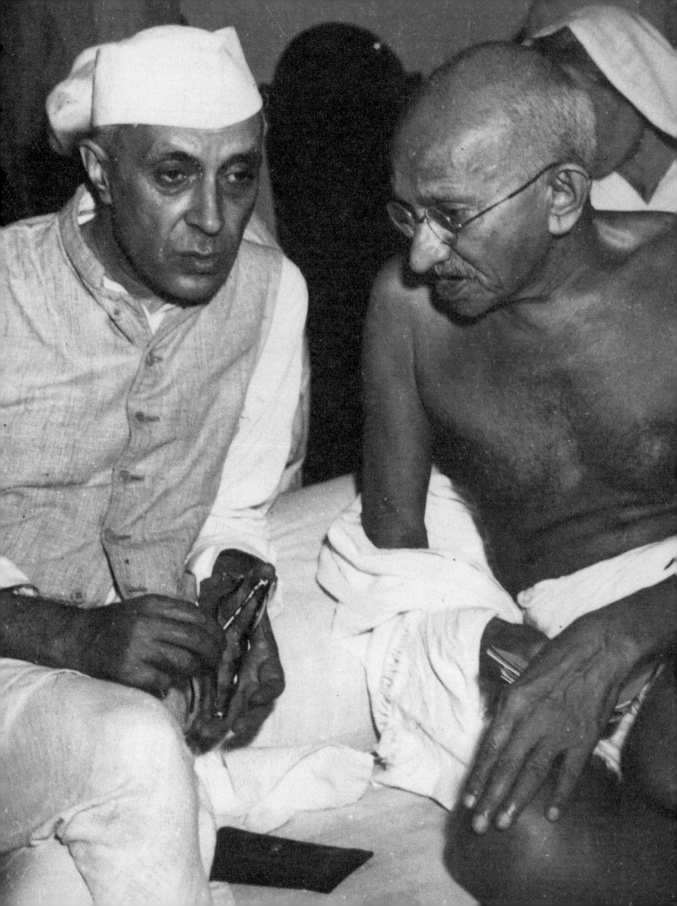

주도한 것이었다. 2주 동안의 파업에도 사장은 생각을 바꾸지 않았고, 가족들이 배고픔에 직면하자 노동자들이 약해지기 시작했다. 이것을 보자 간디는 직관적인 영감이 떠올랐다. 그는 만약 파업자들이 자신의 요구를 포기한다면 간디 자신이 단식 파업에 들어가겠다고 선언했다. 그것은 그가 단식 전략을 사용한 첫 번째 투쟁이며, 효과가 있었다. 파업자들은 파업을 지속시켰을 뿐만 아니라 공장주의 항복을 얻어냈다.

영국군이 비무장 인도인 군중들에게 발포하여 적어도 400명이 죽고, 수천 명의 부상자가 발생한 1919년 암리차르 대량학살 후 간디의 영국에 대한 태도는 강경해지기 시작했으나 여전히 인도 저항운동의 다른 지도자들이 옹호하는 폭력에는 반대했다. 그의 비폭력 정책은 사람들이 영국 제품을 사지 않고 카디khadi를 입도록 독려했는데, 카디는 인도 고유의 천으로서 누구나 집에서 만들 수 있는 것이었다. 그는 또한 사람들에게 정부 공무원직에서 사임하고 학교, 대학, 법정, 서훈제도 같은 영국 기관들을 거부할 것을 촉구했다. 구호는 '스와라즈swaraz'가 채택되었는데, 스와라즈는 정치적뿐만 아니라 정신적, 개인적으로도 완전한 독립을 의미했다.

제1기 스와라즈는 우타르프라데시 주에 있는 주류 상점을 둘러싼 군중을 해산시키기 위해 경찰이 발포할 때까지 2년 동안 지속되었다. 성난 군중들은 22명의 경찰이 안에 있는 경찰서를 불태우는 대응을 했고 간디는 운동을 중단시켰다. 한 달 후 1922년 3월, 선동죄로 체포된 간디는 6년의 감옥형을 선고받았다. 1924년 치료의 이유로 석방되었지만 1920년대 대부분을 정치권 밖에 머물렀다.

1930년 독립을 위한 협상을 영국이 무시하자 인도국민회의는 독립을 선포했다. 이 행사를 기념하기 위해 간디는 또 한번 비폭력저항 운동을 전개했다. 이번에 그의 목표는 소금에 대한 영국의 과세였다. 4주에 걸쳐 간디는 아메다바드로부터 구자라트 해안까지 388km를 행진했다. 그는 79명의 자원자와 같이 출발했는데 수천 명이 합세했다. 사람들은 그들이 통과할 때 밟고 걸을 수

◀1942년 AICC 총회에서 자와하를랄 네루Jawaharlal Pandit Nehru 수상 옆에 앉아 있는 간디.

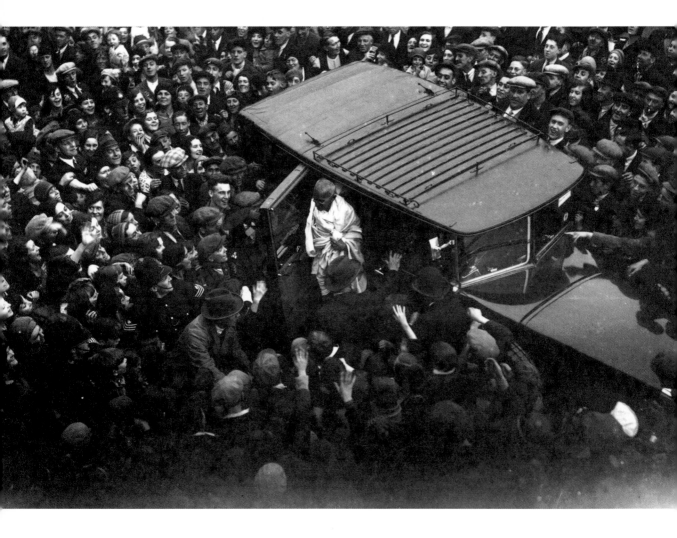

▲1931년, 간디가 런던 동부의 캐닝 타운에서 배우 찰리 채플린을 방문하기 위해 차에서 내리자 대규모의 군중이 모여들었다.

있도록 푸른 잎사귀를 깔아주었다.

　간디는 바다에 도착하자 의식에 따라 목욕을 한 후, 소금 한 조각을 집어 들었다. 그것은 숭고한 승리의 상징적 몸짓이었다. 전 인도에 걸쳐 사람들은 소금을 직접 만들기 시작했다. 그 운동은 널리 퍼졌고, 2,500명이 정부의 소금공장에 침입했다가 경찰에게 잔인하게 두들겨 맞고 쫓겨났다. 간디와 그의 동료 국민회의 지도자들이 체포되었고 100,000명이라는 깜짝 놀랄 숫자의 사람들도 체포되었다. 캠페인의 끝 무렵에는 영국이 협상할 수밖에 없었다. 그러나 독립은 여전히 협상 테이블에서 빠져 있었고 간디는 1930년대에도 많은 시간을 감옥에서 보내야 했다.

이 기간 중 간디가 주로 초점을 맞춘 것은 그가 '인도의 신의 아이들'이란 뜻의 하리잔harijans이라고 이름 붙인 불가촉천민들의 지위를 바꿔주는 일이었다. 또다시 그는 동기를 옹호하기 위해 집단파업의 전술을 사용했다.

이러한 활동의 결과로 1934년 한 해에만 세 번의 힌두 극단주의자들에 의한 간디 암살 시도가 있었다. 불가촉천민을 대신한 그의 행동은 마을 단위를 기초로 한 간디의 사회재건 계획의 일부였다. 그는 상징적 순간을 이용하는데 있어 명석했지만, 대단히 현실적인 사상가였다. 그의 실험은 인도인의 생활환경을 개선하는 데도 집중되었다. 전 인도에 걸쳐 사티아그라이스satyagrahis라고 불리는 자원부대가 카스트 제도에 반대해 차별대우를 폐지하고 푸르다(Prudah: 부녀자를 남의 눈에 띄지 않게 하는 제도)나 어린 신부 등 전통에 따른 부녀자 차별대우도 폐지하는 등 마을 개혁에 집중했다. 약사, 교사, 영농 지도자, 화장실 감독관 등으로 일하면서 사티아그라이스는 많은 인도 마을들의 위생시설, 건강 그리고 삶의 조건 등을 개선했다.

2차 대전 중 처음에 간디는 영국이 전쟁에 기울이는 노력에 대해 비폭력 지지를 제의했다. 그러나 곧 그는 인도의 민주적 자유를 인정하기를 거부하는 영국을 지지하는 것은 불가능하다고 결정했다. 그는 퀏 인디아Quit India 운동의 실질적 지도자였으며 2년간 다시 투옥되었고 그 기간 중 부인이 사망했다. 악성 말라리아에 걸린 후 간디는 석방되었는데 그 이유는 만약 그가 감옥에서 죽는다면 발생할지도 모를 엄청난 반발을 두려워했기 때문이었다. 당시 영국의 가혹한 억압에도 불구하고 인도인들의 저항은 심해졌고 전쟁이 끝날 무렵 100,000명의 정치적 수감자들이 생기자, 영국인들은 지쳐 독립 합의에 이르게 되었다.

비극적 암살 | 이제 간디는 국가의 정신적 지도자가 되었지만 그의 영향력

은 축소되었다. 독립기간은 힌두교와 회교 사이의 폭력으로 점철되었고, 인도 대륙은 파키스탄과 인도로 분리되어 간디의 통일의 꿈을 무너뜨렸다. 독립일에 국민회의당이 축하행사를 하고 있는 동안 간디는 분단을 슬퍼하고 있었다. 마지막 2년 동안 그는 많은 에너지를 새로운 두 국가의 불화를 치유하는 노력에 쏟아 부었다. 이 노력의 결과는 1948년 1월 30일 힌두극단주의자 나투람 고제Nathuram Godse에 의해 암살당하면서 끝이 나고 말았다. 당시 그는 기도회 모임에 가는 길이었다. 고제는 재판 후 처형되었는데, 간디는 아마도 그의 처형을 승인하지 않았을 것이다.

간디가 품었던 이상주의의 많은 부분이 이미 사라지고, 독립 후 나타난 인도의 정치적 부패와 영속화된 불평등은 아마도 그를 크게 실망시켰을 것이다.

왼손잡이들의 공통점

1. 간디의 특성 중에 잘 알려지지 않은 것은 그의 재치이다. 한번은 누군가가 서구 문명에 대해 어떻게 생각하느냐고 물었다. 그는 "그것은 참 좋은 생각이다"라는 유명한 답을 해주었다. 영국으로 여행을 가던 중 런던의 동쪽 끝을 방문했는데, 그곳 사람들은 그를 인도판 런던의 키 작은 별난 방랑자 찰리 채플린으로 보았다.

2. 비폭력을 지지하는 또 다른 훌륭한 왼손잡이는 음악가이자 의사이며 철학자인 앨버트 슈바이처Albert Schweitzer(1875~1965)이다. 몇몇 보고서에 따르면 그는 스스로 양손을 쓰도록 훈련했다고 한다. 왜냐하면 그의 고양이가 종종 왼팔에서 자는 것을 좋아하는데 그는 고양이를 깨우고 싶지 않았기 때문이었다. 고양이에게마저 친절한 슈바이처는 아프리카에서 병원을 운영하면서 간디에 대한 글을 썼고, 노벨평화상을 받았다.

3. 간디는 베토벤, 잔 다르크, 니체, 뉴턴, 미켈란젤로, 루이스 캐럴, 빅토리아 여왕과 함께 위대한 왼손잡이였다. 어쩌면 인구의 10%만이 왼손잡이인 이유일지도 모른다.

4. 간디는 신성한 인물인 잔 다르크와 흡사하다. 간디가 좋아한 인물은 "다른 쪽 뺨도 때려라"라는 철학을 지닌 예수였는데 간디는 이를 즉시 실천했다. 안타깝게도, 예수가 왼손잡이였는지, 오른손잡이였는지는 알려져 있지 않다.

간디의 왼손잡이 기질

〜

직관력 ｜ 간디는 굉장히 직관적인 사고를 하는 사람이었다. 그는 정치적 문제에 대해 재치 있고 뜻밖의 해답을 가지고 있을 뿐만 아니라 행동의 효과를 극대화할 수 있는 전략을 실천하는 사람이었다.

감정이입 능력 ｜ 간디가 추종자들에게 금욕생활을 요구하는 것은 어떤 의미에서 폭군처럼 보일 수도 있지만 그는 인도 사람들에게 바푸bapu(아버지)로서 존경받았다. 그의 공감대는 자이나교 철학의 '살아 있는 것들에 대한 비폭력'에서 자극받은 것이다.

수평사고 ｜ 간디는 영리했으며 인내력이 있었다. 대부분의 사람들이 독립에 반신반의하며 투쟁하는 것을 주저했지만 간디는 결코 포기하는 법이 없었다.

화를 잘 내는 성격 ｜ 어렸을 때 간디는 급한 성격으로 유명했으며 그 성격은 젊은 시절 내내 따라다녔다. 그러나 어른이 되자 그는 정신적인 수양으로 마음을 조절했다.

고독 ｜ 간디는 실제로 고독하지는 않았으나 금욕주의자였다. 그는 또한 매주 월요일을 침묵과 명상의 날로 지키려고 노력했는데, 만약 이 날 대화를 해야 한다면 그는 글로 적었다.

독학 ｜ 간디는 책은 거의 읽지 않고 행동으로 지혜를 얻었다. 또한 자신의 실수에서 배워나가는 겸손함을 가지고 있었다.

실험정신 ｜ 간디는 자신의 삶은 일련의 '진리에 대한 탐구'라고 묘사했다. 과학적 실험보다 간디는 도덕적 권리를 가지고 있을 때 어떻게 살아야 하고 강한 반대에 대항해서 자기가 원하는 것을 어떻게 얻을 수 있는지를 실천했다.

공상가 │ 간디는 소박한 인도를 원했으나 실제로는 절대 불가능한 것이었다. 그럼에도 불구하고 그의 꿈은 아름답고 가슴 설레는 것이었다.

Charlie Chaplin

찰 리 채 플 린 의 '작은 방랑자Little Tramp'는 영화사에서 가장 오래 기억에 남는 영화 중 하나이다. 어떤 비평가가 "작고 민첩하고 불완전하며 영원한 불순응주의자"라고 묘사한 채플린은 오른손잡이 세계에서는 결코 평범하지 않은 전형적인 왼손잡이였다.

채플린은 불행했던 어린 시절의 상처를 지우려고 노력하여 사회의 정상에 오를 수 있었다. 채플린은 런던의 빈민가에서 어린 시절을 보냈고, 정신적으로 문제가 있던 홀어머니는 생계를 꾸려나가기 위해 매춘을 했다. 그러나 훗날 채플린은 세계에서 가장 유명한 사람이 되었다.

다른 왼손잡이들처럼 그 역시 사회적 관습과는 동떨어진 자기만의 환상의 세상을 만들 수 있었다. 무성영화의 가난한 주인공은 대저택, 수영장, 테니스 코트와 많은 매력적이고 아름다운 여자들을 끌어들였고, 영화 속에서나 볼 수 있는 라이프스타일을 가능하게 만들었다. 많은 면에서 채플린의 삶은 일종의 인간 연금술사 같았다. 아마도 그의 삶은 왼손잡이들의 변화무쌍한 능력을 보여준 가장 큰 본보기였다.

▶ 찰리 채플린의 트레이드 마크인 '작은 방랑자'의 모습.

엉망진창의 어린 시절 │ 채플린은 뮤직홀 배우의 둘째 아들로 태어났고, 그

270

의 부모는 그가 세 살 때 이혼했다. 아버지는 발라드 가수였고 집시의 피가 흐르는 어머니는 노래를 부르고 피아노를 쳤다. 아버지 찰리 채플린 경Charlie Chaplin Sir은 알코올 중독자였는데 찰리와 그의 배다른 형 시드니를 데리고 정부와 살았던 짧은 기간을 제외하고는 아들과 함께 살지 않았다. 그는 채플린이 겨우 12살 때 알코올과 관련된 간경변으로 죽었다. 노래하는 목소리를 잃은 어머니와 함께 살아가던 찰리와 시드니의 삶은 어려웠다. 어머니의 동성애 연기로 먹고 살기에는 충분하지 못했다. 그들은 열악한 곳에서 살았고 늘 먹을 것이 부족했다. 극단에 있는 많은 사람들처럼 어머니 한나 채플린 Hannah Chaplin은 역할이 없을 때는 생계를 꾸려나가기 위해 매춘을 했다.

그녀에게는 채플린이 평생 동안 걱정한 정신분열증이 있었다. 한나는 쇠약한 정신건강으로 정신병원을 들락거렸다. 찰리와 시드니는 어머니와 함께 지내는 동안에도 고아원과 구빈원, 가난한 아이들을 위한 학교를 전전했다. 한 이야기에 따르면, 찰리는 5살 때 첫무대를 가졌다. 채플린은 목소리를 잃은 어머니를 대신하기 위해 무대에 올라가서 유행가를 불렀다. 관객들은 무대에 동전을 무더기로 던졌고 연예인으로서의 첫발을 내딛은 것이다.

채플린의 첫 순회공연은 8살 때 '여덟 명의 랭커셔 젊은이The Eight Lancashire Lads'라고 불리는 뮤지컬이었다. 그와 형은 둘 다 프레드 카노의 놀이공장 희극 유랑극단에 합류하기 전까지 수많은 쇼에서 일했다. 찰리가 기막힌 흉내와 정교한 희극적인 타이밍으로 흥행단의 스타가 되기까지는 오랜 시간이 걸리지 않았다. 1913년 카노와 함께 한 두 번째 미국 투어에서 찰리는 맥 세네트의 키스톤 영화사에 고용되어 첫 번째 영화 연기를 했다.

많은 훌륭한 왼손잡이들처럼 고독한 성향의 영향을 받고, 세상의 불평등에 대한 감정적인 보상을 필요로 했기 때문에 채플린 작품의 가치 체계는 색달랐다. 1914년에 처음으로 주연을 맡은 영화 '생계Making a Living'를 찍었고 그 무렵에만 35개의 영화를 만들었는데, 그는 아침 7시부터 일하기 시작해서 대부분의 배역들이 집에 돌아갈 때까지 세트에 남아 있었다.

◀ 카메라 뒤에서의 찰리 채플린, 1915년의 모습. 채플린은 1914년 초반부터 영화에 출연하고 감독까지 했다.

작은 방랑자 | 키스톤에서 일하는 사람들은 '생계'에서 감명을 받지 못했고, 맥 세네트는 채플린을 고용한 것이 잘못인지 아닌지 불안했다. 그러나 채플린의 두 번째 영화 '베니스에서의 어린이 자동차 경주Kid Auto Races at Venice'(1914)에서 '작은 방랑자'가 처음으로 등장했고 드디어 재능을 인정받았다. 그는 의상을 동료 배우들에게 빌렸다. 작은 방랑자는 패티 아벅클Fatty Arbuckle에게 빌린 헐렁헐렁한 바지를 입었고 체스터 콘클린Chester Conklin의 14사이즈 신발을 신었고, 작은 재킷, 중산모자, 콧수염을 만들기 위해 검정색 크레이프 조각을 소품으로 활용했다. 작은 방랑자는 순식간에 히트를 쳤고, 22년이라는 세월 동안 단편과 장편 등 70편의 영화에 등장했다.

채플린은 그의 자서전에 이 중요한 순간에 대해 이렇게 적었다.

나는 처음에 캐릭터에 대해 별 생각이 없었다. 그러나 내가 옷을 입은 순간, 그 옷들과 분장이 그 캐릭터가 어떤 사람인지 느끼게 해주었다. 나는 그를 알아가기 시작했고 내가 무대 위로 올라갔을 때 완전히 새로운 사람이 탄생했다.

그해의 마지막에 채플린은 자신의 역할과 공연을 새롭게 만들었다. 많은 면에서 작은 방랑자는 외모와 반대로 표현되었다. 허름하게 입고 있었지만 채플린은 정교한 제스처와 놀라운 신체 감각으로 관객들의 웃음을 끌어냈다.

이는 왼손잡이들이 오른손잡이들의 세계에서 적응하기 위해 반드시 배워야 하는 방식이었다. 반면에 그 시기에 키스톤에서 일하는 다른 많은 배우들은 관객들의 흥을 얻는 데 서툴렀다. 채플린은 정교하고 완벽한 타이밍으로 연기를 했지만, 유머의 결과는 저속하고 때로는 잔인했다. 이는 어떤 면에서는 같은 왼손잡이인 마크 트웨인의 세속적이고, 반청교도적이고, 반권위적인 풍자를 떠오르게 한다.

거물이 되다 │ 당시 할리우드와 영화 제작 기술은 시작 단계에 있었기 때문에 연기자들이 재능을 펼칠 수 있는 범위는 아주 넓었다. 채플린은 그 점을 이용해 1년 뒤 키스톤 영화사를 떠날 때는 최고의 배우였을 뿐 아니라 자신의 영화를 제작하고 있었다. 오른손잡이들을 위해 설계된 세상에서 왼손잡이로 산다는 것은 자신에게 닥친 환경을 통제하기 위한 무의식적 충동을 증가시킬 수 있게 한다. 어머니의 정신병 증세가 계속 변하면서 여기저기 옮겨 다니며 살아야 했고, 8살 때부터 사실상 스스로 부양을 한 채플린이 이러한 능력을 발휘한 것은 당연한 것인지도 모른다. 영화감독이 되는 것은 그에게 이 욕구를 조절하기 위해 능력을 발휘할 수 있는 완벽한 기회였다. 채플린을 부유하고 유명하게 만들어준 작은 방랑자의 캐릭터는 무질서와 품위의 형상이었지만 실제 생활에서 채플린은 업무와 주변 상황의 작은 부분까지 통제하는 좀스러운 폭군이었다.

채플린은 키스톤 영화사에서 에세네이 영화사로 옮겼는데, 스튜디오는 시카고와 캘리포니아 북부에 있었다. 이곳에서 채플린은 '방랑자The Tramp'를 포함하여 10편이 넘는 영화를 만들었다. 사람들이 할리우드를 선호하고, 그의 명성이 높아지면서 그는 점점 조건을 정할 수 있게 되었고 뮤추얼 영화사와 계약하기 전 1년 동안 그들과 함께 일했다. 뮤추얼 영화사는 그에게 창의적인 작품을 만들도록 맡겼을 뿐 아니라 할리우드에 스튜디오를 지어주겠다고 약속했다. 그가 1년 동안 받은 돈은 엄청난 액수인 67만 달러였는데, 이는 미 대법원 9명의 판사의 봉급을 합한 액수보다 5배가 많았고, 할리우드 스타의 최상위권 중에서도 선두였다.

2년이라는 시간 동안 채플린은 할리우드에서 가장 인기 있는 배우가 되어 있었다. 그는 독립과 지배의 매력으로 그 자신이 변화하기 전까지 뮤추얼 영화사를 위해 1년 반 동안 '자립 재정Easy Street'과 '이민자The Immigrant'를 포함하여 12편의 영화를 만들었다. 퍼스트 내셔널과 계약을 하면서 채플린은 할리우드 역사에서 처음으로 백만 달러 계약을 성사시켰다. 이뿐만 아니라 계

약에는 8편의 영화를 독립적으로 만들 수 있다는 조건도 포함되어 있었다. 채플린은 그의 스튜디오를 선셋 대로에 지었다. 이제 그에게는 완벽주의를 만족시킬 수 있는 부와 권력이 있었기 때문에 영화를 만드는데 걸리는 시간이 길었다. 키스톤에서 1년에 35편의 영화를 만들었다면 퍼스트 내셔널에서는 5년 동안 '개의 인생A Dog's Life', '키드The Kid'와 '봉급날Pay Day' 같은 무성 고전영화를 포함하여 8편의 영화를 만들었다.

1919년에 채플린은 동료 배우 더글러스 페어뱅크스Douglas Fairbanks, 매

▲ 히틀러와 나치 독일에 대한 익살스러운 풍자를 그린 '위대한 독재자'에서 토매니아Tomania 나라의 독재자 역을 맡은 채플린, 1940년.

리 픽포드Mary Pickford와 영화감독 그리피스D. W. Griffith와 함께 유나이티드 아티스트를 만들었을 때 자치권을 위해 한층 더 노력했다. 그의 어린 시절은 지독하게 불우했지만 채플린은 경영과 재정에 대한 날카로운 감각을 가지고 있었다. 유나이티드 아티스트는 주로 인기가 하락한 배우들의 명성을 회복시켜 주었다. 그곳은 또한 더 많은 예술적 자유를 주었다. '황금광 시대Gold Rush', '시티 라이트City Lights'와 '모던 타임즈Modern Times' 같은 최고의 무성영화들을 만들면서 채플린의 독재적인 성격은 최고조에 달했다. 1936년에 만들어진 영화에서 채플린은 작은 방랑자를 마지막으로 등장시켰다. 이는 무성영화에서 유성영화로의 전환을 의미하는 것이었다. 유성영화에서 유명한 작품은 '위대한 독재자The Great Dictator', '살인광 시대Monsieur Verdoux'와 '라임라이트Limelight'가 있다.

방랑자 중에서도 방랑자 | 이 책에 소개된 왼손잡이들 중 몇몇은 다채로운 여성 편력을 지니고 있다. 게이, 무성애자, 일부일처의 남녀들 사이에서 채플린, 지미 헨드릭스, 빌 클린턴과 베이브 루스는 여성 편력으로 유명한 남자들이다. 많은 훌륭한 왼손잡이들은 자신만의 정신세계에서 고독을 즐긴 반면 채플린은 네 번 결혼을 했다. 또 그를 따른 많은 여성들은 10대였는데 잘 알려진 것처럼 할리우드의 배역을 따내기 위해 채플린에게 성상납을 했다.

그가 진심으로 사랑한 여성들은 무성영화의 유명한 여배우인 헤티 켈리Hetty Kelly, 에드나 퍼바이언스Edna Purviance, 레베카 웨스트Rebecca West, 밀드레드 해리스Mildred Harris, 폴라 네그리Pola Negri, 리타 그레이Lita Grey, 메이 리브스May Reeves와 파울레트 고다드Paulette Goddard 등이었다. 어린 여자를 좋아하는 그의 취향은 어린 소녀를 좋아한 루이스 캐럴과 같다고 할 수 있다. 밀드레드 해리스와 리타 그레이와의 결혼은 임신을 했기 때문에 마지못해 한 결혼이었다. 이는 채플린이 미성년자를 임신시켰다고 공공연히 알려져 스캔들이 나거나 형사고발을 당할까봐 서둘러 결혼한 것이다.

그의 창의력은 대단히 높았지만 그에게는 새로운 성과 감정의 관계를 통해서 활력을 불어 넣어줘야만 했다. 이는 테니스 선수 마르티나 나브라틸로바가 그녀의 생애에서 전환기에 있었던 파트너 교환(테니스와 침실에서)과 유사한 패턴이다. 그러나 채플린의 여성 편력은 어린 시절의 불안감과 —항상 그런 것은 아니지만— 성격을 지배하는 행복한 창의력에 대한 보상 정신이 혼합돼 있는 것이었다.

점차 사라지는 채플린의 창의력은 인생에서 마지막 고귀한 관계를 맺게 해주었다. 54세라는 나이에 유명한 극작가인 유진 오닐Eugene O'Neill의 딸인 18살의 우나 오닐Oona O'Neill과 결혼을 한 것이다. 유진 오닐은 딸이 채플린과 결혼한 후 두 번 다시 그녀를 만나지 않았다. 비록 완벽한 행복은 아니었지만 그들은 애정 있는 결혼 생활을 했고 8명의 자녀를 두었다.

미국을 떠나 스위스로 | 전 생애 동안 채플린은 사회적 관습에 고의적으로 무심했다. 그는 음란한 인물을 코미디에 등장시켜서 단속이 부실한 할리우드의 행동 규범을 부정하고, 수많은 십대 병아리 스타들과 동침을 했다. 그는 할리우드에서 가장 부유한 인물 중 하나였지만 공산주의의 지지자로 알려졌고 눈에 띄게 예술적이고 지적인 좌파 세력과 어울리기 시작했다. 누군가의 인생 궤도가 너무나도 불합리하게 불평등하다고 증명되면 그는 그것을 영화로 만들어 사람들에게 보여주었다.

어떤 면에서 채플린의 정치적 관점은 시대정신을 따라갔다. 제2차 세계대전이 일어났을 때 그는 콧수염난 작은 방랑자를 등장시켜 히틀러를 풍자했다. '위대한 독재자The Great Dictator' (1940)는 아직 미국이 전쟁에 참가하지 않았을 때 상영이 되었기 때문에 사람들을 깜짝 놀라게 했다.

전쟁 이후 채플린은 매카시McCarthy 시대의 공격적인 편집증을 얕잡았다가 생각지도 못한 문제에 부딪치게 되었다. 전쟁이 끝난 후 채플린을 향한 비난은 점점 거세졌다. 그는 절대 미국의 시민이 되지 않았기 때문에 특히 정부

◀ 아내인 여배우 파울레트 고다드 Paulette Goddard와 춤을 추고 있는 채플린, 1940년.

의 제재에 약점이 있었다. 1952년 '라임라이트Limelight'의 영국 개봉을 위해 떠났을 때 그는 미국으로의 재입국 허가증이 발급되지 않을 것이라는 것을 알게 되었다. 어쩔 수 없이 채플린은 스위스에 정착하게 되었고, 그곳에서 여생을 보내게 되었다. 이 일이 일어난 직후 그는 '뉴욕의 왕A King in New York' 이라는 영화를 찍기 시작했다. 런던에서의 세트 장면은 뉴욕과 비슷하게 만들어졌는데 이 영화는 매카시 시대의 편집증을 직접적으로 비판한 첫 영화였다. 런던에서는 따뜻한 비평을 받았지만 미국에서는 15년 동안 상영되지 못했다.

채플린은 이후 스타 말론 브란도Marlon Brando와 소피아 로렌Sophia Loren 이 주연으로 나온 장편 영화 '홍콩의 백작부인The Countess from Hong Kong' (1967)만을 만들었다. 채플린과 브란도는 자존심 때문에 충돌을 빚었고 영화는 제작비만을 겨우 건질 수 있었다. 인생의 마지막 20년 동안 채플린은 다소 불필요한 말들로 꾸며진 몇 권의 자서전을 썼다. 그는 1977년 잠을 자는 도중 사망했는데 그의 시체는 폴란드와 불가리아의 도굴꾼들이 훔쳐서 가족들에게 되팔 생각으로 숨겨두었다.

왼손잡이들의 공통점

1. 성공한 연기자들 중에서 유명한 왼손잡이들은 불균형적으로 적다. 그럴 듯한 이유로는 오른손잡이들의 세상에서 살기 위해 왼손잡이들은 자연스럽게 적응하는 능력을 기르고 스스로 변하는 것이 필요했기 때문이다. 세 명의 20세기 최고의 모방자 —채플린, 마르셀 마르쏘 Marcel Marceau와 필즈W. C. Fields— 들은 모두 왼손잡이였다. 다른 유명한 왼손잡이 배우로는 돈 애덤스, 매튜 브로데릭, 드류 캐리, 톰 크루즈, 맷 딜런, 올리비아 드 하빌랜드, 로버트 드 니로, 프란 드레셔, 리차드 드레이퓨즈, 피터 폰다. 그레타 가르보, 우피 골드버그, 베티 그레이블, 캐리 그랜트, 렉스 해리슨, 골디 혼, 록 허드슨, 안젤리나 졸리, 대니 케이, 다이안 키튼, 니콜 키드먼, 리사 쿠드로, 마이클 랜던, 호프 레인지, 조이 로렌스, 피터 로우포드, 셜리 맥클레인, 하포 마르크스, 마릴린 먼로, 킴 노박, 라이언 오닐, 사라 제시카 파커, 안소니 퍼킨스, 루크 페리, 리처드 프라이어, 로널드 레이건, 로버트 레드포드, 키아누 리브스, 줄리아 로버츠, 미키 루크, 텔리 사발라스, 제리 사인펠트, 크리스찬 슬레이터, 테렌스 스탬프, 로드 스테이거, 엠마 톰슨, 피터 유스티노브, 딕 반 다이크, 브루스 윌리스 등이 있다.

2. 왼손잡이들의 특징 중 하나는 역사의 변화무쌍한 순간에서 남들보다 뛰어난 적응과 변화하는 능력이다. 영화시대의 초창기에 채플린이 성공한 것은 전통적인 방식이 아직까지는 확립되어 있었기 때문이다. 지미 헨드릭스와 폴 매카트니에게 음악이, 헨리 포드에게는 자동차가, 빌 게이츠에게는 컴퓨터가 그러했다. 왼손잡이는 변화의 순간을 잡을 수 있는 타고난 능력을 가지고 있다. 일찍이 철학자 발터 벤야민이 말했듯이 "모든 결정타는 왼손잡이들이 날린 것이다."

3. 채플린이 왼손잡이가 된 것은 아마도 어머니에게서 물려받은 것이다. 찰리의 의붓 동생 휠러 드라이든의 아들 스펜서 드라이든은 드러머였는데 그도 왼손잡이였다.

채플린의 왼손잡이 기질

직관력 ｜ 채플린의 여러 여자 친구들과 동료 배우들은 그의 여성스러운 면을 종종 언급했다. 유나이티드 아티스트의 공동 창립자 매리 픽포드는 "누구도 그가 사내답지 못하다고 할 사람은 없지만, 내가 생각할 때 그는 최소 60%는 여성스러운 면이 있다. 그의 작품을 보면 알 수 있다. 그는 여성스러운 직관력을 가지고 있다"라고 말했다.

감정이입 능력 ｜ 남을 흉내 내는 능력은 굉장한 관찰과 다른 사람의 흥미를 자아내야 하는 능력을 필요로 한다. 대부분의 사람들은 채플린을 굉장한 경청자라고 평가한다. 이는 같은 왼손잡이인 빌 클린턴도 가지고 있는 매력적인 자질이다.

시각·공간 능력 ｜ 채플린이 영화에서 자기의 몸을 사용하여 연기하는 모습은 대단한 공간적 인식력을 보여준다. 그는 대본에 치중하기보다는 실제 장면이 만족스러울 때까지 계속 찍었다.

수평사고 ｜ 인생과 예술에 있어서 변화의 주인공으로서 채플린의 비뚤어진 사고방식은 하나의 사물을 다르게 보는 왼손잡이의 기질을 가지고 있었다.

화를 잘 내는 성격 ｜ 완전한 지배광인 채플린은 세트장에서 뿐만 아니라 개인적인 인간관계에서도 고약한 성격으로 유명했다.

고독 ｜ 채플린은 기분이 내킬 때만 친구들이나 가족들과 어울렸다. 그는 혼자서 일하는 시간을 좋아했다.

인습타파 | 채플린은 매카시 시대 동안 부도덕함과 공산주의자로 의심을 받아 미국에서 사실상 추방당했다.

독학 | 채플린은 한번도 학교에 다닌 적이 없으며 모든 일을 스스로 하는 것을 선호했기에 항상 권위적인 존재들과의 관계에서 문제를 일으켰다.

실험정신 | 채플린의 영화 제작 방법이 혁신적이지는 않았지만, 그는 분명 영화의 개척자였다.

공상가 | 채플린은 런던 빈민가 출신의 작고, 재미있는 왼손잡이였지만 영화에 대한 커다란 공상 메커니즘으로 환상적인 할리우드식 삶을 살았다.

Babe Ruth

볼 티 모 어 빈 민 가 에 서 태어나 소년원에서 유년기를 보낸 조지 허만 루스George Herman Ruth는 왼손으로 야구공을 치는 경이로운 능력으로 세계적 영웅이 되었다. '베이브Babe', '밤비노Bambino' 혹은 '홈런의 제왕'으로도 불리는 베이브 루스는 전성기 때 미국 전역에서 홈런을 기록했다. 한 시즌에 61개를 쳐낸 그의 홈런 기록은 1961년까지 깨지지 않았고, 그 이후로 단 4명의 선수(그들 중 세 명은 경기력을 향상시키는 약물의 도움으로 가능했다)만이 그 기록을 넘었다. 루스는 지금까지도 여전히 야구 역사상 홈런 랭킹 3위의 기록을 가지고 있다.

야구장 안에서나 밖에서나 원리원칙을 지키던 스포츠맨의 범위에서 벗어나 그는 당대 최고의 미국의 우상이었고, 미국이 세계 최강국으로 도약해가는 과정에서 강한 자부심을 나타내는 정신적 지주였다. 그 당시 그의 팀 동료였던 레프티 고메스Lefty Gomez는 "그는 서커스이자 놀이이며, 영화였고, 모든 것이 합쳐서 한 사람이 되었다"고 평했다. 아이들은 그를 동경했고, 남자들은 그를 우상시했다. 여자들은 그를 사랑했다. 그를 강하게 만드는 특별한 무엇인가가 있었는데, 그것은 바로 왼손잡이로서 다양한 재능들이 결합되어 그를 특

▶ '홈런의 제왕'과 '타격의 거인'으로 알려진 루스는 1920~34년까지 양키스에서 선수생활을 했다.

Yours Truly "Babe" Ruth

#6

별하게 만들었던 것이다.

술집 아들 | 루스의 부모는 독일계 미국인으로 볼티모어 도살장 근처 빈민가인 피그타운에서 채소가게와 술집을 운영했다. 그러한 삶은 부유한 삶이 아니었다. 그의 부모는 열심히 일했지만 그만큼 술도 많이 마셨다. 루스의 일곱 형제는 모두 어릴 때 죽고, 단 한 명만이 어른이 되었다. 어린 루스는 활기가 넘치는 아이였고, 지칠 줄 모르는 에너지로 인해 많은 곤경에 빠지곤 했다. 루스가 일곱 살이었을 때 아버지는 그를 손수레에 태워 마을 변두리로 데려가 세인트메리 남자산업학교에 입학시켰다. 재베리언 형제Xaverian Brothers가 운영하는 이곳은 학교와 소년원 그리고 노역장이 합해진 형태로, 특히 비행 청소년을 훈련하는 데에 전문적인 곳이었다. 분위기는 엄격했고, 가죽끈으로 묶어가면서까지 규칙에 따르는 법을 가르쳤다.

루스는 선천적인 왼손잡이임에도 불구하고 오른손으로 글씨 쓰는 법을 배워야만 했고, 결국 그는 평생 오른손으로 글씨를 썼다. 그래서 그는 책이나 글 쓰는 것을 절대 가까이 하지 않았다. 학교의 강요로 오른손으로 글씨를 쓰는 것이 그의 해독력(읽고 쓸 줄 아는 능력) 발달에 도움이 되었던 것도 아니었고, 학교에 대한 그의 감정은 왼손잡이 작가인 마크 트웨인의 소설에 등장하는 주인공 소년들과 같았다. 오늘날이었다면 루스는 주의력결핍 과다행동장애(ADHD)로 진단받고 리탈린을 복용했을 것이다. 루스는 본래 반항적이었는데 더구나 어린 시절의 꾸지람과 애정 결핍으로 인해 그의 마음 안에는 무엇인가가 똘똘 말려 있었다. 아마 야구가 아니었다면 범죄의 길로 빠져들었을지도 모른다.

여러 측면에서 유년기를 보내기에는 가혹한 세인트메리학교는 단 한 가지 좋은 점이 있었는데 그것은 태양이 환하게 비춰주는 아주 좋은 야구장이 —왼손잡이 선수들에게 맞는 오른손용 야구장갑이 없다는 사실을 제외하고는— 있다는 것이었다. 학문적인 공부는 진지하게 다뤄지지 않았던 이 학교의 학생들은 하

◀투수 '베이브'는 왼손잡이용 글로브가 아직 생산되지 않았기 때문에 오른손잡이용 글로브를 사용해야 했다.

루 세 번 영양식을 제공한다는 이유로 등교하는 가난한 집안의 어린 남자아이들이 대부분이었다. 주변에는 항상 야구를 할 만한 나이의 남자 아이들이 있었기 때문에 언제든지 팀을 만드는 것이 가능했다.

그 결과, 루스는 10개월 동안 매일 야구를 했다. 그의 부모는 일요일에도 그를 찾아오지 않았기 때문에 그날도 그는 야구를 했다. 그는 휴일에도 집에 가지 않았고 늘 야구를 했다. 그리고 그는 잘했다. 아이들도 잘 때리고, 공도 잘 때렸던 198cm 장신의 마티아스 선생은 루스의 재능을 알아보고 그를 격려했다. 세인트메리학교는 메이저 야구팀의 이름을 빌려서 자체 야구리그를 창설하여 경기를 치렀고, 루스는 곧바로 학교의 스타 투수이자 타자가 되었다. 그는 친구들과 주변 사람들 사이에서 영웅이 되었고, 남은 평생 동안도 그랬다.

마이너에서 메이저로 │ 1914년 2월 14일, 학교에서 야구팀을 맡아 가르치던 코치의 얘기를 듣고, 마이너리그 볼티모어 오리올스의 구단주이자 매니저인 잭 던Jack Dunn이 루스의 경기를 보러 왔다. 며칠 후 그는 월 250달러에 왼손 투수 루스와 계약하기 위해 다시 학교를 찾았다. 루스에게 이것은 가늠할 수 없는 큰 금액이었다. 루스는 노스캐롤라이나 주의 훼이트빌에서 평생 처음으로 기차와 엘리베이터를 타게 되었다. 그리고 이곳에서 열린 봄 전지훈련에서 '베이비 루스'라는 별명을 얻었고, 지역 야구장에서는 볼 수 없었던 긴 홈런을 쳤다.

오리올스에서의 첫 시즌이 끝나고, 재정적 어려움을 맞은 던은 루스를 메이저리그 보스턴 레드삭스에 팔았다. 루스는 친구들을 떠나고 싶지 않았으나 몸값이 오르자(월 625달러) 다시 기차에 올랐다. 그는 기차에서 내려 아침식사를 하던 백 베이 기차역 식당에서 일하는 16살짜리 웨이트리스를 번쩍 들어올려 왼손의 힘을 자랑했다. 그 16살짜리 웨이트리스는 얼마 후 루스의 아내가 되었다. 그 후 그는 레드삭스의 홈구장인 펜웨이 파크로 가서 유니폼을 입고 그날 오후 메이저리그에서의 첫 7이닝을 던지고 팀을 승리로 이끌었다.

대부분의 뛰어난 선수들은 어릴 때부터 운동을 시작하는데, 왼손으로 던진 공은 타자들로 하여금 어릴 때부터 형성된 습관을 바꾸게끔 했다. 즉, 타자들은 왼손 투구에 적응하기 위한 순간의 시간이 필요했다. 이는 상대를 당황시키는 왼손잡이들의 장점을 보여주는 예이다. 레드삭스 라인업에 올라간 루스는 팀의 결정적인 존재가 되었고, 레드삭스는 1915년, 1916년, 1918년 리그 페넌트레이스와 월드시리즈에서 우승했다. 그가 세운 월드시리즈 무득점 이닝 기록은 1961년까지 유지되었다. 그러나 루스가 최고의 명성을 얻을 수 있었던 것은 바로 그의 타격 능력 덕분이었다.

홈런의 제왕 | 1919년 홈런 타자 루스가 등장하면서부터 야구경기는 바뀌었고, 그는 미국에서 가장 유명한 사람 중 한 명이 되었다. 루스가 등장하기 이전의 야구는 빠른 번트, 안타, 도루 등 야구장 내에서 벌어지는 일들에 주력했다. 이러한 구시대적 경기에서조차 왼손잡이 선수는 야구장의 불균형으로 인해 유리한 점이 있었다. 타자는 공을 치고 오른쪽의 1루를 향해 시계반대 방향으로 뛰어야 한다. 오른손 타자는 반대쪽을 향하고 있다가 방향을 바꾸어서 뛰어야 하는 반면 왼손 타자는 공을 치면 이미 몸이 1루를 향해 있기 때문에 약간 앞서서 출발할 수 있는 것이다.

루스는 이러한 유리한 점을 가지고 있었으나 종종 홈런을 쳐서 공을 야구장 밖으로 날려버렸기 때문에 굳이 빠르게 뛸 필요가 없었다. 그의 타격은 그가 가는 곳마다 사람들의 흥분을 자아냈다. 사람들은 180m가 넘는 긴 거리를 공으로 쳐낼 수 있다는 사실에 놀라워했다. 이러한 그의 스윙에는 루스 자신을 표현하는 그 무엇인가가 있었다. 마치 그의 파괴력에 시적 감각이 더해진 듯했다. 1919년 루스는 29개의 홈런을 쳐서 메이저리그 역사상 가장 많은 홈런 기록을 세우고, 양키스에 트레이드되었다. 보스턴 레드삭스는 이에 대해 오랫동안 후회를 했다. 이른바 '밤비노의 저주'로 알려진 것처럼, 보스턴 레드삭스는 루스를 방출한 1919년 이후 2004년까지 단 한 번도 우승을 하지 못했기 때문이었다.

　야구는 루스와 같은 왼손 강타자가 경기하기에 좋은 조건을 갖춘 스포츠이다. 왼손 타자가 타석에 서면 투수들은 그에 대해 적응시간이 필요하다는 점에 이어, 당시의 변화 또한 루스에게 유리하게 작용했다. '스핏볼'(투수가 볼에 침을 발라 던지는 것)이나 '에머리볼'(표면을 문질러 꺼칠꺼칠하게 만든 공)처럼 침이나 바셀린을 발라서 공 표면이 변하게 하거나 공기 중에서 방향이 바뀌도록 공 표면을 긁어내는 것이 금지되었다. 또한 끊어지지 않고 강하게 공을 감을 수 있는 튼튼하고 질긴 호주산 방모사를 사용하여 공을 만들었기 때문에 공이 더 단단해졌다. 이러한 공은 타자가 쳤을 때 더 멀리 날아갔다. 새로운 기술은 또한 야구장 건설시 홈플레이트와 외야 펜스 사이의 거리를 좁히는 결과를 가져왔다. 왼손 타자들의 목표인 우익수쪽 펜스가 중앙이나 좌익수쪽 펜스보다 더 많이 짧아졌기 때문에 왼손잡이 선수들은 더 유리해졌다.

　루스가 1920년 양키스에서 뛰기 시작했을 때 관중은 그 전해보다 무려 619,000명이 늘어나 130만 명을 넘었다. 그해 그의 힘은 폭발했고 54개의 홈런을 기록했다. 그가 세운 8할4푼9리의 장타율 기록은 80년이 흐르는 2001년까지 깨지지 않았다. 그날 밤, 그는 훌륭한 투수일 뿐 아니라 역사상 최고의 타자로서 국가적인 우상이 되었다. 이듬해 5개를 더하여 59개의 홈런을 쳤고, 양키스는 처음으로 아메리칸리그 페넌트레이스에서 우승을 거머쥐었고, 첫 월드시리즈에서 숙명의 라이벌이었던 뉴욕 자이언츠와 경기를 치르게 되었다. 루스는 2차전에서 1루 베이스에서 슬라이딩 후 팔을 다쳤다. 3차전에서 다시 팔을 다쳤고, 4차전에서는 붕대로 감고 출전하여 첫 홈런을 쳤으며, 5차전에서는 의사가 쉬어야 한다고 말하기 전까지 팔에 고름을 빼기 위해 관을 꽂고 경기에 나왔다. 이때까지 양키스는 3승2패로 앞서고 있었으나 루스가 경기에서 빠지자 자이언츠가 연속으로 남은 경기를 이겼고, 9전 5선승제의 경기에서 3승 5패로 패했다.

타격의 거인 │ 루스는 평생에 걸쳐 왼손잡이들의 고전적인 문제인, 권위에 대항하는 문제점을 가지고 있었다. 1922년 월드시리즈 패배 후에 그는 야구위원인 저지 랜디스가 금지한 전시여행exhibition tour에 투자했다. 금지사항인 줄 알고 있었음에도 불구하고 베이브는 그것을 단행했고, 1922년 시즌의 첫 7주 동안 경기 출전정지 처분을 받았다. 또한 루스는 왼손잡이 특유의 다혈질적인 성격을 가지고 있었다. 그해 시즌에서 그는 심판을 섭생이라고 부르며 폭행하겠다고 위협했고, 상대팀이나 같은 팀 내의 동료선수들과 종종 싸우기도 했다.

그는 1922년에는 시즌의 20% 이상을 결장했으나 35개의 홈런을 치면서 그해 홈런 랭킹 3위에 올랐다. 양키스는 월드시리즈에서 루스의 활약에도 불구하고 또 다시 자이언츠에 패했다. 루스는 타율 3할9푼3리, 홈런 41개의 성적으로 1923년 시즌을 마감했다. 이때 루스는 월드시리즈에서 4승 2패로 자이언츠를 무너뜨리면서 스타가 되었다. 월드시리즈 기간 동안 그는 3할6푼8리를 기록하면서 8번 진루하고, 3개의 홈런을 쳐서 장타율 10할을 기록했다. 1924년 성적도 좋았다. 타율 3할7푼8리, 홈런 46개, 121타점을 기록했다.

그러나 양키스는 워싱턴에 2경기 못 미치는 결과로 페넌트레이스 우승을 놓쳤다. 1925년 루스는 병으로 인해 많은 경기에 출전하지 못한 채 단 25개의 홈런으로 시즌을 마쳤다. 양키스는 뒤에서 2번째라는 저조한 성적으로 시즌을 끝냈다.

1925년 이후, 사람들은 최고의 위치에 오른 루스가 이제 내리막길로 접어든 것이 아니냐는 의심을 하기 시작했다. 그러나 그렇지 않았다. 1926년 루스는 47개의 홈런을 쳤고 3할7푼2리의 타율을 기록했다. 양키스는 월드시리즈에 올랐지만 루스가 한 경기에서 3개의 홈런을 치며 월드시리즈 기록을 세웠음에도 불구하고 세인트루이스 카디널스에게 패했다. 그는 마지막 경기에서 왼손잡이들의 무모한 모험심이 발동하여 매우 불명예스러운 기록을 남겼다. 마지막 이닝, 경기가 여전히 위태로운 상황에서 루스는 도루를 시도했고, 결국 그는 베이스에 진루한 마지막 주자가 됨과 동시에 도루 실패로 월드시리즈를 끝낸 유일한 선수가 되었다.

1927년 루스는 60개의 홈런을 치면서 기록을 갱신했고, 양키스는 피츠버그 파이어리츠를 누르고 월드시리즈에서 우승했다. 다음해에 그는 54개의 홈런을 쳤고, 양키스는 세인트루이스 카디널스를 상대로 복수전을 벌여 월드시리즈 우승을 안았다. 이후 양키스는 월드시리즈에 진출하지 못했지만 루스는 3년 동안 홈런왕 자리를 지켰다. 즉, 루스는 무려 열두 해 동안 아메리칸리그에서 공동 홈런왕 혹은 단독 홈런왕이었다. 1932년 양키스는 시카고 컵스를 이겼다. 이것이 루스의 마지막 월드시리즈였고 그의 인기는 사그라들었다. 양키스는 1934년 그를 팔았고, 보스턴 브레이브스에서 메이저리그 마지막 시즌을 보냈다.

반항아 베이브 | 경이로운 능력과 더불어 루스는 선수생활 대부분을 규칙의 범위를 넘어서서 지냈다. 그의 천성적인 경기 능력, 삶에 대한 무분별한 욕망, 통 큰 성격만이 그에게 작용하는 원리였다. 우울한 환경에서 자라난 그는 엄청난 인기와 돈으로 마치 사탕가게에서 자유롭게 돌아다니며 물건을 고르는 아이처럼 살았다. 오른손을 사용하도록 강요받고, 야구할 때를 제외하고는 규칙을 따르도록 가르치는 세인트메리학교의 엄격한 통제를 벗어난 세상이었다. 지나치게 활동적인 성격으로 인해 그는 잠잘 때를 제외하고는 멈추지 않았고, 아마 잠도 많이 자지 않았던 것 같다.

그러나 잠을 제외한 다른 모든 면에서 그는 지나쳤다. 보스턴에 도착한 첫날 만난 웨이트리스와 결혼했음에도 불구하고 —강한 성욕을 가진 사람이라고는 하지만— 그는 마치 총각인양 행동했다. 팀 동료에 따르면, 루스가 하룻밤에 3명 이상의 여자와 잠자리를 하는 것은 별로 특별한 일이 아니었다. 각 도시마다 루스를 기다리는 여자들이 줄을 지었다. 그러나 이상하게도 루스가 어디를 가든지 남자들의 질투를 일으키지는 않았다. 그는 남자들에게도 인기가 많았

▶베이브 루스는 1935년 2월 런던 방문 중 사보이 호텔 지붕에서 두 명의 어린 호텔 종업원을 위해 자서전에 사인을 해주었다.

294

고, 여행을 할 때면 밤새 술을 거침없이 마시고, 카드놀이를 하며 흥청망청하다가 다음날 오후에 홈런을 치러 어슬렁거리며 경기장에 나타나는 것으로 유명했다. 그의 주량은 성욕과 비례했고, 그의 야구인생이 1920년부터 1933년까지의 주류판매금지법 기간 동안 이어졌다는 사실 때문에 더 흥미로웠다.

전성기 시절, 저녁에 스카치 한 병은 예사였다. 오늘날 야구경기에서 경기력을 향상시키는 약물이 유행인 것을 고려하면, 루스의 업적은 더 인상적이다. 이러한 세속적인 욕심에 하나를 더하자면 폭식증이다. 그는 두 개의 커다란 스테이크, 핫도그 12개 혹은 큰 갈비덩어리를 한 자리에서 다 먹곤 했으며, 혈기왕성했을 때에는 하루에 10끼를 먹을 정도였다. 물론 이러한 모든 과도한 행위들은 그가 전성기를 지나 아래로 떨어질지도 모른다는 지속적인 압박감에 처해 있었다는 것을 의미한다.

188cm 키의 건장한 루스는 몸무게 문제가 심각했고, 이상적인 몸무게를 만들기 위한 방법으로 시즌 개막 전에 고의적으로 감기에 걸리곤 했다. 선수생활 후반부인 1925년부터는 체중과 체형에 문제가 생겼고, 그는 전직 복싱선수나 체육관 관장 등 개인 트레이너를 고용한 첫 번째 운동선수가 되었다. 아티 맥고번은 루스가 39세라는 노장의 나이까지 경기를 뛸 수 있도록 도와주는 막중한 책임을 맡고 있었다.

선수 은퇴 후 루스는 코치 자리를 알아봤으나 까다롭기로 유명한 그의 성격과 무질서함으로 인해 대부분의 구단주는 그를 꺼려했다. 그는 한 해 동안 브루클린 다저스에서 1루 코치를 맡았으나 그것이 코치 인생의 전부였다. 전성기 때 그의 명성이 하늘을 찌를 만한 것이었다면 남은 일생은 무척이나 초라했다. 그러나 여전히 베이브는 많은 미국인들에게 영웅으로 기억되고 있고, 그가 1948년에 암으로 사망해 '베이브가 지은 집'으로 알려진 양키 스타디움에 안치될 때 20만 명이 넘는 사람들이 몰려와 경의를 표했다. 그는 두말할 필요 없이 오늘날까지 야구 역사상 가장 위대한 영웅임에 틀림없다.

왼손잡이들의 공통점

～

　1. 야구는 왼손잡이들이 타격과 피칭 모두에 있어서 실력 좋은 오른손잡이들과 비례하는 스포츠이다. 루스의 팀 동료인 루 게릭은 훌륭한 왼손잡이 선수였다. 루스가 홈런왕 자리를 차지하지 못한 시즌의 홈런왕은 역시 왼손 타자인 로저 매리스였다(이 책을 집필할 당시의 홈런왕 역시 왼손 타자 베리 본즈이다). 또 다른 뛰어난 왼손 타자는 전 보스턴 레드삭스 선수였던 테드 윌리암스이다. 시즌 평균 4할 이상의 타율을 기록한 마지막 선수인 그는 항상 최고의 타자로 기억되고 있다. 언제나 홈런 리스트에서 상위 10명 중 4명은 왼손잡이였고, 상위 20명 중에서는 9명, 상위 100명 중에서는 35명이 올라 있다. 그 상위 100명 중 4명은 왼손으로도 치고 오른손으로도 치던 미키 맨틀과 같은 스위치 타자였다.

　2. 왼손 투수는 예측할 수 없는 공으로 자신의 가치를 높였다. 대부분의 메이저리그 팀은 적어도 한 명 이상의 왼손 투수를 경기에 포함시킨다. 메이저리그 트리플 크라운을 달성한 8명의 투수 중 4명이 왼손 투수였다. 왼손 투수인 샌디 쿠팩스는 트리플 크라운을 3번이나 달성했다. 1956~2006년까지 내셔널리그의 최고 투수에게 주는 사이영 상은 18명의 왼손 투수에게 돌아갔고, 이는 36%에 달하는 기록이었다. 아메리칸리그에서는 1958~2006년까지 12명의 왼손 투수가 상을 받았는데, 이는 내셔널리그보다 적은 수치이지만 25%라는 인상적인 수치이다.

　3. '좌완'이라는 단어는 야구에서 처음 유래되었다. 오후에 시작되는 야구경기의 가장 좋은 좌석은 관중들이 햇빛을 신경 쓰지 않고 경기를 볼 수 있는 야구장의 서편이었기 때문이다. 결과적으로, 왼손 투수는 공을 던질 때 팔이 남쪽을 향하도록 했고, 여기서 애칭이 유래했다.

4. 야구와 비슷한 크리켓 경기에서도 왼손 선수가 유리한 면이 있는데, 특히 타격할 때 더 그렇다. 최근 가장 우수한 팀 중 하나로 알려진 호주의 테스트 크리켓 팀에서 실력이 뛰어난 7명의 타자 중 5명이 왼손잡이였다. 호주 테스트 크리켓 역사상 투수 전체 중 17%, 타자 중에서는 20%가 왼손잡이였다.

베이브 루스의 왼손잡이 기질

직관력 | 루스는 직관적인 사람이었다. 배트로 공을 치는 반사신경은 이성과는 관련이 없는 것이었다. 그의 남은 인생도 마찬가지였다.

감정이입 능력 | 루스가 많은 사랑을 받았던 이유 중 하나는 관대함 때문이었다. 그리고 어린이들을 위해 기꺼이 사인을 해주는 따뜻한 마음 때문이었다. 그는 아무것도 없는 밑바닥 인생이 무엇인지 알고 있었기에, 돈을 쓰며 누릴 때에도 뽐내거나 거드름을 피우지 않았다.

시각 · 공간 능력 | 베이브는 눈과 손이 본능적으로 함께 반응하는 능력을 가지고 있었다.

화를 잘 내는 성격 | 루스는 종종 심판에게 욕설을 퍼붓고 폭행을 하겠다고 위협했다. 그는 상대팀이나 팀 동료들 때로는 팀 운영진에게도 그런 행동을 했다. 그러나 흥분이 가라앉으면 항상 먼저 사과했고, 불만을 마음에 담아두지는 않았다.

인습타파 | 루스는 규칙을 존중하지 않았고, 야구를 사랑하는 반면 야구 관리자 및 이사진들과 충돌을 일으켰다. 간통, 음주, 속도위반, 차량 사고 등 자주 법에 저촉하는 행동을 했다.

독학 | 루스는 본능적인 선수였고, 어린 시절 연습하고 또 연습함으로써 타고난 재능을 더 향상시켰다.

앨런 튜링은 역사상 독특하면서도 창의적인 수학자 중 한 명이다. 젊은 시절, 그는 순수수학의 난제들에 대해 정교하고 직관적인 해법들을 제시했다. 2차 세계대전 당시에는 창의적 재능 때문에 군 지도자들의 미움을 받았음에도 불구하고, 독일군의 에니그마 암호를 해독하여 무명의 국가적인 영웅이 되었다. 자유의지 결정론에 대한 심오한 고찰을 바탕으로 그는 독창적인 발명품을 고안해냈다.

이 기계는 현대에 와서 컴퓨터라고 불리게 되었으며, 정보화 혁명의 초석이 되었다. 고전적인 왼손잡이 천재였던 튜링의 수학적 사고는 매우 직관적이고 독창적이었다. 어릴 적부터 사회 친화적이지 않았던 튜링은 동성애적 성향 때문에 세상으로부터 더욱 고립되었다. 1952년 집에 침입한 도둑에 대해 설명하다가 경찰에게 자신의 동성애적 성향을 고백하는 바람에 체포되어 호르몬 치료법을 명령받았다. 2년 후인 1954년, 그는 자신의 집에서 청산가리가 발라진 사과를 먹다가 죽은 채 발견되었다. 오늘날까지도 이것이 사고였는지, 자살이었는지, 아니면 그가 알고 있는 정보 때문에 타살된 것이었는지 밝혀지지 않고 있다. 나라를 구해낸 영웅의 삶에 참으로 불행한 결말이 아닐 수 없다.

▶ 1952년, 맨체스터 대학에서 암호해독 전문가로 활동하던 앨런 튜링.

외톨이 수학 신동 │ 튜링은 줄리어스Julius와 새라 튜링Sarah Turing의 막내아들로 태어났다. 아버지는 공무원으로서 인도에서 근무했으며, 그는 어린 시절에 친지들의 손에서 자랐다. 아주 어릴 때부터 튜링은 왼손잡이 특유의 천재성을 나타내기 시작했다. 예를 들어 1917년, 다섯 살의 튜링은 3주 만에 글을 읽는 법을 깨우쳤으며, 숫자에 대한 감각은 더욱 빛을 발했다. 부모와 떨어져 살면서 독립적이고 개인적인 성향이 되어갔는데, 이러한 성향은 그의 지적 성장에 오히려 도움이 되었다.

1919년에 아버지가 인도에서 돌아왔지만 튜링은 아버지의 권위를 인정하려 들지 않았다. 그는 똑똑했으며, 눈치도 빨랐고 또한 매우 지저분한 아이였다. 1924년경, 튜링은 화학을 접하게 되었고, 원자들이 서로 결합되는 모습에 큰 매력을 느꼈다. 하지만 당시의 공교육은 고전적인 학문 위주로 진행되었으며 영국 중상위 계층이었던 그의 부모는 화학이라는 학문은 주류라고 인식하지 않았다. 하지만 그의 형은 튜링이 말보로 중등학교Marlborough College의 보수적인 성향에 맞지 않음을 인지하고, 보다 자유로운 학문을 추구하는 쉐르본 중등학교Sherbourne College로 전학을 시켰다.

하지만 쉐르본도 완전히 개방적인 곳은 아니었으며 튜링은 금세 외톨이가 되었다. 그의 정신은 온통 수학과 과학에 집중되었으며, 성적표에는 그가 관심을 갖지 않는 과목들에 대한 노력이 부족하다는 것이 분명하게 기록되어 있었다. 수학에서조차 불균형은 나타났다. 그의 담임은 복잡한 공식들을 풀어내는 능력에 감탄하면서 그의 천재성을 인정했지만 성적부에는 "노력이 부족함. 고급수학에 너무 많은 시간을 투자하여 기초를 소홀히 함. 기초는 어느 학문에나 필수적이며, 그의 학업에는 체계가 없음"이라고 기록했다.

1927년 담임이었던 트렐로니 로스는 1차 대전에서 독일이 패한 이유는 "과학과 물질주의의 힘을 종교와 사상보다 강하다고 믿었기 때문"이라고 말했다. 영어와 라틴어를 가르쳤던 그 선생님은 종종 이런 말을 했다고 한다. "오! 이 교실은 수학 냄새로 가득하구나. 방향제 좀 가져오너라." 이러한 평범한 수준의 교육은 튜링에게 별 효과가 없었다. 오히려 그의 왼손잡이적 사고를 더욱 두드러지게 했다. 그는 사고라는 것은 소수만이 행하는 개인적 활동이라고 생각하게 되었으며, 배우는 것도 스스로 하는 것이라고 생각하게 되었다. 그는 수업을 무시한 채 아인슈타인의 상대성이론에 관해 읽고 그 이론을 심화시키는데 시간을 쏟았다.

튜링의 외톨이 생활에도 변화는 있었다. 그해, 자신보다 한 살 많은 크리스토퍼 모르콤이라는 작은 체구의 남학생과 사랑에 빠지게 된 것이다. 사회적으로 적응하는 데 어려움이 있었던 튜링은 크리스토퍼와 과학에 대한 열정과 호기심이라는 공통분모를 공유했다. 두 사람은 트리니티 장학생에도 함께 지원했다. 하지만 크리스토퍼만 장학생으로 선발되자 튜링은 큰 실망감을 느꼈다. 그리고 얼마 지나지 않아, 1930년 2월, 크리스토퍼가 어린 시절부터 앓아오던 결핵이 악화돼 병원에 입원한 지 6일 만에 죽자 그의 절망감은 더욱 커졌다. 세상에서 유일한 친구가 떠났던 것이다.

케임브리지 시절 │ 크리스토퍼의 사망은 튜링의 수학 연구에 여러모로 큰 동기부여가 되었다. 튜링은 과학 연구에 있어서 크리스토퍼의 몫까지 감당하겠다고 결심하며 자신을 위로했다. 과학에 대한 그의 내적 열정과 호기심에 이제 감정적인 동기까지 더해진 것이다.

이듬해에 튜링은 두 번째로 가기 원했던 케임브리지에 장학생으로 입학했다. 케임브리지는 그에게 너무나 잘 맞았다. 그의 천재성과 동성애가 용납되고, 훌륭한 과학자들이 포진된 이 대학은 튜링이 재능을 발휘하기에 더없이 좋은 여건을 제공했다. 1935년에 튜링은 위대한 경제학자 케인즈의 후원에 힘입어 킹즈 대학의 연구원으로 선발되었다. 연구비와 기숙사 그리고 고급 식사가 제공되는데다가 특별히 해야 할 일도 없는 자리였다. 튜링처럼 개인적 성향이 강한 왼손잡이에게 너무나 잘 어울렸다.

크리스토퍼의 죽음을 통해 튜링은 '존재'에 대해 고민하게 되었다. 이런 고민은 수학적으로도 연결되었으며, 이는 '결정문제decision problem' 라는 구체적인 형태로 나타나게 되었다. 결정문제란, 인간의 논리적 사고가 과연 수학적 계산으로 표현될 수 있는지를 연구하는 학문이다. 17세기에 독일의 수학자 라이프니츠(뉴턴과 함께 미적분학에 결정적인 공헌을 했으며, 컴퓨터의 기초가 되는 이분법을 고안해냈다)는 인간의 이성을 수학화하는 이론을 창안했으며, 이 이론이 현실에 적용될 수 있다면 사람들 간의 논쟁에 수학적인 해법이 제시될 수 있는 것이었다. 이 분야에 대한 튜링의 연구는 놀라운 성과들을 이룩했다. 그가 만든 기계는 칸이 나뉜 테이프(두루마리 휴지처럼 생긴)를 넣으면 스캐너를 통해 글이 이진법으로 구성되어 기록되었다. 이 단순한 기계는 온갖 복잡한 계산식들을 풀 수 있었다. 이 기계는 '튜링 머신Turing machine' 으로 알려지게 되었다. 튜링 머신의 기능 중에는 각 기계의 함수관계가 하나의 수치로 표현되고 이 수치를 다른 기계에 입력할 수 있었다.

이를 통해 다른 기계에서 나온 수치를 다른 기계에 넣으면 그 함수 관계를 정확하게 재현해냈다. 이는 '유니버설 튜링 머신Universal Turing Machine' 이라 불리게 되었으며, 지금의 디지털 컴퓨터의 시초가 되었다. 결정문제에 대한 해답도 제시했다. 한 기계에서 그 기계로부터 나온 수치를 다시 입력해서 작동시키면 논리적 모순이 생긴다는 것을 발견했다. 이는 마치 "나는 거짓말을 한다"와 같은 모순이었다. 라이프니츠의 인간의 이성을 수학화하려던 꿈은 불가능한 것으로 증명되었으나 컴퓨터 시대가 도래한 것이다. 그 시대의 창시자인 튜링의 나이는 당시 23살이었다.

결정문제에 대한 연구가 마무리될 때 쯤, 튜링은 이 문제가 프린스턴 대학의 수학자 알론조 처치Alonzo Church가 람다계산법이라는 방식을 통해 이미 해결했다는 것을 알게 되었다. 튜링의 해법이 더 명쾌했음에도 불구하고 그는 처치 박사의 지도하에 프린스턴의 박사과정을 이수했다. 1938년에 졸업한 뒤 케임브리지로 돌아가 비트겐슈타인과 수학과 철학에 관해 논쟁을 벌이곤 했다. 비트겐슈타인은 논리적 모순에 의해 현실에서 실제로 피해를 본 사람은

▶ 나치는 에니그마 암호를 해독하는 것이 불가능하다고 생각했다.

304

없다고 생각했는데, 이는 늘 그와 튜링 사이에 논쟁거리가 되었다.

튜링은 자신의 기계를 통해 추상적인 개념들을 현실세계에 적용하는 법을 보여줬다. 이런 성향은 왼손잡이들에게서 자주 나타나는 것으로써, 시대를 앞서가는 연구결과들을 보여줬던 마리 퀴리에게서도 이런 성향을 발견할 수 있다. 수학자로서 쉽게 할 수 있는 일은 아니었으나 수학이 현실세계에 영향을 끼칠 수 있다는 그의 신념은 확고했다. 그는 다리 건설에 사용된 방적식의 논리적 모순이 다리를 무너뜨릴 수 있다는 사실을 비트겐슈타인에게 증명해보였다. 하지만 현실세계에 적용된 그의 수학적 천재성은 훨씬 극적인 방식으로 나타나게 된다.

에니그마를 해독하다 | 1939년 나치가 폴란드를 점령하자 영국은 독일에 전쟁을 선포했다. 튜링은 몇 명의 킹스 대학 연구원들과 함께 영국군의 암호 연구소가 세워진 런던 북서쪽의 블레츨리 파크로 전속되었다. 나치는 새롭게 개발된 에니그마라는 기계를 사용하여 암호문을 만들었다. 에니그마는 1920년대부터 암호화 작업에 사용되었으며 전쟁 중에 나치는 이 기계를 10만대 이상 사용하고 있었다. 에니그마는 메시지가 암호화되는 동안 대체 문자로 교체해가는 방식으로 작동되었다.

이 기계는 키보드, 배선반, 로터 등의 조합으로 이루어졌으며, 이를 통해 문자의 교체가 이루어지는 순열의 수를 크게 늘릴 수 있었다. 기술적으로, 같은 배열을 가진 에니그마가 있어야 암호의 해독이 가능한 것으로 밝혀졌다. 튜링에게는 독일 해군의 에니그마 암호를 해독하는 임무가 주어졌는데, 이는 수학적으로 대단한 도전이었으며 조국의 운명이 걸린 문제이기도 했다. 독일의 U-보트가 영국으로 들어오는 해상 보급로의 대부분을 장악한 상황이었으며, 이로 인해 전국적인 식량 부족 현상이 나타나고 있었다. 이미 에니그마 암호 해독의 실마리를 잡은 폴란드 수학자들의 통찰력을 바탕으로 튜링의 팀은 연구를 시작했다.

튜링이 블레츨리 파크에 처음 도착했을 때, 독일군의 에니그마를 해독할 수 있다고 생각한 사람은 튜링 자신을 포함하여 두 명 밖에 없었다. 그는 얼마 되지 않아 암호의 약점을 발견했다. 암호화된 메시지 내에는 정기적으로 'Heil Hitler', 'Wetter fur die Nacht' 등의 문구가 등장했으며 그 뜻을 짐작할 수 있었다. 이런 문구는 '틈새'라고 불렸으며, 이 틈새는 수억 개의 에니그마 조합으로 이어지는 논리적 연결고리가 되었다. 이러한 연결고리에 모순을 찾아내면 그에 연결된 수억 개의 에니그마를 배제시킬 수 있었다.

이제 수백만 개로 좁혀진 논리적 연결고리에 모순이 있는지만 확인하면 되는 것이었다. 튜링은 논리적 일관성을 자동으로 분석해내는 기계를 개발했다. 이 기계는 봄브Bombe라 불렸으며, 무게가 1톤, 높이는 2m, 폭은 0.6m, 길이는 2.1m나 되었다. 에니그마의 휠에 해당하는 회전드럼 수십 개가 들어갔으며, 방대한 양의 유색 전선이 사용되었다. 이 기계의 이름 봄브는 연결고리들을 하나하나 분석할 때마다 릴레이 스위치들이 똑딱거리는 소리가 마치 폭탄을 연상시킨다 하여 지어졌다.

전쟁 동안 210개의 봄브가 만들어졌다. 튜링의 팀은 이 과정을 거쳐 결국 독일 해군의 에니그마 암호를 해독해냈고, 이는 전쟁의 승패를 바꿔놓았다. 운이 좋은 날에는 암호를 해독하는 데 한 시간 남짓밖에 걸리지 않았다. 독일군은 정보가 유출되고 있다는 것은 눈치 챘으나 에니그마가 해독되었다는 사실은 믿을 수가 없었다. 에니그마가 해독 가능하다는 것은 그들도 알고 있었으나 이를 해독하기 위해 수십억 개의 조합을 일일이 분석하는 작업을 하리라고는 생각지 못했던 것이다. 왼손잡이 수학자 튜링의 천재적인 작품이 추상적인 수학 개념을 실현 가능한 기술로 바꾸어 세상을 구한 것이다.

튜링의 왼손잡이적 재능이 영국군을 구해냈지만 그의 군 생활은 평탄하지 않았다. 별난 존재였던 튜링은 혼자 사색하기를 좋아했으며, 사회적인 규범에는 구애받지 않는 성격이었다. 출근길에 자전거를 타고 다니던 그는 건초열 (알러지성 질환)로 고생을 하자 방독면을 쓰고 다니기도 했다. 튜링의 전기작가 앤드류 호지스에 의하면, 튜링이 블레츨리 암호해독반의 리더로 있으면서 그곳은 자연스럽게 '창조적인 무질서' 상태가 되었다. 극단적인 왼손잡이 개인주의자였던 튜링이 상관들과 좋은 관계를 유지한다는 것은 매우 힘든 일이었다. 당시 그의 동료 피터 힐튼의 말에 따르면,

> 그의 방식은 …… 정오쯤 출근해서 다음날 자정까지 문제가 해결될 때까지 일하는 스타일이었다. 그리고는 24시간 동안 나타나지 않았다. 하지만 이런 방식이 튜링에게는 가장 적합했다. 그럼에도 불구하고 상관들은 출근 기록부 작성을 원했고, 이런저런 서류의 제출을 요구했다.

보다 더 중요한 것은, 영국군 내부의 권력다툼으로 인해 블레츨리에는 인력 지원에 항상 문제가 있었다는 점이었다. 군 수뇌부는 자신의 결정권이 약해질 것을 염려해 에니그마 해독의 업적을 내세우고 싶어하지 않았다. 군율도 잘 따르지 않는 과학자 집단이 전쟁의 승패를 좌지우지하는 것을 두고 볼 수 없었다. 튜링은 멍청이들과는 타협하지 않았으며, 합리적인 사고보다 자존심에 의한 의사결정이 우선시되는 사회에 적응할 수 없었다. 블레츨리의 인력 지원 문제는 심각한 상태였고 급기야 튜링은 군의 지휘계통을 무시하고 윈스턴 처칠 수상에게 직접 그 문제에 대해 호소했다. 해독된 에니그마를 모두 볼 수 있었던 처칠은 블레츨리에서 요구하는 모든 것은 언제나 최우선순위로 지원해 줄 것을 지시했다.

컴퓨터를 만들다 | 전쟁 이후, 튜링은 당시로는 선구적이었던 컴퓨터 개발 작업에 참여했으며, 이후에는 맨체스터 대학의 컴퓨터연구소 소장으로 부임하여 세계 최초의 일반용 컴퓨터를 개발해냈다. 하지만 그의 커리어의 절정에, 그는 다른 분야에 더 관심을 갖게 되었다. 그의 관심 분야는 손잡이이론 theories of handedness과 관련이 있는 것들이었다. 튜링은 생물학적 구조에 관

▲ 2차 세계대전 당시 독일군이 암호화 작업에 사용했던 에니그마.

한 수학적 접근에 관심을 갖게 되었다. 예를 들어, 왜 브로콜리의 머리가 피보나치 수열을 따르는지에 관한 것 등이었다.

그가 특별히 관심을 가졌던 것은 대칭적인 환경에서 어떻게 비대칭인 구조들이 생겨나는지에 관한 문제였다. 그는 화학반응식이 비선형이라는 데서 그 해답을 찾았으며, 이는 그의 창조적인 과학적 사고력을 보여주는 또 하나의 예라고 할 수 있다. 이 생각을 증명하기 위한 계산은 너무나 방대해서 손으로는 불가능한 것이었다. 하지만 그에게는 컴퓨터가 있었으며, 화학반응들을 컴퓨터를 통해 테스트했다. 이는 비선형 동태이론의 토대가 되는 획기적인 연구였으며, 현대 카오스이론과 금융시장의 복합적 모델링의 기초가 되었다.

치명적 유혹 │ 튜링의 독특성과 사회적 규범에 대한 무관심은 1952년 그에게 비극이 되어 돌아왔다. 맨체스터에서 산책을 하던 중에 19세의 노동자 청년 아놀드 머레이를 마음에 품게 되었고, 그들의 관계는 서로의 필요에 부합했다. 하지만 튜링이 BBC라디오에 "전자계산기의 음성 인식이 가능한가"라는 주제를 토론하기 위해 방송국에 가 있는 동안 그의 내연남 머레이는 친구가 빈집을 털 수 있도록 도와주었다. 그들은 튜링이 동성애 문제가 폭로될 것을 염려하여 경찰에 신고하지 못할 거라 생각했다. 하지만 튜링은 곧바로 신고했다. 그러나 이는 튜링에게 치명적인 결과로 돌아오고 말았다. 도둑에 대한 수사 과정에서 튜링은 머레이와의 부적절한 관계에 대해 얘기했고, 경찰은 그를 풍기문란에 관한 법률 위반으로 구속할 수밖에 없었다(1885년에 오스카 와일드도 이 법으로 구속되었다).

튜링은 집행유예 2년을 선고받았고, 에스트로겐 호르몬 치료요법을 명령받았다. 그럼에도 불구하고 겉으로는 큰 문제가 없는 듯 보였다. 그의 동성애 사건은 언론에서 크게 다루어지지 않았고, 호르몬요법의 효과가 다하자 그리스로 밀월여행을 다녀오기도 했다. 하지만 다른 문제들이 있었다. 종전 이후에도 튜링은 영국 정보부의 일을 계속해 왔으나 동성애 사건으로 정보부에서 해임되었다. 동성애자들은 공갈 협박의 대상이 되는 경우가 많아 보안상 문제가 된다는 이유였다. 튜링은 자신이 너무나 많은 기여를 한 사회로부터 쓰디쓴 소외감을 맛보아야 했다. 믿음과 신념에 금이 간 것이다. 튜링은 과학 밖에서 그 해결책을 찾았다. 톨스토이의 작품에 심취하기도 했으며, 심리학자 융의 상담을 받기도 했다. 그러나 1954년 6월 7일, 청산가리가 발라진 사과를 먹고 죽었다. 이에 대해 그가 암살되었다는 음모가 제기되기도 하지만 아마도 이는 성공적인 자살 기도였을 가능성이 더 높은 것으로 '추측' 된다.

왼손잡이들의 공통점

1. 동성애 친구 크리스토퍼의 죽음에 오랜 기간 슬퍼했던 튜링의 모습은 앨버트 공의 죽음에 대한 빅토리아 여왕의 애도와 흡사한 면이 있다. 튜링은 크리스토퍼의 집에 머물기도 했으며, 그의 어머니가 1941년 사망할 때까지 서신을 주고받았다. 매우 이성적이며 감성이 결여된 인물이었던 튜링이 이런 모습을 보였다는 것은 무척 흥미롭다. 빅토리아 여왕과 튜링은 자신의 첫사랑의 죽음으로부터 평생 동안 자유롭지 못했다. 빅토리아 여왕에게는 그 이후로 다른 연인은 없었다. 튜링은 크리스토퍼 이후에도 다른 연인들이 있었으며, 육체적인 관계를 맺기도 했지만 정작 크리스토퍼와는 그런 육체적 관계는 없었을 가능성이 높다. 그럼에도 불구하고 다른 연인들과의 관계에는 크리스토퍼와의 사이에 있었던 로맨틱한 감정은 없었던 것으로 보인다. 크리스토퍼는 그의 첫사랑이자 처음으로 만난 진실한 친구였다.

2. 튜링은 왼손잡이가 동성애적 성향을 가질 가능성이 높다는 최근의 캐나다 연구 결과를 뒷받침해주는 인물 중 하나이다. 왼손잡이가 되는 원인에 관한 연구결과에 의하면, 자궁 속에서 테스토스테론의 영향을 받아 우뇌의 기능이 향상된다는 것이다. 튜링이 살던 시대에는 동성애가 치료 가능한 '질병'으로 인식되었다. 치료 방법은 호르몬요법을 통한 것이었다. 흥미로운 사실은, 동성애자들이 남성성이 부족하다는 이유로 테스토스테론 요법을 사용했으나 실패로 돌아갔다는 것이다. 오히려 환자들의 성욕은 증가했다. 튜링에게는 여성 호르몬인 에스트로겐이 사용되었다. 그 결과로 체중이 늘어나고 가슴이 커지는 등의 생리적 현상이 나타났으며, 치료가 끝나고 1년 후 그는 자살로 추측되는 죽음을 맞이했다. 테스토스테론에 의해 나타난 왼손잡이적인 천재성이 호르몬에 의해 영향을 받아 나타난 결과는 아닐까?

앨런 튜링의 왼손잡이 기질

직관력 | 튜링의 수학적 직관력은 대단했으며, 어떤 분야에 대한 사전 조사 없이도 결론을 이끌어내곤 했다.

시각·공간 능력 | 튜링은 추상적인 수학 문제를 현실에 적용하는 데 탁월했다.

수평사고 | 튜링은 관념을 실제화하고, 실제를 관념으로 전환하는 특별한 정신적 능력을 소유했다.

고독 | 수학자로서 튜링은 홀로 문제를 푸는 것을 선호했다. 학창 시절의 친구 크리스토퍼와 함께 했던 시절 외에는 감정적으로 고독한 삶을 살았다.

인습타파 | 튜링은 동성애적 성향을 부끄러워하지 않았다. 튜링을 통해 이루어진 '창조적 무질서' 상태의 블레츨리 파크 조직은 맹목적인 권위에 대한 그의 경멸을 고스란히 보여줬다.

독학 | 튜링은 다섯 살의 나이에 3주 만에 글을 읽는 방법을 터득했으며, 성인이 되어서도 독창적인 방법으로 아이디어들을 제시했다. 교실의 형식에 구애받지 않았던 튜링은 뛰어난 수학적 업적을 이룰 수 있었는데 이는 독창적인 방식으로 이룬 것들이었다.

실험정신 | 어릴 적부터 화학실험을 좋아했던 튜링은 수학적 결과물들을 실제적으로 증명해줄 기술과 기계에 관심이 많았다. 그는 수학 천재였을 뿐만 아니라 실험정신 또한 투철했다.

Jimi

Hendrix

지 미   헨 드 릭 스 만 큼 한 악기의 사용법을 명확하게 보여준 사람은
몇 명 되지 않는다. 〈롤링스톤*Rolling Stone*〉에 의해 사상 최고의 기타리스트로
평가된 그는 비정통적 왼손 연주, 초보적 전자음향 기술의 포용, 자신만의 독
특한 비전에 대한 강박관념의 추구 등이 조합되어 악기의 음향학적 가능성을
강력하게 확장시켰다. 가난에 찌든 어린 시절과 엄격한 음악가 견습생 시절을
거쳐 헨드릭스는 1960년대 대스타들 중 한 명으로 떠올랐으며, 그의 대륙간 혼
혈 밴드인 지미 헨드릭스 익스피리언스Jimi Hendrix Experience와 함께 백인
청중이 압도적으로 많은 곳으로 건너간 최초의 아프리카계 록스타가 되었다.

불행으로 얼룩진 어린 시절 │ 지미 헨드릭스는 워싱턴 주 시애틀의 가난한
다인종 구역에서 태어났다. 그는 어머니 루실Lucille과 아버지 알Al이 갑자기
결혼을 하도록 한 원인이었다. 알 헨드릭스는 2차 대전에 징집되리라는 것을
알고 서둘러 16살의 루실에게 청혼했고 그 결과 지미를 임신하게 되었다. 그
후 알은 전쟁터로 가버렸고 지미는 친아버지를 만나기도 전 3살 때 양아버지
와 살고 있었다.

루실과 알은 둘 다 술을 많이 마셨으며 직업을 얻는 데는 신통치 못했다. 그들은 싸우고 갈라서는 일을 계속해서 반복했고 아이들은 공식과 비공식적인 입양제도의 범위 내에서 자주 이리저리 흩어졌다. 유전적으로 그들은 훌륭한 배합이 아니었다. 지미와 그의 동생 레온Leon은 건강했으나, 그들의 동생들은 운이 좋지 않았다. 조Joe는 이중치아와 내반족 및 구개파열을 안고 태어났고, 캐시Kathy는 맹인이었다. 파멜라Pamela는 건강에 이상이 있어 일찍 죽었다. 또한 알프레드Alfred는 발달장애가 있었다.

네 명의 어린 동생들은 부모와 함께 보내는 시간이 거의 없었고, 알은 지미와 레온을 제외한 나머지 모두에 대해 자기가 아버지라는 것을 인정하지 않았다. 결국 부부는 헤어졌고 루실은 술독에 빠져 생활이 엉망이 되었으며 매춘에 가까운 타락으로 나날을 보냈다. 헨드릭스는 어린 시절의 대부분을 아버지와 함께 살았다. 알은 아이들에게는 엄격하면서(때로는 과격하게), 자기 자신은 방탕한 생활을 추구하는 전형적으로 위선적인 부모였다. 그 결과 지미는 대체로 소극적 반항아로 성장했지만 음악가로서는 극도로 경쟁적이었으며, 술을 마시면 통제가 불가능한 성향이 있었다.

최초의 기타 | 지미는 기타를 갖기 오래 전부터 기타에 매료되어 있었다. 어렸을 때 지미가 좋아한 영화 중 하나는 '자니 기타Johnny Guitar' (1954)였다. 이 서부영화에서 주인공은 일몰 속으로 말을 타고 사라지는데 등 뒤에는 장총 대신 기타를 둘러메고 있다. 아버지 알에 의하면, 지미에게 방을 깨끗하게 치우라고 명령한 뒤 돌아와 보면 바닥에 온통 지푸라기를 휘날리며 빗자루를 들고 연주 흉내를 내는 아들을 발견하곤 했다고 한다. 그의 첫 번째 기타는 다른 아이가 내버린 고장 난 외줄 어쿠스틱 기타였다.

알은 아들이 기타를 연주하는 데 너무나 많은 시간을 보낸다고 야단을 치면서도 그에게 5달러짜리 오른손잡이용 어쿠스틱 기타를, 그 다음에는 하얀색 슈퍼 오자크Super Ozark 전자기타를 사주었는데, 이것들은 헨드릭스가 갖게

◀ 어린 헨드릭스는 오른손잡이용 기타를 줄의 위치를 바꿔서 거꾸로 들고 연주했다.

된 정식 첫 기타였다. 기타에 줄을 꿸 수 있게 되자 그는 줄을 거꾸로 끼워서 신들린 듯이 연주했다. 그는 이유는 몰랐지만 오른손으로 기타를 연주하는 것이 본능적으로 맞지 않는 것 같았다. 왼손잡이 기타는 매우 드물었고 더 비쌌으므로 지미는 현재 가지고 있는 기타로 그럭저럭 할 수밖에 없었다. 그래서 그는 기타 줄을 완전히 바꿔 끼워서 왼손으로 연주할 때 저음 E 줄은 꼭대기에 두고 고음 줄들은 밑으로 가게 했다.

역사상 많은 위대한 왼손잡이들과 마찬가지로 헨드릭스가 정규교육을 받지 못한 것이 아마도 독특한 재능을 발휘하는 데 결정적 요소로 작용했을 것이다. 공상가 소년인 그는 학교와 아버지로부터 오른손을 쓰도록 강요받았다. 그의 성적은 학교를 빼먹고 동네를 어슬렁거리거나 기타를 치면서 점점 더 나빠졌다. 초등학교 때 B와 C를 받아오더니 점점 나빠져서 마침내 9학년을 다시 다닐 수밖에 없었다. 아버지는 그것을 기타 연주 탓으로 돌렸고 지미는 아버지가 화가 나서 기타를 때려 부술까봐 친구 집에 숨겨야 하는 일이 자주 벌어졌다.

헨드릭스의 집에서 친구들이 모여 악기 소리를 크게 낼 때면 알은 음악이 밥 먹여주느냐고 소리를 지르곤 했다. 9학년을 다시 다닌 후 지미는 학교 다니는 것을 완전히 중단하고 동네를 이리저리 돌아다니면서 모든 동네 음악가들과 즉흥연주를 하거나 남의 연주를 관찰하고 따라하면서 시간을 보냈다. 이때쯤 그의 첫 번째 밴드인 벨베톤스Veletones에서 최초로 직업으로서 연주를 했지만 그때까지 지미는 첫 여자 친구였던 베티 진Betty Jean과 데이트를 할 때 햄버거를 살 돈도 없었다.

지미가 전자기타를 연주하기 시작하자 기타 줄의 순서가 소리를 앰프로 전달해주는 픽업에 의해 달라짐으로써 음색도 달라지게 되었다. 그 결과, 저음줄은 밝고 고음줄은 감미로워졌다. 당시 헨드릭스는 주로 팬더 스트라토캐스터Fender Stratocaster로 연주했다. 그것을 거꾸로 연주하는 것 또한 그가 톤/볼륨 노브tone/volume knobs와 트래몰로 바(전음장치)에 쉽게 손이 갈 수 있게 해주었는데, 이는 헨드릭스의 독특한 음이 본질을 이룰 수 있도록 해주었다.

헨드릭스는 악보를 읽거나 쓰는 법을 배운 적이 없었다. 다 빈치가 자신의 눈으로 사물을 관찰했듯이 그도 똑같은 방법으로 귀를 사용했다. 헨드릭스는 끊임없는 연주와 즉흥적 변주를 통해 귀를 훈련시켰다. 그는 다른 기타 연주자들의 소리를 쉽게 흡수했고 그 자신만의 독특한 스타일을 개발하여 부지런히 노력함으로써 그 스타일에 충실했다.

예를 들어, 후에 그가 리틀 리처드Little Richard, 아이크 앤 티나 터너Ike and Tina Turner와 샘 쿡Sam Cooke 같은 음악가들의 조수로 일할 때 그는 자주 현란한 기타 스타일과 화려한 독주를 조절하지 못한다는 이유로 해고되곤 했다. 헨드릭스가 독특한 이유 중 하나는 그의 연주는 이론적인 흉내만으로는 배울 수 없다는 점이다. 대신 그는 오른손잡이가 하는 것을 관찰하고 나서 그것을 왼손잡이가 어떻게 할 것인가를 연구해야 했다. 오른손을 왼손으로 변환시키는 이 부가적 과정과 그 과정에서 빚어내는 필연적인 즉흥연주는 그 당시 23세가 된 그가 폴 매카트니와 에릭 클랩튼Eric Clapton 같은 세계적 유명 기타 주자들을 포함한 수많은 사람들을 넘어서는 독창성의 가장 큰 요소였다.

군에서 쫓겨나 록의 천재로 │ 학교를 그만둔 뒤 헨드릭스는 음악가로서의 삶을 이어나갈 수 없었다. 차량 도난과 관련하여 체포된 뒤 그는 감옥생활 대신 군복무를 하게 되었다.

수많은 왼손잡이의 경우처럼 군대에서 헨드릭스는 줄을 제대로 못 맞추는 것으로 판명되었다. 그는 정신에 문제가 있는 군인으로 진단되어 추방되었다. 그의 추방에 대한 기록에는 "이 사람은 군대의 규칙과 규율을 지킬 수 없으므로 추방을 권고한다. 침대검사에서 불합격, 작업 시간 중 취침, 불만족스러운 의무 수행. 항상 필요 이상의 감시가 필요함. 소대원들에 의해 자위행위가 목격됨"이라고 적혀 있었다.

그의 인생관은 군 상관 중 한 명이 작성한 다음과 같은 관찰기록에 나타난

◀헨드릭스는 악보가 아닌 '색(色)'을 연주하고, 연주하는 동안 머릿속에 있는 음악을 본다고 주장했다.

▶헨드릭스는 모든 면에서 록큰롤식 생활양식을 받아들였다. 그는 머리, 옷의 치장에 많은 관심을 기울였다.

다. "헨드릭스 병사는 근무가 없는 시간에는 악기를 연주하거나 그렇게 한다고 스스로 말한다. 이것은 그의 과오 중 하나이다. 왜냐하면 그의 정신은 의무수행과 동시에 기타를 생각하면서는 작동할 수 없기 때문이다." 헨드릭스는 기타 연수에 관해 너무 외골수라서 그것 외의 다른 모든 것에 대해서는 소심한 태도를 보였다. 그는 왼손잡이 몽상가였으며 이것은 그의 로큰롤적 생활방식과 그에 따른 마약 복용이 일상적인 현실에서 점점 멀어지게 함에 따라 점점 더 명백해져갔다.

만약 그가 그토록 불량한 군인이 아니었더라면 그의 인생은 아주 다른 방향으로 흘러갔을지도 모른다. 음악, 인기, 환각제, 여자 대신 그는 많은 그의 어릴 적 친구들에게 닥친 운명처럼 베트남 정글에서 냉전을 수행했을지도 모른다. 그의 타고난 왼손잡이식 적응 불능이 그의 생명을(적어도 잠시 동안은) 구했는지도 모른다.

군대에서 추방된 후 헨드릭스는 군대 동료인 베이스 기타 주자 빌리 콕스Billy Cox와 함께 킹 캐주얼스King Kasuals를 결성했는데, 후에 빌리 콕스는 밴드 오브 집시Band of Gypsys와 우드스탁Woodstock에서 그와 함께 연주하게 된다. 이후 3년 동안 헨드릭스는 자기와 같은 흑인이 출연하는 나이트클럽인 치틀런 서킷(Chitlin Circuit: 미국의 동부와 남부 주에 있는 흑인 화합 장소)에서 밴드와 연주를 하다가 점점 더 큰 무대의 악단에서 연주를 하면서 돈을 모았다. 하지만 그것은 힘든 생활이었다.

대부분의 음악가들은 생존을 위해 일당을 받고 일을 하기도 한다. 그러나 헨드릭스는 너무나 특이했다. "사람들은 직업이 없으면 굶어죽을 수밖에 없다고 말한다. 그러나 나는 음악 이외의 직업을 갖기를 원치 않았다. 나도 자동차 배달과 같은 몇 가지 직업을 가져 보았지만 일주일 남짓 후에는 항상 그만두곤 했다." 서서히 그는 명성을 쌓아가기 시작했으나 대부분의 시간을 굶으면서 보냈고 음식과 숙박 등을 해결하기 위해 여성들의 친절에 의존할 수밖에 없는 상황은 끝나지 않았다. 헨드릭스의 진정한 전환기는 1966년 키스 리처드

Keith Richard의 부인인 린다를 도왔을 때 찾아왔다. 그녀는 업계에서 영향력이 있는 많은 사람들에게 그의 연주를 적극적으로 홍보했다.

헨드릭스는 채스 챈들러(Chas Chandler: 애니멀즈의 베이스 연주자였다가 매니저가 된)에게 소개되있다. 그는 헨드릭스를 런던으로 데리고 갔는데 거기서 헨드릭스는 재능 있는 기타리스트들을 압도하면서 첫 번째 히트를 기록했다. 대부분 보수적이고 극도로 계급적 구조이며 인종적으로 제한적인 1960년대 미국의 음악 환경에는 그를 위한 자리가 없었기에, 그는 자기 재능을 충분히 발휘하기 위한 청중을 발견하기 위해 런던의 고도의 쾌락주의적인 개인주의를 택했다.

허무한 죽음 | 런던에서 그는 음악적 재능을 발현할 수 있었고 음악 인생에 도움이 될 수많은 사람들을 만날 수 있었다. 오른손잡이용 기타를 왼손으로 연주하는 것은 대다수의 다른 기타 연주자들과 차별화될 수 있는 이점을 제공했다. 그것은 또한 그가 전자기타가 연주되는 모든 방법을 변화시킬 끝없는 혁신의 길에 들어서게 했다. 그가 영국에 처음 도착했을 때, 브라이언 오거 트리니티Brian Auger Trinity와 함께 무대에서 즉흥연주를 했는데, 그 그룹의 기타 연주자인 빅 브릭스Vic Briggs는 초기 마샬 앰프를 사용하고 있었다.

브릭스는 한번도 앰프를 5 이상으로 튼 적이 없었다. 헨드릭스는 플러그를 꽂고 나서 앰프를 최고조로 올렸으며 기타를 낮추고는 벽의 피드백과 마샬 앰프로부터의 소리의 일그러짐으로 청중을 압도하기 시작했다. '더 후 앤 크림 The Who and Cream'과 더불어 헨드릭스는 마샬 스택의 사용과 연쇄적 증폭에 의한 음량 증가 과정을 개척했다. 더 중요한 것은 각종 효과음을 혁신적으로 사용한 것이다. 영국에 도착해서 헨드릭스는 옥타비아Octavia와 퍼즈 페이스Fuzz Face 페달을 발명한 전자 전문가 로저 메이어Roger Mayer와 가까워지게 되었다. 그들은 음을 부정확하게 증폭시켜서 음정을 풍부하게 하는 데 도움을 주었다. 그의 뒤집힌 기타줄 배열과 마샬이 결합한 효과는 그의 무거운 사이키델릭(환각 상태를 연상시키는) 음악을 창조하는 데 가장 중요한 요소였다. 1967년 한동안 메이어가 전적으로 헨드릭스와 함께 작업한 음향학적 탐구는 오늘날 사용되는 많은 기타음의 기초가 된다.

헨드릭스는 또한 와와wah-wah 페달의 가능성을 완벽하게 이용한 최초의 기타 연주자였다. 헨드릭스의 기타에 대한 독창성은 왼손잡이가 독특한 목적에 맞추어 목표를 적응시키는 전형적인 경우이며, 모든 왼손잡이가 오른손잡이 세계에서 살면서 배우게 되는 것이다.

헨드릭스의 첫 번째 앨범 'Are You Experienced'는 1967년에 발매되었는데, 또 다른 왼손잡이 음악 천재 폴 매카트니를 부각시킨 비틀즈의 Sgt. Pepper's Lonely Hearts Club Band가 동시에 발매됨으로써 영국에서 1위에 오르는 데는 실패했다. 헨드릭스는 이제 흑과 백 양쪽, 그리고 점점 더 다인종 시장에도 관심을 갖는 미국에서 복합예술가로서의 성공과 함께, 록의 최상층에 진입했다. 1969년 8월 헨드릭스는 우드스탁에서 연주할 즈음 최고 인기 연예인이었고 세계에서 가장 잘나가는 스타 중의 한 사람이었다.

그러나 헨드릭스에게 록의 신이 되는 것은 그만큼의 대가를 치르게 했다. 1년이 조금 더 지난 1970년 9월 18일, 역사상 가장 위대한 왼손잡이 기타 연주자는 약과 알코올 과다복용으로 런던의 한 아파트에서 시신으로 발견되었다. 그때 그의 나이 겨우 27세였다.

왼손잡이들의 공통점

1. 헨드릭스가 유일한 위대한 왼손잡이 기타리스트는 아니다. 다른 영향력 있는 왼손잡이 연주가에는 2003년 〈롤링스톤〉에서 투표로 2위를 차지한 1960년대의 올맨 브라더스Allman Brothers 밴드의 듀안 올맨이 포함되어 있다(헨드릭스가 그 뒤를 따랐다). Top 100명 안에 들어간 다른 왼손잡이 기타리스트에는 너바나의 커트 코베인(12), 블루스 기타리스트인 마이크 블룸필드(22), 다이어 스트레이트의 대 연주자 마크 노플러(27), 서프 기타의 개척자 딕 데일(31), 킹 크림슨의 로버트 프립(42), 세계 최고의 무명 기타리스트 대니 게튼(63), 록블루스의 전설 조니 윈터(72)와 블랙 사바스의 도끼 사나이 토니 아이오미(86)가 있다. 이 명단에 있어야 하지만 없는 연주가는 블루스 기타리스트인 알버트 킹이다. 그의 영향력 있는 줄을 당기는 연주 스타일은 그가 왼손잡이이고 스스로 오른손잡이용 기타의 줄을 밑으로 내려 거꾸로 들어 연주하는 법을 터득했다는 사실의 결과이다. 다른 왼손잡이 기타리스트에는 컨트리 예술가 레프티 프리젤, 현재 딥 퍼플의 기타리스트인 스티브 모스, 스매싱 펌킨스의 빌리 코건 그리고 브릿팝 밴드 오아시스의 노엘 갤러거가 있다.

2. 오른손을 사용하라고 강요받은, 특히 오른손으로 글씨를 쓰라고 강요받은 본래 왼손잡이인 아이들은 종종 말을 더듬게 된다는 이론이 있다. 이 이론은 헨드릭스의 경우를 뒷받침한다. 아마도 헨드릭스가 노래 부르는 것에 극도로 자신감이 없었던 이유 중 하나가 말을 더듬어서였을 것이다. 심지어 그는 대스타였지만 노래 부르기를 싫어했고, 완벽주의자이기 때문에 스튜디오 앨범에 자신의 목소리를 녹음하는 데 대단히 오랜 시간이 걸렸다. 만약 그의 아버지가 그에게 오른손을 쓰게 하려고 노력하지만 않았다면 헨드릭스는 노래를 통해 더 훌륭한 곡을 남겼을 것이다. 그러나 헨드릭스가 말을 하는데 자신감이 부족한 탓으로 노래를 부르는 것을 수줍어하고 상처를 잘 받는 것은 또한 그의 매력의 한 부분이다. 말을 더듬던 또 다른 유명한 왼손잡이에는 루이스 캐럴이 있다.

3. 헨드릭스의 성격에서 중요한 특징 중 하나는 기타를 향한 한결같은 집념이다. 이로 인해 그는 종종 세상과 단절하곤 했다. 그러나 이러한 성격이 음악과 관련해서는 달랐다. 그는 냉혹하고 경쟁적이고 완벽주의자이고 특히 약물 흡입이 늘어나면서 화를 잘 내고, 편집증적인 경향을 보였다. 이러한 성격의 특징들은 뉴턴을 닮았다.

4. 지미 헨드릭스의 부모 둘 다 심한 술꾼들이었고 지미는 어느 정도는 그런 기질을 물려받았다. 그는 많은 종류의 약물에 손을 댔다. LSD(환각제), 마리화나, 헤로인, 코카인, 각성제, 알코올, 진정제들은 치료를 위한 중요한 존재들 일부였다. 스탠리 코렌Stanley Coren 박사는 〈왼손잡이 신드롬The Left-Hander Syndrome〉에서 왼손잡이들이 독서 장애자, 정신분열자, 약물 남용자가 될 가능성이 높고 일찍 죽는다고 주장했다. 그의 이론은 왼손잡이는 자궁에 있을 때 받은 손상 때문이라는 것이다. 한 명의 천재와 많은 유전상의 실패를 가지고 있는 헨드릭스 가족의 경우에 비추어 볼 때 이 이론은 흥미롭다. 불행하게도 헨드릭스는 우발적인 수면제 과다복용 이후 요절한 것이라는 주장을 뒷받침해주었다.

요절한 다른 왼손잡이들에는 알렉산드로스 대왕, 잔 다르크와 라파엘이 있다. 젊은 나이에 죽은 다른 왼손잡이 뮤지션에는 커트 코베인, 마이크 블룸필드와 블루스 하모니카의 거장 폴 버터필드가 있다. 오른손잡이 세상에서 왼손잡이로 살아가는 것은 특히 기계를 사용할 때 위험하다. 그러나 모든 사람들이 왼손잡이들의 요절에 관한 통계를 받아들이는 것은 아니다. 오른손잡이들이 더 오래 사는 것처럼 보이는 다른 이유는 나이가 든 왼손잡이들은 오른손잡이가 되도록 강요받았을 것이고 그래서 왼손잡이들이 더 적은 것이다. 또 다른 이유는 여자가 남자보다 더 오래 사는 경향이 있는데, 여자 왼손잡이는 남자보다 적다. 이 책에 소개된 많은 왼손잡이들은 대부분 고령의 나이까지 살았다.

지미 헨드릭스의 왼손잡이 기질

〜

직관력 ｜ 낱장 악보를 보고 연주하는 고전 음악가들을 제외하고 대부분의 뮤지션들은 즉흥적으로 연주를 할 수 있어야 한다. 이는 함께 연주하는 뮤지션들의 움직임을 예상해야 하기 때문에 중요한 직관력을 요구한다. 반주 악기 연주자로서 그리고 후에 밴드의 리더로서 헨드릭스는 이에 능했다. 또한 그는 다른 기타 연주자들의 스타일을 받아들였다.

감정이입 능력 ｜ 이 능력에 대한 증거는 헨드릭스가 어디를 가든 그를 후원하고 그의 주장을 옹호하는 여성들이 많았다는 사실에서 볼 수 있다.

화를 잘 내는 성격 ｜ 헨드릭스는 폭력적이고, 술에 취해 격분하는 성향이 있다. 한번은 런던에서 공중전화로 전화를 걸고 있던 여자 친구에게 주먹을 휘둘렀다. 그녀가 다른 남자에게 전화를 건다고 생각했기 때문이었다. 또 한번은 그녀의 머리에 보드카 병을 던져 상처를 입힌 적도 있다. 1968년에는 술을 많이 마신 후 스톡홀름 호텔방의 물건들을 닥치는 대로 부숴 경찰에 체포됐다.

인습타파 ｜ 헨드릭스는 반란이 정상적인 것처럼 보이던 시대를 살았다. 그러나 그는 전기의 힘으로 연주하는 어쿠스틱 기타보다 전자기타를 독특한 악기로 만드는 데 열심이었다. 그가 우드스탁에서 왜곡해 연주한 'Stars and Stripes'는 그의 세대의 성가가 되었다.

독학 ｜ 헨드릭스는 귀와 눈으로 공부했고 음악을 읽고 쓰는 법을 배운 적이 없다.

실험정신 ｜ 헨드릭스는 특히 페달과 기타의 새로운 소리를 시험하는 것으로 유명했다. 또한 스튜디오에서는 완벽주의자이자 혁신자였다. 그의 스튜디오는 입체음향 녹음기술에 있어서 남들보다 앞서 있었다. 그는 기타를 조율하여 반음을 낮춘 뒤 흔치 않은 E 플랫으로 연주를 헸는데, 이는 그의 독창성을 높여주었다.

공상가 | 헨드릭스는 자주 현실 도피를 추구했고, 이러한 성향은 끊임없이 여행을 다니고 여자와 술, 약물과 함께하는 로큰롤 생활양식에 의해 더 극대화되었다.

Paul McCartney

비틀즈와 폴 매카트니가 없는 팝음악을 상상하는 것은 불가능하다. 기네스북에 따르면 매카트니는 역사상 그 어느 작곡가보다 더 많은 레코드를 판매(4억 장)했고, 50곡에 달하는 빌보드 차트 1위 히트곡을 작곡했다. 그의 곡 'Yesterday'는 전세계 라디오 방송국에서 가장 많이 방송된 노래로 남아 있다. 미국 라디오와 TV에서만 7백만 회 이상, 3,000개 이상의 버전으로 연주되었으며, 역사상 가장 많이 방송된 곡으로 평가받는다. 비틀즈는 2004년 〈롤링스톤〉에서 선정한 '역사상 최고의 예술가 100인' 중에서 압도적인 1위였다.

매카트니는 그의 존재만으로 지구를 영광스럽게 한 최초의 팝음악계의 억만장자였다. 그의 대중적 이미지는 주로 비틀즈 멤버 중 '좋은 사람'으로 남아 있는데, 특히 그의 오랜 동료 작곡가 존 레논과 비교해서 그러하다. 그러나 이것만으로는 복잡하고, 창조적이며 실험적인 그의 작품을 완전히 파악할 수는 없다. 매카트니는 수백만 명의 뇌리에 박혀 있는 멜로디를 시간을 초월한 곡으로 만들었을 뿐만 아니라 팝음악에 전자음악을 사용한 싸이키델릭 음악을

▶ 베이스 기타를 연주하는 매카트니, 1966년.

개척했고, 세계 최초의 헤비메탈 곡인 'Helter Skelter'를 작곡했다.

그러나 그는 이미 얻은 명예에 안주하여 만족하지 않았다. 비틀즈가 해체되자 '윙스Wings' 밴드를 아내 린다와 함께 결성했는데 이 밴드 역시 1970년대 내내 수많은 곡을 히트시켰다. 폴 매카트니는 광범위한 왼손잡이의 특징과 재능을 가진 쉼 없는 창조적 혁신자로서, 이후 마이클 잭슨에서부터 슈퍼 퍼리 애니멀즈에 이르기까지 많은 사람들과 다양한 음악적 모험에 영향을 주었고, 창조적 영역을 그림과 시에도 확장시켰다.

음악과 함께 | 폴 매카트니는 1942년 잉글랜드 리버풀에서 아일랜드 노동자계급의 부모에게서 태어났다. 어머니 메리Mary는 산파였다. 아버지 짐Jim은 1920년대에 트럼펫 연주자, 피아노 연주자, 재즈밴드 지휘자로 부업을 했으나 주로 목화 중개회사에서 일을 했다. 짐은 악기들을 귀로 익혔으며 두 아들에게도 음악을 가르쳐주었다. 한때 매카트니는 자기가 가지고 있는 화성에 대한 남다른 청력은 피아노 앞에 가족이 모여서 노래하는 동안 개발된 것이라고 말했다. 매카트니의 아버지는 아들에게 트럼펫을 주었으나 매카트니는 미국식 리듬 앤드 블루스에서 파생된 스키플(skiffle: 1950년대 후반에 유행한 재즈와 포크가 섞인 음악—옮긴이) 음악을 접하자 트럼펫을 기타와 바꿔버렸다. 처음에는 악기가 성가신 것이라고 생각되었다. 그러나 미국의 컨트리음악 스타인 슬림 휘트먼Slim Whitman의 광고 포스터를 보고는(그는 부상 때문에 오른손잡이 기타를 왼손으로 연주했다) 기타를 연주하기 시작했다.

헨드릭스와 마찬가지로 매카트니는 음악을 배우는 데 있어 이론적 형태보다는 경험에 의한 방법을 선호하는 왼손잡이 음악가였다. 한번은 〈선데이 타임스 Sunday Times〉에서 이렇게 말했다.

학교에서 음악교육이라고 불리는 것에서는 아무것도 배운 것이 없다. 우리가 음악실로 몰려가면 선생님은 레코드를 틀고 나서 교실을 나갔다.

그러면 우리는 레코드를 꺼버리고 문에 보초를 세운 다음 담배를 피우면서 카드놀이를 했다. 선생님이 돌아올 때가 되면 우리는 레코드의 마지막 두어 소절 부분을 틀어 놓았다. 선생님이 그 음악을 어떻게 생각하느냐고 물으면 우리는 이구동성으로 "오! 정말 좋은데요. 굉장합니다"라고 대답하곤 했다.

매카트니는 결코 모범생은 아니었다. 그는 초등학교에서 공부를 잘해 그래머스쿨에 진학하는 세 명 중 한 명이 될 만큼 총명했지만 학업을 마칠 때 A 성적을 받은 과목은 영어뿐이었다.

그의 가정은 부유하지는 않았으나 14살 때 어머니가 유방암으로 죽기 전까지는 그럭저럭 행복했다. 그러나 어머니를 매우 좋아한 그에게 어머니의 죽음은 엄청난 비극이었으며 이 아픔은 그의 인생의 끝 무렵까지 깊숙이 남아 있었다. 비틀즈의 마지막 앨범의 타이틀곡이었던 'Let it Be'는 어머니의 죽음에 관한 것이었다.

세계를 열광시킨 비틀즈 | 15살 때 매카트니는 한 교회행사에서 존 레논과 그의 밴드 쿼리맨Quarrymen을 만나게 되었다. 흥미롭게도 그들이 결합하게 된 한 가지 이유는 두 사람의 어머니가 비슷한 병으로 사망했다는 것이었다. 둘은 결합되기는 했으나 서로 반목하는 관계였다. 레논과 함께 살던 이모 미미Mimi는 매카트니를 사회적으로 그들보다 낮다고 생각했다. 반면 매카트니의 아버지는 나이 많은 레논이 아들을 곤경에 빠뜨릴지도 모른다고 생각했다. 그러나 곧 마음을 바꾸어 쿼리맨이 거실에서 연습하는 것을 허락했다.

매카트니는 레논을 설득하여 어린 친구 조지 해리슨George Harrison을 1958년 수석 기타연주자로 밴드에 합류시켰다. 비틀즈Beatles로 이름을 바꾸자는 제안은 레논의 미술학교 친구이자 베이스 연주자인 스튜어트 서트클리프Stuart Sutcliffe가 내놓았다. 그들의 첫 해외공연 투어는 매카트니와 밴드의 초창기 멤버였던 핏 베스트Pete Best가 한 나이트클럽에서 콘돔에 불을 붙인 뒤 방화범으로 체포되면서 무산되었다. 베스트뿐만 아니라 매카트니 역시 깔끔한 모범생 이미지와는 거리가 멀었다. 그는 레논과 함께 여러 차례 좀도둑질도 저질렀다.

비틀즈는 1962년 첫 번째 싱글앨범 'Love Me Do'를 발매했다. 두 번째 싱글앨범 'Please Please Me'는 수개월 뒤 발매되어 처음으로 1위가 되었고 1963년 들어 비틀즈 열풍이 시작되었다. 그들이 어디를 가든지 트레이드마크인 단정한 머리, 단아한 정장, 리듬 앤 블루스 후렴구, 'I Want to Hold Your Hand'와 같은 서정적 가사에 매혹되어 괴성을 지르는 소녀들이 몰려들었다.

밴드 멤버들은 서로 다른 이유로 유명해졌다. 매카트니는 재미있는 서정적 가사와 멜로디로 명성을 얻었으며 레논은 위트와 내면성으로 유명해졌다. 비틀즈의 음악을 듣고 있노라면 멜로디가 독창적이면서도 쉽고 재미있다는 사실을 발견하게 된다. 이는 매카트니가 갖고 있는 왼손잡이의 특성과 상당한 관계가 있다. 왜냐하면 멜로디와 노래를 부르는 것은 우뇌에서 작동하는 반면 리듬과 음의 고저는 좌뇌에서 담당하는 기능이기 때문이다.

필리핀 투어 중에 일어났던 여러 문제들, 예컨대 무대와 도구의 나쁜 품질, 끊임없이 몰려들어 소리를 지르는 팬들을 제어하는 일에 지쳐 비틀즈는 1966년 투어 공연을 접고 스튜디오 밴드로 전환했다. 그해에 녹음된 앨범인 Revolver는 음악과 제작 양쪽에서 비틀즈 앨범의 새로운 실험의 시발점이었다. 매카트니는 'Eleanor Rigby'와 사이키델릭 송가 'Yellow Submarine' 같은 곡들을 만들어냈다. Sgt. Pepper's Lonely Hearts Club Band는 같은 해 12월에 시작하여 129일 동안의 녹음 기간을 거쳐 완성했으며 역사상 가장 위대한 앨범으로 자리를 잡았다.

같은 왼손잡이인 헨드릭스와 마찬가지로 매카트니와 밴드의 다른 멤버들은 위대한 기술적 혁신가였다. 베이스를 앰프를 통하지 않고 직접 입력 방식을 사용하여 처음으로 녹음한 사람이 매카트니였다. 악단은 와와나 퍼즈 박스

fuzz box 같은 효과음을 사용했고 정상적으로는 해먼드 오르간에 사용되는 회전 레슬리 스피커를 통한 음성 송출을 실험했다. 그외 다른 혁신으로는 자동적 이중 트래킹이 있는데, 이것은 두 트랙 중 하나는 가속 또는 감속시켜 창조되는 코러스나 편집 효과를 가능하게 해주었다. 그들은 또한 기타 부분을 나중에 연주하는 기법을 사용하기도 했다.

이러한 기술적 혁신들은 그에 상응하는 노래 형식에 급격한 변화를 가져왔다. 노래 형식들은 더 이상 처음에 비틀즈를 차트의 정상까지 이끌었던 단순한 곡조들과는 연관이 없어보였다. 난해하고 괴상하며 불가사의한 가사는 전통적 팝송의 가사, 코러스, 중간의 8소절 구조보다 훨씬 더 복잡한 구조와 어울리게 되었다. 이렇게 점점 곡이 더 복잡해진 것은 인도의 전통 악기인 시타르sitar, 하모니카 4중주, 현악기부, 일종의 원시 시제품인 멜로트론Mellotron 같은 건반악기의 새로운 악기 편성 때문이었다.

음악에 대한 실험은 'White Album'으로 더 잘 알려진 The Beatles가 이어나갔다. 그 앨범은 'Blackbird' 같은 매카트니의 아름다운 선율의 걸작품도 포함되어 있지만 'Birthday'나 'Helter Skelter' 같은 어려운 곡들도 포함되어 있다.

비틀즈 시절에 대한 잘못된 상식 중 하나가 레논은 심각한 전위적 인물이고 매카트니는 발라드 작곡가라는 것이다. 여러 가지 면에서 매카트니는 그 누구도 전통적이라고 표현하기 어려운 네 명의 비틀즈 멤버 중에서도 가장 실험적이었다. 비틀즈가 유명해지고 경제적으로 부를 쌓음에 따라 레논, 해리슨 그리고 링고 스타Ringo Starr는 모두 런던 외곽의 부유한 동네에 저택을 구입했으나 매카트니는 혼자 시내에 남아서 활기찬 1960년대의 문화적 창조에 전적으로 매달렸다. 또한 종종 변장을 하고는 심야 나이트클럽에 놀러가곤 했다.

처음 전위무대에 관여하게 된 사람은 레논이 아닌 매카트니였다. 매카트니는 인디카 갤러리Indica Gallery를 설립하고 후원했으며, 요코 오노Yoko Ono가 그곳에 작품을 전시하도록 했다. 거기서 요코 오노와 존 레논은 처음 만났다.

그는 주요 화상(畵商)들과 윌렘 드 쿠닝Willem de Kooning 같은 화가들의 친구
가 되었으며, 실험적 영화와 음악의 세계를 탐구했다.

　예를 들어 1966년에 매카트니는 링고 스타에게서 지하 아파트를 빌려서 시
인들과 아방가르드 음악가들이 녹음할 수 있는 조그만 스튜디오를 설립했다.
그는 또한 환각제를 사용한다고 공개적으로 시인한 최초의 영국 팝스타였으
며 대마초 소지로 체포된 뒤 일본에서 감옥살이를 했다. 레논이 비틀즈의 급
진성을 대표하는 인물이 된 것에 대한 매카트니의 분노가 어느 정도는 밴드의
해체를 가져온 요인이었다.

　매카트니의 음악실험에 대한 애착은 그의 생애를 통하여 내내 고집스럽게
지속되었는데 심지어는 1970년대 그의 창조 정신의 분출구였던 윙스의 'Mull

▲ 첫 번째 아내이자 음악 동료인
린다와 함께 한 매카트니. 그는 그
녀와 함께 1971년에 윙스Wings를
결성했다.

337

▲2005년 잭슨빌에서 열린 제 39 회 슈퍼볼 게임 하프타임 쇼에서 공연하는 매카트니.

of Kintyre' 가 발매되었던 기간에도 그러했다. 헨드릭스처럼 매카트니도 악보를 읽을 줄 몰랐지만 음악가로서 유명해졌다. 그러나 이것은 그가 리버풀 오라토리오Liverpool Oratorio(1991; 칼 데비스와 함께), 스탠딩 스톤Standing Stone(1997) 그리고 에케 코르 메움Ecce Cor Meum(나의 마음을 바라봐 Behold My Heart, 2006)과 같은 고전음악으로 영역을 확대하는 데 걸림돌이 되지 않았다. 그와 동시에 매카트니는 특히 마이클 잭슨이나 엘비스 코스텔로Elvis Costello와 같은 절충적 음악가들과 합작으로 팝음악도 꾸준히 제작했다. 1994년 그는 '소방대원Fireman' 이라는 익명으로 테크노곡을 발매했고, 웨일스 출신의 싸이키델릭 밴드인 슈퍼 퍼리 애니멀즈와 공동으로 작업을 했는데 그들의 앨범 Receptacle for the Respectable(존경받을 만한 그릇)의 리듬 트랙에 매

338

카트니가 셀러리와 당근을 씹는 소리가 녹음되었다.

매카트니는 끊임없는 창조 정신의 분출에 있어서 거의 니체에 버금간다. 1982년 그의 친구인 화가 윌렘 드 쿠닝이 지하 스튜디오를 방문한 것에 고무되어 그림 그리기를 시작했고 1999년에는 첫 전시회를 열었다. 2001년에는 문학에 입문하여 첫 번째 시집 〈노래하는 검은 지빠귀새Blackbird Singing〉를 출판했고 뒤이어 일련의 대중적 작품을 출간했다. 그 후로 그는 어린이 책을 공동제작으로 출판해왔다. MPL커뮤니케이션에서 그의 기업가적 기질이 상당한 수완을 발휘했는데 그중에서도 오프브로드웨이 뮤지컬의 음악 권리를 매입한 것이 가장 주목할 만하다. 뮤지컬 '그리스Grease'는 영화화되었으며 그 영화의 삽입곡은 수백만 장이 팔렸다.

끊임없는 천부적 재능이 신체적 건강에 영향을 미친 니체와는 달리 매카트니는 어머니가 유방암으로 죽기 전 부모의 만족스러운 결혼생활에 기초한 평범한 삶을 유지하면서도 격렬한 창조성을 분출했다. 매카트니는 배우인 제인 애셔Jane Asher와 약혼했다가 미국인 이혼녀 린다 이스트먼Linda Eastman과 결혼했다.

〈인디펜던트Independent〉에 실린 매카트니의 64회 생일 기사에 따르면,

그의 모든 명성에도 불구하고 폴이 가족을 위해 열망하는 것은 행복한 가정생활과 자신의 어린 시절을 잘 간직하는 것이다. 그는 평범한 것을 추구하여 아이들을 현지 중등학교에 보내고 린다가 집에서 요리한 음식(항상 맛있는 것은 아니다)을 먹고 심지어는 어린 시절에 살던 집의 추억을 불러일으키는 다림질 냄새가 나도록 하기 위해 그녀가 직접 세탁을 해야 한다고 고집했다. 점심에 초대된 손님들은 식후 피아노 앞에서 개인 연주를 들을 수 있는 대접을 받지만 그 후에는 설거지를 하게 되어 있었다.

슬프게도 이런 행복은 매카트니에게 오래 주어지지 않았다. 1998년 그의 영

혼의 반려자 린다가 어머니를 죽게 만든 유방암으로 똑같이 사망했기 때문이었다. 그들은 거의 30년 동안 결혼생활을 했는데 그 기간 중 그들이 가장 길게 떨어져 있었던 것은 매카트니가 마약소지죄로 일본의 감옥에서 보낸 8일이었다.

왼손잡이적인 특성으로 볼 때 매카트니는 좀 모순된 면이 있다. 그의 실험적, 인습파괴적 성향은 정상적 가정에 의해 균형을 이루고 있다. 이것은 왼손잡이가 정상적인 것에 적응하기를 원하는 것이라고 볼 수 있다. 그러나 그에 관한 보다 정확한 관점은 그것을 자체적인 창조의 작용으로 보는 것이다. 매카트니와 동시대 사람 중 한 명인 밥 딜런은 그 사실에 대해 "평범한 사람들은 록스타가 되기를 갈망하지만 록스타는 교외에 흰색 말뚝 담장이 있는 집을 꿈꾼다"고 말했다. 이런 의미에서 매카트니의 가정생활은 그가 이루고 싶은 꿈이었다. 그것을 이루는 데는 상당한 직관적 이해력이 요구되었을 것이다. 레논의 암살로 매카트니 가족이 대중 앞에 나타나는 것을 더 조심할 때에도 그의 아이들은 여전히 잉글랜드의 남쪽에 있는 집에서 정상적인 생활을 할 수 있었다.

마약 사용, 명성, 그의 창조적 생활의 실험적 불가피성, 그 모든 것에 덧붙여 성공적인 가정생활도 과소평가할 수 없는 업적이다. 최근에도 매카트니는 이것을 모범적으로 증명하고 있다. 2002년 32세의 헤더 밀스Heather Mills와의 결혼(그녀와의 사이에 딸이 하나 있다)은 이혼소송으로 끝났으며 영국의 저급한 신문에서는 선정적인 기사로 다루어졌다.

왼손잡이들의 공통점

1. 폴 매카트니가 비틀즈의 유일한 왼손잡이 멤버는 아니었다. 능력에 비해 평가절하를 받는 링고 스타도 왼손잡이였다. 그러나 그는 오른손잡이 드럼 키트로 연주함으로써 독특한 음을 냈다. 수많은 비틀즈 음반에서 매카트니가 스타 대신 드럼을 연주했는데 그 역시 오른손잡이 키트를 왼손으로 연주했다.

2. 비틀즈와 동시대 팝음악가인 데이빗 보위David Bowie도 놀랄 만큼 많은 수의 위대한 팝과 록 음악가들처럼 왼손잡이였다. 1960년대와 70년대 유명 팝음악가 중 왼손잡이에는 다음 인사들이 포함된다. 밥 딜런, 밥 겔도프, 폴 사이먼과 아트 가펑클, 주이 갈랜드, 나탈리 콜, 아레사 프랭클린, 레드 제플린의 로버트 플랜트, 아이작 헤이즈, 돈과 필 에버리, 이글즈 Eagles의 글랜 프레이, 제임스 브라운, 섹스 피스톨즈의 썩어빠진 존 리든, 블루스 음악가 폴 버터필드, 마리안느 페이스풀.
더 최근의 팝스타들에는 토킹 헤즈의 데이비드 번, 애니 레녹스, 필 코린스, 에미넴, 조지 마이클, 스매싱 펌킨즈Smashing Pumpkins의 빌리 코건, 커트 코베인, 빌리 레이 사이러스, REM의 마이클 스트라이프, 호주 가수 나탈리 임브룰리아, 콜드플레이의 크리스 마틴과 브리트니 스피어스의 남편 캐빈 패더라인이 있다. 이들 중 몇몇은 오른손으로 악기를 다룬다.

3. 아마도 왼손잡이들의 감정이입 능력과 관계가 있겠지만 다 빈치, 니체, 포드, 간디, 폴 매카트니 그리고 마르티나 나브라틸로바를 포함해 수많은 유명한 왼손잡이들은 채식주의자였다.

폴 매카트니의 왼손잡이 기질

〜

직관력 | 매카트니의 음악적 재능은 이론적이라기보다는 직관적이었다.

감정이입 능력 | 매카트니는 공개적인 채식주의자이자 동물보호운동가이다. 그와 린다는 양고기를 먹고 있을 때 들판에 서 있는 양을 본 후로 채식주의자가 되었다. 그는 또한 동물보호에 대한 관심의 첫 번째 표현으로 1942년 디즈니사가 제작한 영화 '밤비Bambi'를 후원했는데 그 영화에서 아기사슴의 어미는 사냥꾼의 총에 맞는다.

시각 · 공간 능력 | 늦게 꽃피운 매카트니의 미술에 대한 관심은 잠재적이지만 뚜렷한 재능이다. 또한 그의 클래식 음악 중 하나는 일정 수준의 공간 감각을 보여주었는데 그는 오케스트라 악기들을 색깔을 중심으로 배치했다(아마도 LSD의 부수적인 효과였을지도 모른다).

수평사고 | 매카트니는 엄청난 창조력을 가지고 있었지만 또한 음악을 사업적 측면에서 보는 능력도 뛰어났다. 완벽주의자이면서도 다른 음악가들과의 협력으로 성공을 이루어냈다.

화를 잘 내는 성격 | 상냥한 사람이라는 이미지 속에는 완벽주의자 왼손잡이의 좋지 못한 성격이 있을지도 모른다. 헤더 밀스와의 지저분한 이혼이 진행 중일 때 가정에서 폭력을 휘둘렀다는 주장이 방송된 적이 있다.

인습타파 | 비틀즈는 팝음악을 재창조했다. 매카트니는 마리화나 소지 혐의로 여러 차례 체포되었고, 오랫동안 그 합법화를 주장하면서 공개적으로 LSD 복용을 인정한 첫 번째 음악가였다.

독학 │ 매카트니는 가족들이 모여 함께 노래하는데서 음악을 배웠고 정식 레슨에는 전혀 관심을 두지 않았다.

실험 정신 │ 매카트니는 눈부신 독창성의 음악가 겸 작곡가로 자기 자신을 입증시켰다. 쉴 틈 없는 창조적 천재성으로 광범위한 음악 장르에 걸쳐 끊임없이 실험을 했다.

Bill Gates

1985년 내가 대학을 그만두었을 때 나는 컴퓨터를 만져본 적이 없었다. 20년이 지난 지금 마이크로소프트 윈도우, 워드, 엑셀, 핫메일과 같은 소프트웨어 없는 생활은 상상할 수 없다. 빌 게이츠가 고안한 제품들이 당시 다른 어떤 제품보다도 더 큰 영향을 세계에 미쳤다는 것은 틀림없는 사실이다. 그가 고안한 제품들은 비즈니스를 하는 방법, 사람들의 의사소통 방법, 창조력이 그 형태를 갖추는 방법, 문화의 보급 방법 등을 근본적으로 변화시켰다.

이 발명품들이 반드시 게이츠 혼자만의 창작품은 아니지만 그는 하드웨어 대신 소프트웨어의 중요성을 인식한 첫 번째 사람이었고 엄청난 예지 능력으로 이 기술들을 결합시켜 상업적으로 성공할 수 있는 패키지 제품을 만드는 모든 과정에 관여했다. 그 결과 게이츠는 오늘날의 세상에서 가장 부유한 사람이 되었는데, 아마도 인류 역사상 가장 부유한 사람일지도 모른다. 우리의 생활방식을 변화시킴으로써 수십억 달러를 번 그가 이제는 세계에서 가장 관대한 자선사업가가 되어 선진국과 개발도상국 양쪽에 혜택 받지 못한 사람들을 위해 수십억 달러를 되돌려주고 있다. 이는 한순간 뜻밖의 발견을 하여 왼손잡이적 재능으로 그 발견을 최대한으로 활용한 한 인간의 이야기이다.

▶ 빌 게이츠가 미국 법무부의 기소에 대한 마이크로소프트의 입장을 밝히고 있다. 1998년 5월 18일.

컴퓨터에 미친 소년 | 빌 게이츠는 워싱턴 주 시애틀의 부유한 집안에서 태어났다. 그의 증조부는 주의원과 시장을 지냈고, 할아버지는 전국 규모 은행의 부행장이었으며 아버지는 잘 나가는 변호사였다. 한편 어머니는 자선단체와 은행 이사회에서 일하는 특권 계층 출신의 선생님이었다. 게이츠는 세 명의 아이들 중 둘째였는데 나머지 둘은 딸이었다. 어릴 때부터 그는 지적 호기심이 많고 경쟁심도 대단히 많았다. 초등학교에서 그는 거의 모든 과목에서 급우들보다 뛰어났지만 다른 위대한 왼손잡이들처럼 특히 수학과 과학에 애착을 보였다.

명문 레이크 사이드Lakeside학교 8학년 때 몇몇 어머니들이 연례바자회에서 거둔 수익금으로 컴퓨터 전자타자 장치를 구매하고 제너럴 일렉트릭(GE) 컴퓨터에 일정 시간대의 사용권을 확보하는 데 투자하기로 결정했다. 이것은 게이츠가 컴퓨터에 매료되기 시작한 계기가 되었다. 이것은 또한 그가 어떤 일을 하기로 결정할 때 자신의 방식대로 하는 전형적인 왼손잡이식 스타일을 잘 설명해준다. 오래지 않아 게이츠는 정규수학 수업을 면제받을 수 있게 되어 컴퓨터언어인 베이직(BASIC)으로 GE 컴퓨터에 프로그램을 짜는 데 시간을 보낼 수 있게 되었다.

어머니회의 돈이 바닥나자 게이츠와 마이크로소프트 공동 설립자인 폴 알렌Paul Allen을 포함한 소년들은 컴퓨터센터조합Computer Center Corporation에서 컴퓨터를 사용할 시간을 얻었다. 그들이 한 일 중 하나는 컴퓨터에 침투하여 보안시스템을 파괴하고 그들의 사용 시간을 기록한 파일을 조작하는 것이었다. 회사는 이 사실을 발견하고 아이들의 사용을 금지시켰다. 그러나 회사 시스템의 취약점이 발견되고 그것을 다룰 수 없었던 조합은 시스템의 결함을 고쳐주는 대가로 아이들에게 무한 사용권을 주었다. 게이츠는 밤낮으로 학교 컴퓨터실에 드나들기 시작했으며, 대개 부모가 잠들어 있는 동안 집에서 몰래 빠져나와 학교 컴퓨터실에서 코드를 조립했다.

게이츠가 성공한 이유 중 하나는 그의 컴퓨터 기술이 상업적 활용도와 조화를 이루면서 발전했다는 점이다. 많은 프로그래머들이 프로그램을 짜는 것 자체를 목적으로 인식한 반면에 게이츠는 처음부터 그가 작업하고 있는 진법 코드를 이윤과 연관시키는 비상한 통찰력을 갖고 있었다. 게이츠와 친구들은 트레프-오-데이터Traf-O-Data라는 회사를 차려서 교통흐름을 측정하는 컴퓨터를 고안, 판매하여 총 2만 달러의 수익을 냈다. 학교는 게이츠와 알렌이 스케줄을 짜는 시스템을 컴퓨터화하도록 고용했다. 이윽고 그들의 소식을 들은 TRW라는 방위산업체가 시스템의 취약점을 보완하는 일에 그들을 고용했다. 그리하여 게이츠와 알렌의 프로그래밍 기술은 강화되었고 두 사람은 회사를 설립하는 문제에 대해 심각하게 생각하게 되었다.

마이크로소프트 | 그의 가문과 지성에 비추어 게이츠는 동부 명문대에 진학할 것으로 예상되었는데 1973년 그는 대륙을 가로질러 하버드 대학으로 갔다. 아버지의 대를 이어 법학부 예비학교 1학년에 등록하고 일부 핵심적 수학 과목도 수강했다. 게이츠는 공부를 잘하기는 했으나 끊임없이 주의가 산만했는데 그것은 여자나 파티 때문이 아니라 하버드 컴퓨터 연구소 때문이었다.

그는 거기서 장시간 혼자서 시간을 보냈으며, 종종 프로그래밍을 짜면서 밤을 꼬박 새우고 그 다음날 강의 시간 내내 잠을 잤다. 게이츠가 1학년 때 알렌이 보스턴으로 이사를 왔고 두 사람은 계속해서 사업을 시작하는 문제를 상의했으나 게이츠는 학교를 그만두는 것을 망설였다. 결정적인 순간은 알렌이 게이츠를 만나러 가던 길에 〈파퓰러 일렉트로닉스*Popular Electronics*〉 표지에 실린 알테어 8800의 "전세계 최초의 상업용 모델에 맞서는 소형 컴퓨터 제품"이라는 광고문을 보았을 때였다.

며칠 후 게이츠는 알테어 생산 회사에 전화를 걸어 그 컴퓨터의 운영체계로 베이직 언어를 제안했다. 회사는 일단 그들을 만나기로 했다. 단 한 가지 문제는 게이츠나 알렌 모두 알테어와 그 부속품에 접근해본 적이 없고, 그에 맞는 단 한 줄의 코드도 만든 적이 없었기에 직관적으로 도전해야 한다는 사실이었다. 두 달 동안 그들은 적용 가능한 코드를 생각해내기 위해 24시간 쉬지 않고 일했다. 코드가 완성되자 알렌은 시연을 위해 뉴멕시코로 날아갔다. 그 코드는 작동했고 거래는 성사되었다. 마이크로소프트가 사실상 탄생한 것이다.

이후 게이츠는 "1975년에는 우리가 첫 번째였다. 우리는 가장 좋은 이름인 마이크로소프트를 차지했는데 이것은 우리가 제일 먼저 하드웨어보다는 소프트웨어가 장래의 컴퓨터와 관련하여 핵심이라는 것을 내다보았기 때문이다"라고 말했다. 알테어에 이어 게이츠는 사업을 시작할 때가 되었다고 결정했다. 그의 부모는 유감스럽게 생각했지만 그는 대학을 그만두고 전적으로 마이크로소프트에 전념했다.

유토피아를 파과하다 | 개인컴퓨터의 개척기는 주로 몇몇의 이상주의적 기인들에 의해 이끌어졌는데 그들은 컴퓨터 이용의 잠재력을 확장시키는 데에만 관심이 있었다(그들은 원천공개 소프트웨어를 지속적으로 제공하는 부류의 사람들이었다). 초기 컴퓨터 사용 공동체에는 무질서한 유토피아적 정취가 있어서 프로그램과 코드를 서로 공유했다. 알테어를 위한 마이크로소프트의 베이직은 컴퓨터광들에게 대단히 인기가 있는 것으로 확인되었으나 오래지 않아 그 프로그램이 시장에 출하되기 전에 시제품이 복사되어 무료로 유통되었다. 게이츠는 소프트웨어회사들은 대가를 받지 못하면 고품질의 소프트웨어를 제작할 수 없다고 주장하면서 그러한 관행을 비난하는 공격적인 공개 편지를 썼다. 이러한 방식은 공동체의 분노를 초래했지만 게이츠는 물러서지 않았다. 그는 관행에 맞서고, 수많은 적 앞에서도 굴하지 않고 대항하는 성공적인 왼손잡이의 능력을 가지고 있었다.

게이츠적 접근법은 IBM이 새로운 개인컴퓨터의 운영체계를 찾기 시작하자 진정한 보상을 받게 되었다. 첫 번째 회사가 IBM과 계약을 성사시키지 못하자 IBM은 마이크로소프트에게 운영체계를 창안해줄 것을 요청했다. 게이츠는 그들이 직접 만드는 대신 시애틀 컴퓨터 프로덕츠(SCP, Seattle Computer Products)라는 다른 회사가 만든 소프트웨어에 특허를 내주기로 했다. 조금 냉혹하기는 하지만 그는 SCP에 IBM이 고객이라는 사실을 일부러 말하지 않았다. 이로 인해 그는 큐도스(QDOS, Quick and Dirty Operating System: 빠르고 비열한 운영체제)라는 별명의 소프트웨어를 갖게 되었다.

물론 작은 회사를 속이는 일과 거대한 회사에 맞서는 것은 전적으로 별개의 문제이다. 게이츠는 그 거래의 다른 한쪽에서 대단한 사업수완을 보여주었는데 그것은 MS-DOS의 원천 코드를 IBM에 넘겨주기를 거부한 것이다. 결과적으로 다른 회사들이 IBM의 PC 복제품을 생산하기 시작하자 게이츠는 그들에게도 자신의 운영체계를 인가할 수 있는 위치를 점하게 되었다. 대조적으로, 그 당시 주요 경쟁사였던 애플Apple사는 스스로 컴퓨터도 생산한다는 점에서

IBM과 달랐다. 운영체계를 다른 생산자들에게 인가하는 것을 거부하여 하드웨어와 소프트웨어를 통합해서 제공하는 것을 더 선호했다. PC시장이 폭발적으로 커지자 MS 제품은 IBM뿐만 아니라 컴팩Compaq, 델Dell, 게이트웨이즈Gateways, 휴렛팩커드Hewlett Packard, 소니Sony, 도시바Toshiba 제품에서도 사용되었다.

이 모든 회사들이 MS-DOS 소프트웨어를 채택한 이유 중 하나는 MS가 부과하는 인가료가 그리 비싸지 않다는 점 때문이었다. "미래는 소프트웨어에 있다"는 그의 확신에 뒤이어 게이츠는 운영체계를 제공하는 것은 MS가 PC 구매자들에게 판매할 수 있는 각종 소프트웨어의 시작에 불과하다는 것을 예견하고 있었다. 운영체계를 싸게 공급함으로써 마이크로소프트사는 MS-DOS가 문서 작성, 회계, 자료 집적, 게임 등 전반적 범위의 용도에 적합한 소프트웨어를 만들 수 있는 위치로 올라섰다.

세계를 평정한 윈도우 | MS의 강점은 혁신과 적응이었다. 이 특징은 그들을 위해 설계되지 않은 세상에서 어릴 적부터 적응할 수밖에 없는 왼손잡이들에게서 흔히 발견되는 특징이다. 빌 게이츠의 경영하에 MS는 이미 존재하고 있는 아이디어를 채택하여 개조함으로써 가장 수명이 긴 프로그램을 창안했다. 바로 MS 윈도우인데 이 제품은 1985년 처음으로 시장에 등장했다. 초기 PC가 도스로 운영되는 동안 애플사는 서둘러 그래픽 기능을 이용한 사용자 중심의 인터페이스 GUI를 도입했는데 이것은 특히 일반 소비자가 매킨토시 컴퓨터를 훨씬 쉽게 사용할 수 있도록 해주었다. 이를 이기기 위해 MS는 윈도우를 도입했다. 처음에 윈도우는 단지 도스 기반의 직접적 경쟁이 없었기 때문에 살아남은 열등한 제품이었다. 1990년 3.1버전이 발매되자 비로소 윈도우는 이류를 시작했다. 발매 시작 6개월 만에 3.1버전 2백만 개가 팔렸다.

윈도우가 개선되자 그것은 사람들이 워드 퍼펙트Word Perfect와 같은 경쟁사 제품 대신 워드Word와 같은 MS의 다른 소프트웨어를 더 쉽게 이용할 수

▶ 2001년 덴마크 코펜하겐에서 열린 '미래의 초점' 컨퍼런스에서 연설하는 게이츠.

있게 해주었다. MS의 PC 지배는 무르익을 대로 무르익었다. 1993년까지 윈도우는 세계에서 가장 광범위하게 사용되는 GUI 운영체계가 되었다. 2004년에 들어서는 전세계 PC의 90%는 윈도우를 기반으로 운영되는 것으로 추산되었다. 컴퓨터 자체에는 관심이 없고 단지 그것으로 무엇을 할 수 있는지에만 관심이 있는 사람들에게 윈도우와 함께 묶여진 MS-Office 같은 응용제품은 대단히 매력적인 것임이 증명되었다.

여러분이 지금 PC를 산다면 그것은 윈도우의 어떤 버전이 이미 내장된 상태로 나오는 제품이며, 그것은 MS가 한 대의 PC가 팔릴 때마다 그만큼 돈을 버는 유일한 회사라는 의미가 된다. 오늘날 사람들이 어도비 포토샵Adobe Photoshop과 같은 소프트웨어를 사용하고 싶다 할지라도 매킨토시를 보유하고 있거나 리눅스Linux를 사용하는 오픈소스(Opensource: 소프트웨어 등을 만들 때 해당 소프트웨어가 어떻게 만들어졌는지 알 수 있도록 일종의 프로그래밍 '설계 지도'인 소스코드를 무료로 공개, 배포하는 것) 기반이 아닌 다음에는 윈도우를 통할 가능성이 많다. 빌 게이츠가 알테어 생산자에게 거짓말을 한 때로부터 MS는 놀라운 속도로 시장을 석권했다. MS는 시장이 점점 포화되어가자 낡은 기능의 혁신을 통해 새로운 수요를 창출하면서 시장점유율을 확장시켜왔다.

끊임없는 대결 | MS의 경영철학은 '포용, 확장, 파괴'로 표현되어 왔다. 그들은 반대편으로부터 아이디어를 얻고 그것을 개선시킨 다음 경쟁자를 완전히 제거해버린다. 어린 시절에도 지나친 경쟁심으로 잘 알려진 게이츠의 경영 하에 있는 MS는 알렉산드로스 대왕, 카이사르, 나폴레옹과 같은 위대한 왼손잡이 정복자들에 필적할 만큼 잔혹하게 시장 점유 비율을 추구했다(1998년 '미국정부 대 마이크로소프트'의 소송에서 펜필드 판사는 게이츠를 나폴레옹 같은 사람이라고 표현했다).

종종 전쟁에서 사용하는 언어와 사랑에 빠지기도 하지만 사업은 통상적으로 다양한 문맥 속에서 전투를 수행한다. MS는 수년에 걸쳐 수많은 법정다툼에 연루되어 왔고 일련의 소송에서 주로 피고가 되었으며 경쟁자들은 MS가 독점력을 남용했다고 주장했다. 아마도 가장 유명한 예는 1990년대 넷스케이프Netscape와 MS 간의 인터넷을 둘러싼 브라우저 전쟁일 것이다. 게이츠의 실수 중 하나는 이메일과 인터넷이 발달하기 시작한다는 인식을 늦게 했다는 점이다. 1995년까지 윈도우는 인터넷에 접속할 수 있는 통합 소프트웨어를 가지고 있지 않았다.

시장 선도자는 넷스케이프였는데, 그들은 1년 전에 브라우저를 출범시켰다. MS의 인터넷 익스플로러(IE, Internet Explorer)가 저급했으므로 넷스케이프는 시장 선도자로 남아 있었다. 그러나 자신의 잘못을 깨달은 게이츠는 MS가 만드는 모든 제품은 인터넷에 적합해야 한다고 생각했다. 커다란 조직의 움직임을 그렇게 빨리 돌려놓는 능력은 2,000년 전 알렉산드로스 대왕의 전쟁에서 사용한 깜짝 전략과 거의 같은 효과를 냈다. IE의 제품들이 연속적으로 넷스케이프의 네비게이터Navigator에 대응하여 플랫폼이 더 안정적이라는 이점을 가지고 출시되었다. 적어도 소비자 입장에서 본다면 더욱 좋은 것은 IE가 윈도우와 하나의 묶음이 되었다는 점이다. 넷스케이프가 사실상 패배한 것이다.

1998년 미국 정부는 19세기 말부터 대기업의 횡포를 약화시키기 위해 통과시킨 독점금지법에 따라 MS를 고발했다. 문제가 된 것은 컴퓨터 제조사들이 인터넷 익스플로러를 빼고는 윈도우 95를 설치할 수 없다는 데 있었다. 만약 그들이 넷스케이프가 더 우수한 제품이라고 생각한다면 그들이 할 수 있는 최선은 PC에 양쪽 모두를 제공하는 것이었다. 말이 되겠는가? 결국 넷스케이프는 급격하게 시장 점유 비율을 잃고 있었다. 판사가 MS에게 IE를 윈도우로부터 분리하라고 명령했을 때 게이츠는 그럴 수 없다고 항변했다. 그는 윈도우 95와 IE를 묶음으로 사는 것을 원치 않는 사람에게는 구형 저성능 윈도우 95를 공급했다.

자선사업가로서의 게이츠 | 1심 판결은 불리했으나 MS는 두 회사로 분할하라는 압박을 완화시킬 수 있었다. 게이츠에게 있어 MS의 독점금지법 문제(유럽에서도 되풀이되었다)는 분기점이 되었다. 소송이 진행되는 도중에 그는 최고경영자에서 물러나고 경영권을 하버드 대학 동창인 스티브 발머Steve Ballmer에게 넘겨준다고 발표했다. 게이츠는 아마도 자신의 걷잡을 수 없는 공격성이 회사의 이미지에 손상을 입힌다고 생각한 것 같다. 대신에 그는 수석 소프트웨어 설계자 겸 회장이 되었다. 2006년 게이츠는 한 걸음 더 나아가 MS의 일상적인 생활에서 벗어나고자 한다고 발표했다.

이 책에서 소개한 수많은 왼손잡이 정복자들이나 재벌그룹인 포드와 달리 게이츠는 그만둘 때를 알고 있었다는 점에서 색다르다. 아마도 게이츠가 변화하게 된 주된 원인은 2000년 1억 6백만 달러로 시작된 빌 앤 멜린다 게이츠재단Bill and Melinda Gates Foundation일 것이다. 그 이후 이 기금은 300억 달러를 소유할 만큼 확장되었고, 투자가 워런 버핏Warren Buffet이 300억 달러 상당의 주식을 기부하기로 약속하면서 더 확대되었다. 게이츠가 MS를 떠난다면 그는 그 기금과 더불어 일하게 될 예정이다.

왼손잡이 천재들의 특징 중 하나는 강박관념에 사로잡혀 있는 가운데도 기발한 생각을 할 수 있는 능력이다. 그러나 그들 중 많은 사람들은 곤경에 빠졌다. 하지만 게이츠는 그토록 일찍 2진코드의 기법을 발견하고, 전세계 대부분의 사람들이 사용하는 프로그램을 만들고, 경쟁이 치열한 비즈니스에서 대성공을 거두고 또 가장 위대한 자선가로 변신하는 데 성공했다.

왼손잡이들의 공통점

1. 게이츠는 어느 정도 수학적 능력에 의해 ―그것이 그의 경력이 된 적은 없지만― 천재성이 주목받는 왼손잡이의 긴 줄에서 가장 최근에 위치해 있다. 다 빈치, 뉴턴, 마리 퀴리, 루이스 캐럴, 앨런 튜링은 모두 수학적 능력이 타고난 왼손잡이 천재들이었다.

2. 빌 게이츠는 알렉산드로스 대왕, 카이사르, 나폴레옹과 같은 왼손잡이들과 함께 정복자적 정신을 공유한다. 왼손잡이의 본능적 외톨이 기질이 그들의 본성을 크게 그르치지 않고서도 냉혹하게 만들었다. 많은 오른손잡이 정복자들과 달리 이 왼손잡이 정복자들은 야망을 추구하기 위해 파괴한 것만큼 세상에 더해준 것으로도 기억될 수 있다. 게이츠와 어느 정도 유사성을 공유하는 사람은 헨리 포드이다. 게이츠처럼, 포드는 T형 자동차를 창안함과 동시에 시장을 창출했다. 두 사람은 모두 기술 전문가였지만 보통 사람이 그들의 제품으로부터 무엇을 원하는지를 명석하게 들여다 볼 수 있었다.

3. 미국 북동부 해안 출신 유명 왼손잡이들로는 지미 헨드릭스, 커트 코베인, 맷 그로닝(TV 쇼 '더 심슨즈The Simpsons'의 설립자) 등이 있다.

빌 게이츠의 왼손잡이 기질

〜

직관력 | 게이츠는 개인컴퓨터 시장의 발전 방향에 대한 뛰어난 직관이 있었다. 그리하여 완벽한 타이밍으로 MS의 제품들은 큰 성공을 거두었다.

수평사고 | 게이츠는 어떤 비즈니스 환경에서도 기술을 짜 맞추는 능력이 뛰어났다. 그러면서도 그는 다양한 유연성을 보여주었다. 인터넷이 활성화될 것이 확실해지자 그에 맞추어 진화했고, 회사를 그만둘 만큼 현명하기도 했다. 포드와 달리 그는 생각을 고정시키지 않았다.

화를 잘 내는 성격 | 게이츠의 공격적 사업전략은 흔히 도덕성이 결여된 것으로 비난받아 왔다. 동시에 그는 MS 안에 창조적 긴장에 입각하여 아이디어에 헌신하는 공격적 문화를 확립했다.

고독 | 청년 시절 게이츠는 컴퓨터 프로그램을 짜는 고독한 작업에 사로잡혔다. 전통적인 '컴퓨터 얼간이'로서 그는 사교적 기술이 결여되어 있었고, 39세라는 비교적 늦은 나이에 결혼할 때까지 평범하고 공상적인 생활을 했다.

인습타파 | 게이츠의 "소프트웨어는 분명히 팔리고, 공유되지 않는다"는 믿음은 초창기 소프트웨어 산업을 풍미하던 낭만주의적 분위기를 손상시켰다. 그는 또한 정부에 맞섰고 자신의 믿음을 방어할 준비가 되어 있었다. MS 문화는 경쟁적이면서도 직급보다는 아이디어가 더 선호되는 문화이다.

독학 | 게이츠는 그의 거대한 부의 기초가 된 프로그램 코드를 작성하는 방법을 스스로 터득했다.

Navratilova

and McEnroe

마르티나 나브라틸로바

테니스는 왼손잡이들이 놀라울 만큼 성공을 거두고 있는 스포츠이다. 여기에
는 몇 가지 이유가 있다. 반응 시간이 1,000분의 1 단위로 측정되고 근육의 기
억과 랠리(계속하여 서로 쳐넘기기) 패턴이 중요한 경기에서 오른손잡이는 왼
손잡이에게 마음이 결코 편안할 수 없다. 왼손잡이 수가 적으므로 그들이 사
용하는 각도나 공이 가하는 회전력은 오른손잡이가 전개하는 방식보다 더 파
악하기 힘들다. 어떤 테니스 전문가들에 의하면 왼손잡이의 포핸드 서브가 오
른손잡이의 백핸드 쪽으로 향한다는 사실도 이점을 제공한다고 말한다. 왼손
잡이의 포핸드는 경기장의 측면을 향하는데 이곳은 보통 경기의 승패가 갈리
는 장소이다.

　회전과 각도에 좌우되는 경기에 있어서 왼손잡이 예술가, 군 지도자 그리고
몇몇 과학자들에게서 발견되는 우수한 공간/시각적 능력이 공을 그물 위로 쳐
서 몹시 좁은 장소로 보내야 하는 경기에서 중요한 요소가 된다는 것을 쉽게
알 수 있다. 이유가 무엇이든지 간에 테니스에서 왼손잡이의 성공 사례는 많
이 있다.

357

그중 몇몇의 이름을 들자면, 레이버, 로슈, 코너스, 멕켄로, 나달, 나브라틸로바와 셀레스 등이 있다. 1980년대 테니스가 최고의 인기를 누릴 때, 왼손잡이들은 경기에서 가장 우수한 선수들이었다. 그러나 발전된 라켓 기술과 더불어 경기에 있어 체력의 중요성이 점점 커지면서 왼손잡이 테니스 선수의 기교는 하향 추세에 있다.

나브라틸로바의 경력은 다른 사람들과의 다른 점을 장점으로 만들어 성공한 왼손잡이의 한 예이다. 저명한 〈스포츠 일러스트레이티드Sports Illustrated〉 기자인 프랭크 데포드Frank Deford는 그녀를 이렇게 요약했다. "그녀가 이만큼 성공하고 당당하게 승리하고, 그러면서 남과는 다른, 기이하고 외로운 존재였다는 것은 얼마나 즐거운 일인가. 그녀는 오른손잡이 세계 속의 왼손잡이, 동성애자가 아닌 사람들이 정상인 세상에서 동성애자였으며 망명자, 이민자, 모든 코트의 백라인 경기자들 속의 용감한 발리어였다."

과체중의 10대 체코 소녀가 자기 자신을 강한 테니스 선수로 단련시켜 역사상 두 번째로 대 기록인 단식, 복식을 합쳐 58회의 메이저 타이틀을 따냈다는 것은(그중 마지막 타이틀은 49세 때 따냈다) 현대 스포츠의 위대한 이야기 중의 하나이다.

소년으로 오인받은 체코 소녀 | 마르티나는 프라하에서 출생했고, 아버지는 스키 강사였지만 그녀가 3살 때 이혼했다. 부모의 이혼은 테니스 경력에는 좋게 작용했다. 왜냐하면 그녀의 의붓아버지인 미로슬라브 나브라틸Miroslav Navrtil이 그녀의 테니스 코치가 되었고, 그녀는 여성화된 성(姓)을 택하게 되었기 때문이다. 아버지는 몇 시간 동안 딸에게 공을 때리는 방법을 훈련시켰고, 그녀의 재능은 성장하기 시작했다.

당시 체코슬로바키아는 공산주의 국가였고 성공적인 테니스 챔피언이 되기 위해 요구되는 냉혹함은 강력한 체제 순응 문화와는 배치되는 것이었다. 그럼에도 불구하고 스포츠는 자신의 재능을 드러낼 수 있는 한 가지 분야였다. 테

◀1979년 영국 윔블던에서 나브라틸로바가 서브를 준비하고 있다.

25세 전에는 주요 단식에서 3회밖에 우승하지 못했으나 이후 계속해서 승리를 거둬 18개의 메이저 대회 단식 타이틀을 획득했다. 윔블턴 9개(신기록), US오픈 4개, 프랑스오픈 3개, 호주오픈 2개. 또한 40개의 메이저 대회 복식 타이틀을 획득했는데 마지막 것은 2006년으로 그녀의 나이 49세 때의 US오픈 혼합복식이었다. 이것은 그녀의 통산 58회째 메이저 타이틀 획득이었다. 그녀의 단식 토너먼트 167승은 남녀를 통틀어 최고 기록이었다.

그녀는 또한 1,440승 213패의 대기록도 가지고 있다. 그녀는 1975년 랭킹이 시작된 이래 331주간 랭킹 1위를 고수했으며(슈테피 그라프의 373주에 이어 두 번째이다), 여자로서는 최초로 상금 2천만 달러를 넘었다.

니스 코트에서 나브라틸로바는 왼손잡이의 전형적 특성을 발휘할 수 있었는데, 그 특성은 테니스가 아니었더라면 억압되었을 수도 있다.

5살 이전에 벽에 대고 공을 치기 시작한 나브라틸로바는 10세 및 12세 미만 체코 챔피언십에서 우승함으로써 의붓아버지의 신뢰에 보답했다. 자서전에서 나브라틸로바는 이 기간 중 사람들이 그녀를 소년으로 오인하는 바람에 화가 났었다고 술회했다. 1972년, 15살일 때 그녀는 체코 오픈 여자 챔피언십에서 연속으로 세트마다 승리하여 이겼는데, 이것은 그녀가 국제 토너먼트에서 경기하기에 충분한 실력을 갖추었다는 것을 의미했다.

공산국가를 탈출하다 ┃ 1973년 나브라틸로바는 처음으로 경기를 위해 미국에 갔는데 곧 미국이 편안하게 느껴졌다. 그녀는 경기에서 눈의 여왕 크리스 에버트 로이드Chris Evert Lloyd에게 졌다. 크리스는 —마치 얼음인간 비욘 보리Bjorn Borg가 동료 왼손잡이 선수인 존 매켄로John McEnroe에게 그러했듯이— 1980년대 내내 그녀의 오른손잡이 라이벌이 될 선수였다. 매켄로와 마찬가지로 나브라틸로바는 공격적 서브와 발리를 자신의 특징으로 만들었는데, 이것은 왼손잡이 선수의 화려함이 오른손잡이 선수의 일관성에 비해 더 유리한 스타일이다. 다른 한편 크리스는 냉정하고 일관된 베이스라인 경기의 전형이었다. 또한 나브라틸로바는 경기장에서의 태도가 걷잡을 수 없을 정도까지 변덕스러운 성향이 있다는 점에서 매켄로와 닮았으며, 그녀가 진정으로 위대한 선수가 되기 위해 필요한 자기 자신을 통제하는 방법을 개발하는 데는 몇 년이 걸렸다. 그녀의 순회경기 첫 해는 고무적이었으나 햄버거와 아이스캔디 같은 인스턴트 식품을 즐겨 체중은 11kg이나 늘었다. 해설가는 그녀를 '위대한 뚱뚱보 유망주'라고 별명을 붙일 정도였다.

1974년 나브라틸로바는 이탈리아 오픈 결승전에 올랐으나 크리스에게 패했다. 1975년 그녀는 호주와 프랑스 오픈 두 개의 메이저 타이틀을 따냈다. 크리스와 붙은 경기에서 그녀는 냉정을 잃은 후 US오픈 준결승에서 패했다. 의

심스러운 선심 판정의 결과였다. 당시 그녀는 일주일에 수만 달러씩 벌고 있었고 당시 공산주의 국가였던 체코 테니스협회는 그녀의 퇴폐적 행태를 용인하지 않았다. 그리하여 플러싱 메도우Flushing Meadow에서 크리스에게 패한 그날 밤 그녀는 망명을 했다.

망명하기 3개월 전 그녀는 레즈비언으로서 첫 번째 사건이 있었다. 신문은 그녀가 레즈비언 작가인 리타 메이 브라운Rita Mae Brown(후에 그녀와 동거를 한다)과 어울리는 장면을 보도했다. 시민권 서류가 통과하자 그녀는 과감하게 공개적으로 행동하기 시작했다. 최고의 스포츠인이 이러한 행동을 한 것은 그녀가 처음이었다. 왼손잡이인 것부터 시작해서 나브로틸로바는 별난 사람이라는 것을 보여주는 목록을 계속 늘려갔다. 1976년은 성적이 신통치 않았다. 그녀는 비싼 자동차와 보석, 옷들을 사면서 공식적 자유를 축하하는 과시적 소비로 자신에게 보상해주었다. 그러나 자기 자신을 되찾고자 하는 동기(왼손잡이로서 결국 그녀는 남과 다르다는 것을 깨닫는 것)는 그녀의 개성과 테니스코트에서 승리로 연결되었다.

정상에 서다

돌파구는 1978년 크리스를 상대로 윔블던 결승 3세트에서 7대 5로 이겼을 때 마련되었다. 그 다음 윔블던에서 그녀는 연속 세트 승리로 라이벌을 패배시켰다. 그러나 본격적으로 여성 테니스 순회경기를 점령하기 시작한 것은 1981년부터이다. 1981~1987년 사이 그녀는 27개 메이저 대회 단식경기 중 15개 경기에서 우승했고 7경기에서는 준우승을 차지했다. 이 기간 중 그녀의 메이저 경기 최악의 성적은 4라운드에서 패한 것이었다. 그녀의 경기는 새로운 그래파이트 라켓의 더 강력한 파워에 쉽게 적응한 점과 연인인 농구선수 낸시 리버맨Nancy Lieberman이 마련해준 훈련 및 다이어트 프로그램의 도움을 받았다.

1980년대 후반에는 슈테피 그라프Steffi Graf의 상승세와 함께 서브발리 게임의 지배로 마르티나는 기울기 시작했다. 그러나 —논란의 여지없이 그녀보다

362

더 재능 있는 존 매켄로와 달리— 그녀가 자신의 잠재력을 최대한으로 활용했다는 것은 의심의 여지가 없다. 1990년 그녀는 마지막 그랜드슬램 싱글경기인 지나 게리슨Zina Garrison과의 경기에서 승리하면서 기록적인 9번째 윔블던 타이틀을 획득했다. 당시 그녀는 37세였다. 그것이 끝은 아니었다. 1994년 뛰어난 근성과 끈기를 보이면서 때로는 그녀보다 한참 어린 선수들과의 경기에서 윔블던 결승전까지 갔으나 콘치타 마르티네스Conchita Martinez에게 3개의 세트에서 패했다. 그 후로도 10년 이상을 복식에서 우승했다.

존 매켄로

테니스 선수로서 존 매켄로는 화려한 왼손잡이 선수였다. 그는 스포츠 천재로서 만큼이나 예민한 일촉즉발의 성격으로 잘 알려져 있다. 그가 활동하던 시대에 그처럼 주목받는 선수는 없었다. 비욘 보리Bjorn Borg, 이반 랜들Evan Lendl처럼 코트에서 기계적인 완벽함을 추구하고 때로는 성공하기도 하는 오른손잡이 경쟁자들과 달리 매켄로는 전형적인 성난 왼손잡이 예술가였다. 그는 코트 안의 미켈란젤로였으며 그의 경기는 악마와 싸우는 것만큼이나 격렬했다.

그가 코트에서 보이는 기행은 '코트 위의 악동'이라는 별명을 안겨주었는데 그 이유는 심판에게 함부로 욕을 해대기 때문에 붙여진 별명이었다. 그의 독특한 행동으로 인해 전세계 관중들이 그에게 야유를 보냈지만, 그는 거친 숨을 내쉬면서 연속적으로 민첩한 타구를 날리는 모습을 남겼다. 그의 적들은, 매켄로가 다른 어느 누구도 볼 수 없는 각도를 볼 수 있고 왼손잡이 천재의 능력인 시각 · 공간적 능력을 발휘했다고 믿고 있다. 어떤 사람들은 매켄로의 화려한 경력이 끝났을 때 예술적 테니스 경기에 종말이 왔고 힘과 체력의 경기가 더 득세하게 되었다고 생각한다.

테니스계의 반항아 | 매켄로는 뉴욕의 퀸즈에서 사회적 지위가 상승하고 있으며 세 아들에게 강렬한 야심을 가지고 있는 아일랜드계 미국인의 아들로 성장했다. 매켄로는 아주 어린 시절부터 이 에너지를 내면화하여 사춘기 시절 왜소한 체격으로 남한테 지면 눈물을 쏟아내는 극단적으로 경쟁적인 소년으로 성장했다. 1977년 그는 처음으로 테니스 경기에서 두각을 나타내기 시작했는데, 윔블던 챔피언십에서 18살 때 준결승에 진출했으나 같은 왼손잡이인 지미 코너스Jimmy Cornors에게 패했다. 1979년 US오픈에서 20살이 된 매켄로는 결승전에서 친구인 비타스 게룰라이티스Vitas Gerulaitis를 연속 세트 승리로 물리치고 최초의 메이저 타이틀을 거머쥐었다.

매켄로가 성공할 수 있는 좋은 기회가 다가온 것이다. 테니스의 인기는 굉장히 높아졌고 경기에 따라 상금이 뒤따랐다. 냉철한 긴 머리 스웨덴 선수 비욘 보리는 그룹가수 아바ABBA에 이어 스웨덴의 두 번째 인기 있는 수출품이

▶1980년 윔블던에서 심판 판정 후 매켄로가 경기장에서 분노를 표출하고 있다.

☞ **매켄로 관련 통계** | 신장은 180cm지만 선수생활 내내 그의 평균 체중은 75kg에 불과했던 매켄로는 오늘날 코트를 지배하는 보다 큰 선수들보다 앞선 선수였다. 그는 전성기를 지난 후에는 5~6년 동안만 경기를 계속했음에도 불구하고 1,063단식경기 중 869게임, 629 복식게임 중 530게임을 이겼다. 매켄로의 정점은 1984년에 찾아왔다. 그해 그는 82승 3패를 기록했다. 매켄로 전후에 어느 누구도 경쟁이 되지 않는 기록(페더러가 2005년 81승 3패로 가장 근접했다)이다. 선수생활 중 매켄로는 단식 토너먼트 77회, 복식 토너먼트 78회, 정상권에서 사상 최고의 155승을 기록했고 총상금 12,547,797달러를 기록했다. 그리고 통산 170주간 랭킹 1위를 했다. 그는 또한 7개의 메이저 대회 단식 토너먼트에서 승리했다(US오픈 4회, 윔블던 3회), 복식 메이저 대회에서는 9개 토너먼트에서 승리했다. 동시대 다른 선수들과 달리 매켄로는 데이비스컵에서도 경기할 정도로 애국적이었다. 기록은 59승 10패였다.

되었으며 괴성을 지르는 소녀 무리들이 쫓아다녔다. 테니스 스타들은 록스타들과 똑같은 지위를 얻고 있었고 그들의 은행계좌에 있는 수백만 달러의 돈으로 록스타를 앞서갔다. 그와 동시에, 거만에 가득 찬 오랜 전통의 토너먼트인 윔블던 같은 경기는 유명선수들에 의존하는 경향이 있었는데 당연히 반권위적인 왼손잡이 매켄로는 그들을 싫어했다.

악동 VS 냉혈한 |

역사상 가장 위대한 테니스 라이벌 관계이면서 테니스의 인기 상승에 주요 요소가 되었던 것이 매켄로와 비욘 보리의 라이벌 관계이다. 그들의 경기는 논란의 여지없이 현대 단식 스포츠 경기 역사상 가장 위대한 전투로 자리매김했다. 보리가 경기력의 정점에 있을 때 매켄로가 등장했다. 냉혈한으로 알려진 보리는 전형적인 오른손잡이 챔피언으로서 논리적인 인물이었다. 코트에서 그는 어떠한 감정 표현도 보이지 않았다. 그가 1980년 윔블던 결승전에서 매켄로를 만났을 때 그는 지난 4년 동안 챔피언십에서 계속 우승하고 있었다. 한편 매켄로는 코트에서의 분노 폭발로 이미 유명해지고 있었다. 그가 결승전을 위해 중앙 코트에 들어서면 군중들은 야유를 퍼부었는데 그 이유는 성미 급한 동료 왼손잡이 지미 코너스와의 팽팽한 준결승전에서 경기 진행원들에게 비신사적 행동을 했기 때문이었다.

그러나 우수한 경기는 이내 야유하던 사람들을 침묵으로 잠재웠다. 그 경기는 매켄로가 잔디 코트에서 보리와 대결하는 첫 번째 경기였으며 보리의 베이스라인 경기 때문에 그에게도 승산이 있다고 생각했다. 첫 세트에서는 그의 짐작이 맞는 듯했다. 매켄로는 빠른 서브발리 게임으로 6대 1의 점수로 깨끗하게 이겼다. 두 번째 세트에서는 매켄로가 5대 4로 이기고 있었고 서브권은 그에게 있었다. 그는 이제 고비는 넘어섰고 편안하게 이길 수 있다고 생각하기 시작했다. 그는 전날 4세트 접전 끝에 코너스를 이기고 곧바로 복식 준결승전을 치렀기 때문에 지쳐 있었으므로 그 생각은 그럴듯해 보였다. 그러나 보리는 다른 생각을 하고 있었다. 매켄로가 아주 잠깐 동안 페달에서 발을 떼고

있을 때 보리는 그 세트를 7대 5로 이겼다. 매켄로에게 테니스는 상대를 물리치는 것처럼 내면의 부정적인 음성을 통제하는 것과 같았다. 자기 생각에 꼭 이겼어야 할 세트를 졌기 때문에 스스로에게 화가 나서 그는 다음 세트를 3대 6으로 계속해서 졌다. 더 나쁜 것은, 네 번째 세트에서 보리에게 3대 5로 깨지고 있다는 것이었다. 만약 보리가 다음 게임에서 승리하면 경기는 그것으로 끝이었다. 그러나 매켄로는 정신을 바짝 차리고 서브를 넣었다.

그 과정에서 두어 번 매치 포인트를 넘기면서 서브권을 가지고 있던 보리를 이겨서 연장전까지 끌고 갔다. 이 연장전은 윔블던 역사상 가장 유명한 연장전이 되었다. 20분이 넘게 긴장감이 최고조에 이르면서 계속된 경기는 매켄로가 추가적인 다섯 번의 매치 포인트를 방어하면서 마침내 18대 16의 스코어로 따냈다. 이 단계에서 매켄로는 승리를 확신했다. 그러나 보리는 냉정을 잃지 않았고 매켄로는 마지막 세트에서 보리의 서브를 막아낼 수 없었다. 결국 보리가 그 세트를 8대 6으로 승리하면서 경기를 이겼고, 5회 연속 윔블던 타이틀을 따냈다.

테니스 역사상 가장 위대한 결승전에서 명백히 패배했지만 매켄로는 그 패배로부터 많은 것을 배웠고 보리와 경기한 나머지 3개의 메이저대회 결승전에서 모두 승리했다. 그 서사시적 5세트 경기에서 그는 적의 경기를 흡수하여 이제는 정복하는 방법을 알게 되었다. 두 달 뒤 US오픈에서 그는 또 다른 서사시적 5세트 경기에서 보리를 패배시켰는데 그 경기 또한 결승전 진출 과정에서 코너스와 이반 랜들을 이겼고, 1, 2, 3 세트 다음에 연장전이 있었다. 그리고 1981년 윔블던에서 그는 4세트에서 보리를 패배시켰는데 이로서 보리의 기록적 윔블던 경기 41연승 행진이 깨졌고 그의 6회 연속 타이틀 획득도 물거품이 되었다. 그런 다음 매켄로는 US오픈에서의 4세트에서 비교적 손쉽게 보리를 패배시켰는데 이 경기는 11회나 메이저 대회를 제패한 보리가 결승전에서 뛴 마지막 메이저 대회 경기가 되었다.

어떤 의미에서는 매켄로가 보리를 파괴시킨 것이다. 1981년 US오픈에서 패한 후 보리는 다른 어떤 메이저 경기에도 참가하지 못했고 1982년에는 25세라는 젊은 나이에 선수로서 은퇴했다. 그리하여 매켄로는 홀로 남겨졌다.

상위권 테니스 선수들 간의 인간관계는 흔히 무관심하거나 서로 감정이 맞지 않거나 둘 중에 하나지만 매켄로와 보리 두 라이벌 간에는 서로에 대한 최상의 경의가 스며들어 있었다.

2006년 재정난에 빠진 보리가 윔블던 우승 트로피 2개와 그 우승에 사용된 라켓들을 경매에 붙이기로 결정했을 때, 그게 어떻게 된 영문인지 알아보려고 몇몇 선수들이 보리에게 전화를 걸었다. 그러나 보리의 측근에 의하면 "무슨 일이야. 당신 미쳤어?"라고 야단을 쳐서 보리의 마음을 바꾸도록 만든 것은 다름 아닌 매켄로였다.

왼손잡이들의 공통점

~

   1. US오픈, 프랑스오픈, 호주오픈, 윔블던에서 지난 50여년 동안 왼손잡이 남자 선수들은 왼손잡이의 비율을 넘어선 승리를 했다. 1955~2004년 기간 동안 200개의 단식 타이틀 중 41개를 그들이 승리했다. US오픈 남자단식에서 15명의 왼손잡이 선수들이 타이틀을 획득했으며(전체의 30%), 윔블던에서는 같은 기간 11명이 타이틀을 획득했다(전체의 22%). 1974~1984년 기간에는 놀랍게도 전 기간 11년 연속 왼손잡이 선수들이 US오픈 남자단식 타이틀을 석권했다. 그러나 매켄로 이후에는 경기가 변화되어 라켓은 점점 더 커지고, 경기는 난타전이 되어 갔으며, 선수들은 코트에서 샷 연습하는 것만큼이나 체육관에서 중량추를 드는 데 시간을 보내게 되면서 왼손잡이들의 경기장 접근에 애로를 겪게 되었다. 매켄로가 마지막 위대한 감각의 선수였다.

   2. 위대한 왼손잡이 테니스 선수 명단은 길다. 그랜드슬램 타이틀을 따낸 왼손잡이 남자선수들은 노먼 브룩스, 로드 레이버, 닐 프레이저, 토니 로체, 지미 코너스, 존 매켄로, 기예르모 빌라스, 마누엘 오랑테스, 로스코 테너, 토마스 머스터, 고란 이바니세비치, 피터 코다와 라파엘 나탈이다. 왼손잡이 여자 선수들에는 나브라틸로바, 앤 헤이든 존스와 모니카 셀레스가 있다.

   3. 우리는 모두 왼손잡이가 오른손잡이가 되도록 강요되는 이야기를 들었다. 그것은 테니스 선수들에게도 역시 일어났다. 10개의 단식 메이저 타이틀을 따낸 호주 챔피언 캔 로즈웰은 타고난 왼손잡이였으나 그의 아버지는 오른손으로 경기하도록 가르쳤다. 그 결과 뛰어난 백핸드로 유명해졌지만 또한 약한 서브로 곤란을 겪었다. 24개의 여자단식 메이저 타이틀을 따냈고 한 해 메이저 대회 우승 횟수에서 2위였던 마가렛 코트 또한 같은 이유로 서브에서 곤란을 겪었다.

그녀는 아메리칸 케이블 TV와의 인터뷰에서 이렇게 말했다. "나는 왼손으로 썼다. 그런데 그 시대는 사람들이 오른손으로 일하도록 가르치던 시대였다. 어떤 남자 선수들은 왼손으로 플레이하는 여자 선수는 본 적이 없다고 말했다. 그래서 나는 왼손으로 경기하는 것이 '틀린' 것이라고 생각했고 오른손으로 바꿨다. 나는 항상 내가 왼손으로 계속 경기를 했다면 더 좋은 서브를 갖게 되지 않았을까 생각한다." 1950년대에는 미국인 모린 코널리(꼬마 모)가 손을 바꿔서 경기하도록 지도를 받은 또 다른 선수였다. 보다 최근에는 일본에서 가장 성공적인 여성 테니스 선수였던 다테 기미코가 아버지의 강요로 왼손잡이지만 오른손으로 경기한 선수였다. 사람들은 그들이 만약 타고난 이점(왼손잡이)을 그대로 보존하는 것이 허용되었으면 어떤 결과가 나왔을지 궁금해 한다.

4. 떠오르는 테니스 선수로서 매켄로의 영웅은 호주의 왼손잡이 선수인 로드 레이버였다. 그는 오픈 역사상 두 번의 그랜드슬램(1962년과 1968년)을 달성한 유일한 선수였다. 이 숫자가 더욱 인상적인 것은 이후로는 그랜드슬램을 달성한 남자선수가 없었기 때문이다. 매켄로는 자서전에서 레이버에 관해 다음과 같이 쓰지 않을 수 없었다. "레이버는 내가 본 모든 것을 할 수 있는 첫 번째 선수였다. 톱스핀을 매겨서 때리고, 포어핸드, 백핸드 양쪽에서 슬라이스를 치고, 색다른 스핀으로 서브를 넣는다. 그는 가능한 모든 샷을 모든 각도에서 이용한다. 나는 내 침실 문 뒤에 그의 포스터를 붙여놓곤 했다. 그가 나처럼 왼손잡이라는 것은 대단한 일이었다. 그리고 그의 뽀빠이 같은 우람한 포어핸드는 아주 멋졌다."

5. 그렇다면 왼손잡이가 다른 왼손잡이와 경기를 한다면 어떤 일이 일어날까? 매켄로의 영웅이 왼손잡이이고 그가 부분적으로는 자기도 왼손잡이라고 해서 그가 반드시 다른 모든 왼손잡이들과 사이좋게 지냈던 것은 아니다. 자서전에서 매켄로는 지미 코너스와의 어려운 관

계와 그들이 함께 경기할 때, 코트를 체인지하면서 어떻게 쓰레기 같은 소리를 주고받았는지에 대해 이야기하고 있다. 그것은 미켈란젤로가 다 빈치나 라파엘로 같은 동료 왼손잡이 예술가들에게 가졌던 적개심을 연상시키는 경쟁심일 것이다.

6. 마르티나 나브로틸로바가 이 책에 등장하는 재능 있는 왼손잡이 중 유일한 동성애자는 아니다. 다른 동성애자들로는 미켈란젤로, 다빈치, 앨런 튜링이 있다.

7. 매켄로는 자서전에서 경기장에서의 분노가 자산이라기보다는 장애물인지에 관해 스스로 묻고 있다. 그는 분노는 상대방의 경기를 망치는 만큼이나 자신의 경기도 망칠 수 있으며 참을 수만 있었으면 참았을 것이라고 술회했다. 매켄로는 승리의 기쁨보다는 패배의 두려움이 더 강력한 동기부여라고 말했다. 그러나 다시 말하자면 매켄로의 분노는 드롭 발리 같은 변화무쌍한 샷처럼 자연스러운 것이다. 미켈란젤로처럼 그는 자기 안에 들어 있는 완벽을 향한 분노의 산물인 것이다. 많은 왼손잡이 천재들에 있어 명석함과 분노 사이에는 불가분의 관계가 있다. 이것은 왼손잡이는 자궁 속에서 과다한 남성호르몬에 노출되었을 때 형성된다는 이론에 무게를 더해준다. 확실히 나브라틸로바는 어릴 때 흔히 남자 아이로 오인받았고, 특히 초기에는 경기장에서 분노의 자기파괴적 가능성의 문제를 가지고 있었다.

나브라틸로바의 왼손잡이 기질

직관력 | 나브라틸로바의 플레이는 순수한 직관적 스피드가 있었고, 복식에서 그녀의 감탄할 만한 성공은 한 팀의 일부로서 일할 수 있는 능력을 보여주었다.

시각·공간 능력 | 그녀는 화려한 서브 앤드 발리 경기를 했고, 어려운 각도의 천재였다.

수평사고 | 나브라틸로바는 햄버거 중독으로 통통하게 살 찐 10대에서부터 40대에도 여전히 경기에서 이기는 믿을 수 없는 실력을 발휘했다. 그녀는 휘트니스 관련 책을 쓰기도 했는데 스포츠인들이 사회적 수요에 부흥하는 선두주자가 되었다.

화를 잘 내는 성격 | 전형적인 왼손잡이의 성격 급한 사람으로서 나브라틸로바는 경기장에서 폭발하는 성향이 있었고, 라켓을 부숴버린 적도 여러 번 있었다. 여류작가인 리타 메이 브라운과의 관계가 깨질 때에도 그랬다.

고독 | 테니스 선수들은 흔히, 본래 고독하다고 한다. 경기장의 그물 한쪽에서 홀로 경기를 하기 때문에. 나브라틸로바는 다양한 인간관계를 유지했지만 이 관계는 그녀의 승리를 위한 주된 필요성이 무엇이냐에 따라 변했다. 새로운 활력을 필요로 할 때는 그녀는 복식과 데이트 파트너를 모두 바꾸었다.

인습타파 | 나브라틸로바는 체코에서 망명했으며 자신의 동성애에 대해 후회하지 않는 최초의 스포츠 슈퍼스타였다. 그녀는 동성애적 성향의 대가로 수백만 달러의 값을 치르게 됐다. 그녀를 길러준 의붓아버지는 분노에 차서 차라리 그녀가 창녀가 되었으면 더 나을 뻔했다고 비난했다.

존 매켄로의 왼손잡이 기질

직관력 | 매켄로의 감각 플레이와, 선수생활 내내 계속된 적을 놀라게 하는 능력은 상대를 화나게 만드는 능력만큼이나 직관적인 선수의 표상이다.

시각 · 공간 능력 | 매켄로의 독특한 샷 각도는 특히 그의 우수한 시각 · 공간 능력이 작동하고 있음을 보여주었다.

화를 잘내는 성격 | 별명이 '슈퍼 브랫'인 매켄로는 왼손잡이 역사상 가장 괴팍한 성격을 가진 사람 중 하나이다.

인습타파 | 여러 가지 면에서 매켄로는 테니스에 불쏘시개 같은 기풍을 도입했다. 그는 고리타분한 윔블던 운영위원들에게 도전하고 이겼다. 그러나 〈뉴욕 타임즈〉는 그를 "알 카포네 이후 우리의 가치체계를 뒤흔든 최악의 광고"라고 표현했다. 그는 자신의 반골 이미지를 이용해 나이키와의 계약을 통해 수백만 달러를 벌었다.

공상가 | '공상가' 외에 어떤 말로 매켄로가 테니스 선수 후에 기타리스트가 되려는 시도를 설명할 수 있겠는가?

The Lefty White House Cluster

인 구 의 1 0 % 만 이 왼손잡이인데 최근 7명의 미국 대통령 중 네 명이 왼손잡이였다. 이는 놀랄 만한 통계이다. 왼손잡이의 행진은 리처드 닉슨Richard Nixon 대통령의 불명예 사임 후 1974년 제럴드 포드Gerald Ford가 대통령직을 인수하면서 시작되었다. 오른손잡이 지미 카터Jimmy Carter가 한 번 이 흐름을 깬 후 레이건Ronald Reagan, 부시George. H. W. Bush(아버지)와 클린턴Bill Clinton 모두 왼손잡이였다.

포드가 대통령직을 물려받았을 때 미국은 위기에 처해 있었다. 그가 근소한 차이로 카터에게 패했을 때, 처음 두 문제는 거의 해결되어 있었다. 이란 인질 위기로 얼룩진 첫 임기 후 카터는 왼손잡이의 캘리포니아 주지사 로널드 레이건에게 압도적으로 패했다. 왼손잡이 대통령의 상승세는 전세계적으로 좌익의 몰락을 가져왔다. 레이건 재임 시절에 점진적인 소련제국의 붕괴를 통해 미국의 힘은 극적으로 증가했다. 레이건이 두 번의 임기를 마친 후 왼손잡이 부통령 조지 부시가 그 뒤를 이었다. 그는 2차 대전 당시 전투기 조종사였고, 텍사스의 석유업자였으며 CIA 국장을 지냈고, 1863년 마틴 밴 뷰런Martin Van Buren 이후 처음으로 현직 부통령이 대통령에 선출되는 사례가 되었다.

부시는 1989년 베를린장벽이 무너졌을 당시 대통령이었으며, 첫 번째 걸프 전쟁에서의 승리를 이끌어 전세계에서 유일한 초강대국으로서의 새로운 지위를 견고하게 했다. 그러나 그는 경기순환의 파동에 희생되어 첫 번째 임기 후 카리스마 넘치는 색소폰 연주자이며 전임 아칸소 주지사인 같은 왼손잡이 빌 클린턴에게 패했다.

국제정세가 비교적 안정되어 클린턴은 1990년대 닷컴 붐으로 촉발된 두 임기 동안의 번영을 주도할 수 있었다. 그의 마지막 몇 년 동안 대통령으로서의 위치는 백악관 인턴사원 모니카 르윈스키Monica Lewinsky와의 성관계로 소용돌이친 부적절한 스캔들로 인해 심각하게 타격을 받았다. 미국이 다시 부시 George W. Bush 대통령의 두 번의 임기 동안 오른손잡이에게 돌아가서 좋아졌는지에 대해서는 의심의 여지가 있다.

제럴드 포드 1913~2006

리처드 닉슨이 미국의 대통령직을 사임한 후 제럴드 포드가 1974년 그 직을 물려받아 마무리를 깨끗이 정리해야만 했다. 협상기술과 보기 드문 정치적 정직성으로 전세계에 잘 알려진 포드는 닉슨이 저지른 피해를 원상복구하기 위해 노력했고, 베트남에서 마지막 미군 부대를 철수시키는 책임도 또한 부담하고 있었다. 네브라스카에서 출생했으나 미시건에서 자란 포드는 미국 중서부의 올곧은 가치의 정치적 화신이었다. 그러나 올곧은 가치만으로는 대통령으로 선출되는 것은 충분하지 못했다. 그는 닉슨 사면에 따른 예기치 못한 비난과 악화되어가는 경제 환경에 직면하여 1976년 대통령 선거에서 근소한 차이로 패배했다.

위대한 왼손잡이 미국 대통령 집단에 관해 가장 흥미로운 점 중 하나는 그들이 모두 폭력이나 알코올 중독자가 있던 가정 출신이라는 점이다. 이것이 왼손잡이들의 과격한 성격이나 마약중독에 취약하다는 통계와 관련이 있는지

◀ 제럴드 포드 38대 대통령(1974~1977), 로널드 레이건 40대 대통령(1981~1989), 조지 H. W. 부시 41대 대통령(1989~1993), 빌 클린턴 42대 대통령(1993~2001).

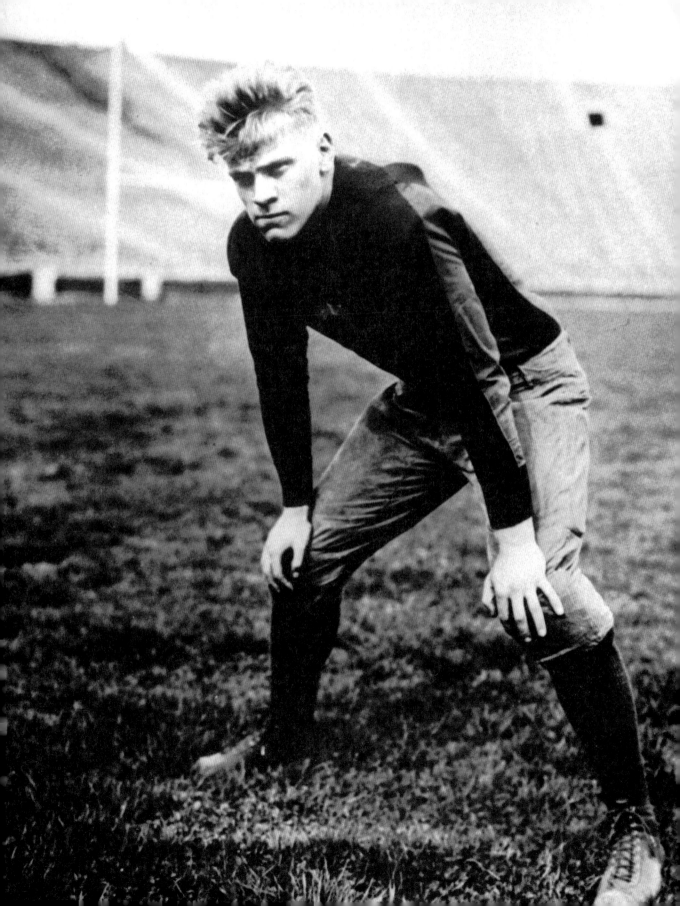

여부는 그들의 부모가 어떤 손을 주로 사용했는지 기록이 남아 있지 않아 불명확하다. 포드의 경우 생물학적 아버지가 가지고 있던 폭력성을 그 아들이 실제로 알기도 전에 집에서 나가버렸다. 포드의 어머니 도로시Dorothy는 레슬리 린치 킹Lesley Lynch King과 결혼했는데 그는 양털 무역업자였다. 그는 자기 아내에게 자주 폭력을 행사했다.

포드가 태어난 지 16일 후 킹이 정육점용 칼로 그의 아내와 아기, 유모를 죽이겠다고 위협한 후 부부는 헤어졌다. 포드와 어머니는 그녀의 부모가 살고 있는 미시간 주 그랜드 래피즈로 이사했다. 얼마 후, 그녀는 제럴드 루돌프 포드Gerald Rudolff Ford를 만나 재혼했는데 그는 페인트 및 광택제 회사의 판매원이었고 포드는 17세가 될 때까지 친아버지라고 믿고 있었다.

어린 시절 포드는 성질이 사나웠는데, 쉽게 화를 내는 경향이 있었다. 어머니는 그가 친아버지의 폭력적인 성향을 물려받았다고 걱정하면서 아들에게 화를 통제하는 법을 가르치기로 결심했다. 그가 화가 났을 때 그녀는 논리적으로 설득하고자 노력했고 방으로 들여보내 냉정을 되찾도록 했다. 이와 같은 성격의 조기순화가 포드로 하여금 양쪽이 대화하도록 다리를 놓는다든지, 협상을 한다든지, 격렬한 논쟁을 가라앉힌다든지 하는 데 재능이 있는 정치가가 되도록 하는 데 큰 역할을 했다.

포드가 청년 시절에 가장 뚜렷하게 재능을 보인 분야는 스포츠였다. 그는 논란의 여지없이 미국 대통령으로서 역사상 가장 훌륭한 육상선수였다. 고교 졸업 후 미식축구 장학생으로 미시간 대학에 진학했고 졸업 후에는 시카고 베어스와 그린베이 패커스에서 프로선수의 제안을 받았다. 그는 주로 센터나 라인 배커로 뛰었는데 두 포지션은 전략적 지능과 시각·공간적 기술이 요구되는 자리였다. 포드는 프로 미식축구와 권투 코치를 하면서 법학을 공부했다.

2차 세계대전 중 그는 해군에 입대했는데, 거기서 맡은 일은 항공모함 USS 몬테레이의 부항해사였다. 이곳에서도 뛰어난 시각·공간적인 능력을 잘 활용했다.

◀ 고등학교 미식축구팀의 주장이 된 후 포드는 미시간 대학에서 스타가 되었다. 포드의 운동 능력은 대통령으로서 얻은 "미련하다"는 평판과는 맞지 않았다.

군 복무 후 공화당 정계에서 활발하게 활동한 후 포드는 1949년 하원의원에 선출되었다. 그는 1973년 뜻밖의 사건으로 처음에는 부통령 그리고 후에는 대통령 자리에 오르게 될 때까지 하원에 남아 있었다. 다른 왼손잡이들과 달리 포드는 합의를 중시하는 인물로 과감한 입법활동보다는 중재인, 협상가로서 공감을 이끌어내는 기술로 잘 알려져 있다. 사태를 악화시키지 않는다는 그의 평판이 스피로 애그뉴Spiro Agnew가 탈세와 돈세탁으로 기소된 후 사임하자, 의회가 그를 부통령으로 선출하여 닉슨 옆에 슬그머니 앉힌 이유였다.

1974년 8월 9일 닉슨이 워터게이트 사건으로 사임하자 대통령의 명성이 심각하게 훼손된 바로 그때 포드는 대통령 자리에 '내동댕이쳐졌다'. 포드는 미국의 망가진 이미지 쇄신을 위해 최선을 다했다. 그가 재판이 열리기도 전에 닉슨을 사면시킨 일은 의혹을 불러 일으켰다. 사람들은 포드와 닉슨이 거래를 한 것으로 짐작했다. 그러나 거래는 없었다. 포드의 논리로는 닉슨을 사면하면 대통령 공직에 대한 피해를 최소화할 수 있다고 생각한 것이다. 그러나 사면이 야기한 논쟁은 경제 침체 하의 인플레이션 문제와 더불어 포드가 1976년 선거에서 지미 카터에게 패배한 주요 원인이 되었다.

포드는 일견 평범해 보이는 면에서 전형적인 왼손잡이는 아니었다. 그러나 그가 조정자가 되기 위해 일생을 바쳐 각별히 노력을 한데는, 불안정한 국외자가 적응하기 위해 노력하는 왼손잡이로서의 특색이 있었다. 일부 위대한 왼손잡이는 세상이 자기들에게 적응하도록 하는 권위를 획득함으로써 이 문제를 잘 헤쳐나간다. 이것은 민주주의 제도에서는 더 힘든 일이며 그것은 아마도 포드의 방법은 아닐 것이다. 그는 2006년 12월 26일, 93세라는 고령으로 사망했다.

▶1932년 대학을 중퇴한 뒤 레이건은 워너 브라더스에서 7년 동안 라디오 스포츠 아나운서가 되었다. 불황의 절정에 있을 때 그는 주당 75달러씩 벌었다.

로널드 레이건 1911~2004

레이건은 할리우드를 통해 대통령직에 도달했지만 여러 면에서 거의 통나

무 오두막 신화의 전형이다. 그는 일리노이 주 한 마을의 제방 꼭대기 다세대 주택에서 태어났고, 아버지는 구두 세일즈맨이었고 가족은 레이건이 9살 때 일리노이 주 딕슨에 정착하기까지 이사를 자주 다녔다. 레이건은 종종 작은 마을에서의 삶에 대한 감상적 공상에 빠져들어 어린 시절과 그 공상이 주는 교훈들을 낭만적으로 꾸미곤 했지만 그의 어린 시절이 항상 편안한 것은 아니었다. 아버지는 빈번히 실직하여 술독에 빠지기 일쑤였다. 왼손잡이 대통령이 자기의 유전자 속에 있는 폭력과 알코올 중독 성향을 극복한 또 하나의 사례였다.

딕슨 고등학교에서 레이건은 더 넓은 세계로 마음을 열어줄 수 있는 '이야기하기'와 '연기 능력'을 발견했고, 연설의 힘이 세상을 변화시킬 수 있다는 첫 번째 경험을 맛볼 수 있게 해주었다. 고등학교를 졸업하고 그는 유레카 대학을 다녔는데 그 학교는 집에서 멀지 않은 도시에 있는 작은 사립대학으로, 경제학과 사회학을 전공했다. 대학 졸업 후 레이건은 라디오 방송국에서 일하기 시작했다. 1932~37년 사이 아이오와 주의 드모인에 본사를 둔 WHO 방송국의 야구 아나운서가 되었을 때 그의 스포츠 사랑과 이야기하는 능력이 잘 결합되었다. 경기의 뼈대만 보여주는 전신보고서를 가지고 경기장에서 일어나는 일을 이야기 형태로 조합해내는 것이 레이건의 업무였다.

1937년 레이건은 워너 브라더스 영화사와 스크린 테스트를 성공적으로 마쳤고 계약배우로서의 영화 인생이 시작되었다. A급 스타는 아닐지라도 그는 여전히 전전(戰前)시대에 잘 알려진 남자 주연배우였다.

레이건의 사생활은 그 당시 할리우드의 가치와 미국의 주체 세력 사이의 간극을 잘 보여준다. 1940년, 그는 많은 영화에서 함께 연기했던 주연급 여배우 제인 와이먼Jane Wyman과 결혼했다. 그들은 딸을 하나 가졌고, 아들을 입양했으며 다시 딸을 하나 더 두었으나, 그녀는 어릴 때 죽었다. 1948년 그들은 이혼했다. 4년 후 그는 또 다른 여배우 낸시 데이비스Nancy Davis와 결혼했다. 그것은 깊은 사랑과 이해의 결합이었고 그녀는 죽을 때까지 그의 동반자였다.

레이건은 보수적인 정책을 펼친 데 비해 약간 인습타파적인 모습을 볼 수 있는데 그가 이혼 경력이 있는 유일한 미국 대통령이라는 점에서 그러하다.

전쟁 중 레이건은 적극적으로 군복무를 지원했으나 눈에 문제가 있어 부적격 판정을 받았다. 전후 그의 경력은 정치 쪽으로 옮겨가서 영화배우조합(SAG)의 조합장이 되어 사실상 노동조합의 리더가 되었다. 레이건 인생에 있어 이 단계를 그는 스스로 표현했듯이 "피가 멈추지 않는 자유주의자"였다.

그 자세는 공산주의의 집단적 위협에 대해 점증하는 반감으로 더욱 강화되었다. 영화배우 조합장으로서 레이건은 반미행동에 관한 상원 매카시위원회에서 일부 동료 배우들에 대해 부정적 증언을 했으며 FBI 정보원 역할도 했다. 아직 민주당원이었던 1950년대에 그는 아이젠하워와 닉슨 양쪽을 다 지지했다. 또한 대학에서 전공한 경제학으로 돌아와 하이에크Friedrich Hayek와 같은 자유주의 사상가가 옹호하는 자유시장이론으로 전향하게 되었다.

레이건의 영화 경력은 1964년 '더 킬러즈The Killers'와 함께 끝났다. 와써맨Wasserman이 계획한 토지거래의 혜택이 도움이 되어 레이건은 공직 후보로 충분한 재정적 독립성을 성취하게 되었다. 1966년 그는 캘리포니아 주지사가 되어 고용을 동결시키고 재정의 균형을 이루었다. 그는 또한 반베트남전 항의를 진압하기 위해 폭력을 사용할 준비를 했던 것에서 보여주듯, 왼손잡이 정복자의 잔혹함이 가미된 반자유주의적 경향도 동시에 보여주었다.

두 번의 주지사 임기를 마친 후 레이건은 1976년 대통령 선거에 나서 공화당 후보 지명전에서 보다 온건한 포드에 보수주의자로서 맞섰다. 처음에는 그가 불리했으나 1980년 지명전에서는 승리하여 지미 카터를 쉽사리 패배시켰다. 1984년에는 50개 주 중 49개 주에서 이기는 압도적 승리로 월터 먼데일Walter Mondale을 패배시켰다.

대통령으로서 레이건의 정치적 성향은 고전적 자유주의자였다. "미국 헌법 제정자들은 사람들을 통제하지 않고서는 경제를 통제할 수 없다는 것을 알았다. 그리고 그들은 정부가 통제에 나설 때에는 목적 달성을 위해 힘과 강압을 사용해야 한다는 것을 알았다. 그래서 이제 우리는 선택의 시간에 도달했다." 사실상 그는 두 가지를 모두 선택했다. 세금 감면과 국내 경제에 대한 규제철폐라는 레이거노믹스Reaganomics는 미국이 1970년대 불황에서 회복되는 데 도움이 되었으나 무너져가는 소련제국을 꼼짝 못하게 하기 위해 지출된 국방비는 그가 대통령 재임 초기 전세계에서 가장 큰 채권국이었던 미국이 임기 말에는 가장 큰 채무국으로 변화하는 데도 일조했다. 규제철폐 또한 부도덕한 재정 행위를 촉발시켰고 그 시대에는 저축대부 스캔들, 금융가의 여피족 열풍, 콘트라게이트 같은 안보 스캔들(니카라과의 좌익 정권에 저항하는 반군에 대한 지원을 위해 마약과 무기 밀매에 미국이 은밀히 개입하는 것을 승인한 사건)로 얼룩졌다.

의심할 여지없이 레이건의 주요 업적은 공산진영이 대체로 평화롭게 해체하도록 주도했다는 것이다. 그가 조지 부시에게 대통령직을 인계할 즈음에는 그가 혐오하던 공산주의는 끝장나 있었다. 레이건이 주로 수사학적 수단을 통해 획득한 승리였다. 그가 배우로서 습득한 기술들은 값을 매길 수 없을 만큼 가치 있는 것으로 증명되었다. 마가릿 대처Margaret Thatcher는 "그의 진지한 열변은 우리들을 지키기 위해 싸우도록 내보냈다"라고 평했다.

조지 부시 1924~

포드와 레이건, 클린턴이 상대적으로 미천한 배경에서 나왔다면 조지 H. W. 부시는 동부 출신의 명문 귀족으로 세상에 들어섰다. 부시의 아버지 프레스콧 부시Prescott Bush는 예일 출신의 부유한 상업은행가이자 상원의원이었고, 그의 외할아버지 버트 워커Bert Walker는 보수적 악덕자본가로서 월스트리트에서 주로 내부자거래를 통해 거대 부자가 되었다. 아마도 부시의 어린 시절 특징 중 포드, 레이건, 클린턴과 공통된 단 한 가지 특징은 문제 있는 아버지를 가졌다는 점일 것이다. 표면적 성공과 많은 재산에도 불구하고 프레스

▶ 부시는 2차 세계대전 중 공군으로 참전해 영웅적인 활동을 펼쳐 공군 수훈십자훈장을 받았다.

콧 부시는 술주정뱅이였으며, 아이들을 모범생으로 교육시키기 위해 지나치게 자주 매를 드는 경향이 있었다.

어린 시절부터 부시는 타고난 지도자임이 드러났다. 특수 사립고등학교 시절 부시는 상급반 반장이었으며 야구와 축구팀의 주장이었다. 1942년 졸업 후에는 해군에 입대하여 비행기 조종사가 되었는데, 조종사의 3차원 비행은 고도의 시각·공간적 능력을 요구한다. 전쟁에서 그는 알렉산드로스, 카이사르, 나폴레옹과 잔 다르크 같은 왼손잡이 전사에게서 볼 수 있는 뛰어난 용맹스러움을 보여주었다.

부시는 1944년 일본의 한 섬에 있는 시설물에 대한 기습 폭격에 나섰다가 맹렬한 대공포 공격을 받게 되었다. 부시의 비행기는 피격되어 승무원의 반이 사망했다. 엔진이 불붙고 있는데도 불구하고 부시는 목표물을 향해 비행을 계속했다. 목표물에 도착하자 그는 탑재된 폭탄을 모두 떨어뜨린 후 낙하산을 타고 바다에 떨어졌으며 4시간 후 잠수함에 의해 구조되었다. 그의 용맹함으로 공군 수훈십자훈장 메달을 받았는데 이것은 미국 최고의 공군 메달이다.

전쟁이 끝나자 부시는 결혼을 한 후에 대학에 갔다. 그는 가족의 아이비리그 전통에 따라 예일 대학을 다녔다. 포드처럼 그도 대단히 우수한 운동선수였다. 왼손잡이 1루수로서 그는 예일팀의 주장이었을 뿐만 아니라 1회와 2회 컬리지 월드 시리즈College World Series에 출전하여 2회 연속 준우승을 했는데, 이 두 번의 결승전이 예일대가 결승전에 진출한 유일한 경기였다.

부시는 레이건처럼 경제학 학위를 받고 졸업한 뒤 아버지와 외할아버지 회사에서 일하라는 제의를 거절하고 발전하는 석유산업에서 일할 기회를 찾게 되었다. 그는 아버지가 장기간 이사회 임원으로 있는 드레서 인더스트리즈 Dresser Industries의 자회사에 취업했다. 1953년에 그는 두 명의 동업자와 함께 자파타 오일Zapata Oil을 창업했다. 1950년대 말쯤에는 세 사람 모두 백만장자가 되었다. 부시는 또한 CIA가 쿠바 침공을 위한 교두보로 자파타의 해외자산을 이용하도록 허락했다. CIA 국장이 되기 전부터 부시는 명백히 스파이 활동에 대한 호감이 있었던 것 같다.

1964년 부시는 텍사스 주에서 상원의원 선거에 처음으로 뛰어들었으나 그를 '동부 거물들의 하수인'이라고 조롱하는 선거전에서 패배했다. 1966년에 하원의원에 선출되었고 즉각적으로 세입위원회에 지명됨으로써 그가 가지고 있는 인맥의 가치를 입증했다. 1968년 하원의원에 재선된 후, 1970년 상원의원에 입후보했으나 다시 패배했다. 닉슨은 그를 UN대사로 임명하고 그 다음에는 중국 파견 특명전권대사의 막중한 역할을 맡겼다. 포드가 대통령이 되자 그는 부시를 CIA 국장에 임명했는데 거기서 그는 기대와는 달리 개혁적인 아웃사이더가 아니라는 것이 입증되었다. 이러한 일들은 큰그림의 역학관계, 지정학적 전략에 대한 부시의 각별한 관심을 보여주는데, 이는 나폴레옹과 같은 사람을 그토록 훌륭한 장군으로 만든 여러 가지 시각·공간적인 기술의 추상적인 활용을 포함하는 것이다.

1980년 대통령 후보 지명전에서 레이건은 부시의 외교 능력을 부각시키면서 그를 부통령 후보로 지명했다. 포드와 록펠러의 경우처럼 그것은 왼손잡이 복식 팀이었다. 그는 두 번의 임기를 부통령으로 재직한 후 1988년 공화당 후보 지명전에서 승리하고 때마침 베를린장벽 붕괴에 맞추어 대통령에 당선되었다. 그때는 대통령의 역량이 외교정책에 집중된 시기로서, 부시의 외교 능력, 지정학적 지식, CIA 내부 지식 등이 헤아릴 수 없는 가치를 입증했다. 그러나 레이건 시대의 경제 호황에 이어 1980년대 말에는 미국 경제가 불황으로 미끄러져 들어갔다. 뛰어난 명문귀족으로서 부시는 미국 평민들을 멀리서 쳐다보고 있을 수밖에 없었다.

그는 레이건이 가지고 있던 공감을 이끌어내는 재능이 결여되어 있었고 그 대가를 치러야 했다. 그의 대선 공약이었던 세금동결에서의 후퇴와 더불어 제1차 걸프전을 적절히 끝내는 데 실패한 것도 재선 기회를 손상시켰다. 1993년 그는 같은 왼손잡이 빌 클린턴에게 대통령직을 인계했다.

빌 클린턴 1946~

여기 등장한 모든 왼손잡이 대통령 중 빌 클린턴이 가장 불우한 가정환경을 가지고 있다. 그의 생부인 윌리엄 블리드는 25세 때 이미 네 번의 결혼 경력이 있는 떠돌이 세일즈맨이었다. 윌리엄 블리드는 클린턴이 태어나기 석 달 전에 자동차 추돌사고로 사망했다. 클린턴이 4살 때 어머니는 아칸소 주 핫스프링 즈에서 중고차 판매상을 하는 로저 클린턴Roger Clinton과 재혼했다. 그의 친 아버지가 호색한이었다면 의붓아버지는 난폭한 알코올 중독자로서 클린턴의 어머니와 의붓동생을 학대했다.

어린 시절 클린턴은 색소폰 연주에 심취하여 직업으로 연주가가 될 생각도 해보았다. 그러나 그는 일찌감치 —우수하기는 하지만— 아마도 결코 위대한 연 주가가 될 수 없으리라는 것을 깨달았다. 클린턴은 이 책에 등장하는 많은 왼 손잡이들과 달리 —그러나 모든 왼손잡이 대통령들과 마찬가지로— 학문적으로 탁월했다. 공부는 행복하지 못한 가정환경에서 탈출할 수 있는 기회였다. 그 는 각 주에서 가장 우수한 학생 두 명을 워싱턴으로 보내 정부에 대해 배우게 하는 보이즈 네이션Boys Nation에 대표로 참석했다. 거기서 그는 존 케네디 대 통령을 만났다. 이 사건이 그에게 정치가의 꿈을 만들어준 계기가 되었다.

클린턴은 워싱턴 주 조지타운 대학에 진학하여 장학금을 받아 외교학을 공 부하다가 1968년 옥스퍼드에 유학하는 로즈 장학금을 받았다. 옥스퍼드에서 그는 술과 마약, 베트남전에 대한 반대, 럭비를 했고 엘리트들과 어울렸다. 전 임자인 조지 부시와 마찬가지로 클린턴은 강력한 외교정책을 강조하는 대통 령 업무를 이끌었는데 이는 아마도 그의 이질성과 적응력에 대한 왼손잡이로 서의 재능과 관련이 있는 것 같다. 클린턴은 또한 정계에 입문하기 전에 해외 에서의 생활 경험이 있는 몇 안 되는 대통령 중 한 명이다.

포드나 부시와 마찬가지로 그도 예일대로 가서 법학을 공부하고 1973년 졸 업 후 아칸소로 돌아와 정치 경력을 쌓기 시작했다. 1978년 32세의 나이로 그 는 전국 최연소 주지사가 되었다. 교육의 혜택을 받은 그는 모든 사람들에게

▶ 어린 빌 클린턴은 1963년 워싱 턴을 방문해 보이즈 네이션의 대표 로서 케네디 대통령을 만났다.

이용 가능한 교육 기회를 만들기 위해 자금을 투입했다. 1980년 재선에 실패했으나 끈기 있게 도전하여 1982년에는 자기 자리를 되찾고 1992년 대통령 선거를 위해 사임할 때까지 그 자리를 유지했다.

1992년 대통령 선거에서 승리한 클린턴은 1996년에는 프랭클린 D. 루즈벨트 이후 최초로 연임에 성공한 민주당 대통령이 되었다. 클린턴의 대통령 재임 기간은 미국에서는 위대한 번영의 시대였다. 그의 —부시가 가지지 못했던— '감정에 입각한 통치' 능력은 레이건과 흡사했다. 그들은 둘 다 자신의 매력을 변방에서 국가의 중심부로 진출하는 데 이용했다. 두 사람 다 허구를 확신을 가지고 이야기하는 능력을 포함해 위대한 배우의 연기 능력을 가지고 있었다. 어떤 정치 평론가들에 의하면 클린턴의 가장 위대한 능력은 자기의 아이디어를 유권자의 어떠한 생각에도 적용시킬 수 있는 능력이었다. 불행히도 그의 두 번째 임기는 모니카 르윈스키 스캔들과 연이은 마녀사냥으로 탄핵소추에까지 이르면서 진흙탕에 빠졌다. 그러나 정계를 떠난 이후에도 클린턴은 국제적 문제에 있어 중요한 존재로 남아 있다.

왼손잡이들의 공통점

~

1. 이 글을 쓰고 있을 때, 2008년 미 대선에서 왼손잡이가 다시 대통령직을 맡게 될 가능성이 보인다. 공화당이 어려운 상황에 빠진 동시에 유력한 민주당 후보 버락 오바마Barack Obama 또한 왼손잡이이다. 공화당에서는 상원의원 존 매케인John McCain이 또한 왼손잡이다.

2. 대통령 선거에서 모든 후보자들이 왼손잡이였던 전례가 있었다. 1992년 대통령 선거에서 세 명의 후보자가 모두 왼손잡이였다. 조지 H. W. 부시, 빌 클린턴과 무소속의 텍사스 주 출신 로스 페로이다. 미국의 43명의 대통령 중 7명(16%)이 왼손잡이였고, 이는 전 인구의 10%보다 높은 비율이다. 이는 성취 스펙트럼의 상위에 왼손잡이들의 비율이 더 높다는 이론을 뒷받침한다. 다른 3명의 왼손잡이 대통령은 20대 제임스 가필드James Garfield(1831~81)였는데, 그는 취임한 지 6개월 만에 암살당했다. 31대 대통령은 허버트 후버Hervert Hoover(1874~1964)였는데, 그는 대공황 기간인 1929~33년 사이에 대통령직에 있었다. 그리고 해리 S. 트루먼Harry S. Truman(1884~1972)은 루즈벨트가 사망하자 1945년에 대통령이 되었고, 1948년 선거에서 역전하여 승리함으로써 두 번째 임기를 수행했다.

3. 지금까지 알려진 왼손잡이 대통령들이 특히 흥미로운 것은 상대적으로 다른 나라의 유명한 왼손잡이 정치인들이 알려지지 않았기 때문이다. 이는 아마도 정부지도자는 다수에 포함되는 사람을 좋아하기 때문일지도 모른다. 그러나 여기에는 예외가 있다. 인도 건국의 아버지인 마하트마 간디, 쿠바의 지도자 피델 카스트로Fidel Castro, 이스라엘의 전 국무총리 벤야민 네타냐후Benjamin Netanyahu, 현재 이스라엘의 국무총리 에후드 올메르트Ehud Ohlmert, 미국 기독교 보수파 팻 로벗슨Pat Robertson, 아일랜드에서 오랫동안 총리를 지낸 버티 아헨Bertie O'hearn, 호주의 외무장관 알렉산더 다우너Alexander Downer, 일본의 변덕

스러운 우익 보수파 도쿄 시장인 이시하라 신타로Ishihara Shintaro와 인종차별 시대의 끝을 가져다준 남아공 대통령 데 클레르크F.W. De Klerk가 그들이다. 영국에서는 총리 제임스 캘러핸James Callaghan만 왼손잡이였다. 윈스턴 처칠은 종종 왼손잡이로 알려지곤 했다. 그가 비록 왼손잡이의 특성을 가지고 있고 왼손잡이로 바꿨을지도 모르지만 그것은 사실이 아니다.

제럴드 포드의 왼손잡이 기질

직관력 ｜ 모든 성공한 정치인들은 그 주변에 있는 사람들이 무슨 생각을 하고 있는지와 순간적으로 판단하는 능력을 포함한 직관적인 노하우가 있어야 한다. 포드는 이러한 소질이 있었으나 그 능력들이 뛰어나지는 않았다.

시각·공간 능력 ｜ 포드의 정치 경력에는 해당되지 않지만 이 능력은 그의 스포츠와 해군 경력에서 분명히 드러난다.

화를 잘 내는 성격 ｜ 포드는 아버지의 나쁜 성격을 물려받았지만 어머니의 교육으로 성격을 개조했다.

공상가 ｜ 포드는 정말로 그가 닉슨을 사면하는 것을 대중이 받아들일 것이라고 생각했을까?

로널드 레이건의 왼손잡이 기질

직관력 | 레이건은 자신의 주장을 관중들에게 어떻게 알려야 하는지에 대한 배우의 직관력을 가지고 있었다.

감정이입 능력 | 레이건의 서민적이고 아버지 같은 정치적 인격은 미국 국민들에게 매력적이었다.

인습타파 | 레이건은 이혼 경력이 있는 첫 대통령이었다. 또한 케네디 대통령 시절 신념을 찾아서 민주당에서 공화당으로 옮겨가던 때 정치적인 불이익을 감수하는 과감함을 보여주었다.

공상가 | 레이건은 미국의 이상을 "해방과 자유가 빛나는 도시"라고 선언했다.

조지 부시의 왼손잡이 기질

시각·공간 능력 ｜ 부시의 비행기 조종과 야구 실력에서 이 특성이 보이지만 또 체스에서 지정학적 전략만 고집하는 것에서도 이 특성이 보인다.

수평사고 ｜ 부시는 어렸을 때 짓궂은 장난으로 유명했는데, 그가 최고의 자리로 오르는 데는 남다른 전환점이 있었다. 스파이 게임을 하던 시절에, 그에게는 어떤 것을 다른 것처럼 보이게 만드는 능력이 있었다. 예를 들어, CIA가 불법으로 이란에 무기를 팔아 니카라과에 있는 우익 게릴라를 지원한다고 본 미심쩍은 이란 콘트라 사건이 그렇다.

공상가 ｜ 부시는 CIA의 비밀스럽고 위협적인 것들을 평생 동안 사랑했다.

빌 클린턴의 왼손잡이 기질

⌣

공감 | 클린턴은 미국의 정치 무대를 빛나게 해준 가장 카리스마 있는 정치인 중 한 명이다. 또한 상대로 하여금 자신과 함께하는 유일한 사람이라고 느끼도록 만드는 능력이 탁월하다.

수평사고 | 대통령직에 있을 때와 그 후, 클린턴은 국제관계에 있어서 골치 아픈 정치적 문제에 다변적인 해결책을 강력하게 지지했다.

화를 잘 내는 성격 | 클린턴의 화를 잘 내는 성격은 측근 조지 스테파노풀로스George Stephanopoulos의 보고에 잘 나타나 있다. 클린턴은 소말리아 사태에 대해 "우리는 그 녀석들에게 고통을 주는 것이 아니다. 사람들이 우리를 죽이면 그들은 훨씬 더 많은 사람들이 죽게 될 것이다. 나는 누군가를 다치게 하려는 사람은 반드시 죽는다는 것을 믿는다. 그리고 나는 우리가 이런 시시한 놈들에게 멸시받고 있다는 것을 믿을 수가 없다"라고 반응했다.

실험정신 | 클린턴은 마리화나 담배를 피우기는 했지만 흡입하지는 않았다.

공상가 | 클린턴은 오럴섹스를 성관계와 다른 문제로 생각했다.

Ackroyd Peter, Brief Lives: Newton, Chatto and Windus, 2006

Adams Tim, Being John McEnroe, Yellow Jersey Press, 2004

Arnstein Walter L., Queen Victoria, Palgrave Macmillan, 2003

Blackwell Michael, Lewis Carroll; a Biography, William Heinemann, 1996

Blue Adrianne, Martina Unauthorized, Gollancz, 1995

Bragg Melvyn, On Giants' Shoulders: Great Scientists and their Dicoveries from
        Archimedes to DNA, Hodder and Stoughton, 1998

Brunskill Ian(ed), Great Lives: A Country in Obituaries, Times Book, 2005

Calder Angus, Gods, Mongrels and Demons, 101 Brief but Essential Lives,
        Bloomsbury, 2003

Carroll Lewis, Alice' s Adventures in Wonderland, Though the Looking Glass, and
        The Hunting of the Snark, Bodley Head, 1974

Cohen, Morton N., Lewis Carroll: A Biography, Macmillan, 1995

Collier, Peter and Horowitz, David, The Fords: An American Epic, Encounter
        Books, 2002

Coren Stanley, The Left- Hander Syndrome, The Free Press, 1992

Crossen Cynthia, The Rich and How They Got That Way, Crown Publishers, 2000

Dry Sarah, Curie, Haus Publishing, 2003

Fincher Jack, Lefties: TheOrigins and Consequences of Being Left-handed, Barnes
        & Noble, 1977

Freeberg S. J., Painting in Italy 1500-1600, Pelican, 1990

Gardner Howard, Creative Minds, Basic Books, 1993

Gergel Taina(ed), Alexander: Selected Texts from Arrian, Curtius and Plutarch,

Penguin, 2005

Gleick James, Isaac Newton, Pantheon, 2003

Goffen Rona, Renaissance Rivals: Michelangelo, Leonardo, Raphael, Titan, Yale University Press, 2002

Gordon Mary, Joan of Arc, Penguin, 2000

Hodges Andrew, Alan Turing: The Enigma, Simon and Schuster, 1983

Hollingdale, R. J., Nietzche: The Man and His Philosophy, Cambridge University Press, 1999

Kemp Martin, Leonardo, Oxford University Press, 2004

Lamb Brian, Booknotes Life Stories: Notable Biographers On the People Who Shaped America, Three Rivers Press, 1999

Lucie-Smith Edward, Joan of Arc, Allen Lane, 1976

Lynn Kenneth S., Charlie Chaplin and his Times, Simon and Schuster, 1997

McEnroe John, Serious, Little Brown, 2002

McManus Chris, Right Hand, Left Hand, Phoenix, 2003

Menu Bernadette, Ramesses the Great: Warrier and Builder, New Horizons, 1999

Miles Barry, Many Years from Now, Vintage-Random House, 1998

Montville Leigh, The Big Bam: The Life and Times of Babe Ruth, Doubleday, 2006

Nicholl Charles, Leonardo da Vinci: Flights of the Mind, Viking, 2004

Orga Ates, Beethoven: His Life and Times, Midas Book, 1978

Quinn Susan, Marie Curie: A Life, William Heinemann, 1995

Shepherd Rowena and Rupert, 1000 Symbols, Thames and Hudson, 2002

Sofri, Gianni, Gandhi and India, Windrush Press, 1999

Strachey Lytton, Queen Victoria, Chatto & Windus, 1922

Twain Mark, The Adventures of Huckleberry Finn, Penguin, 1966

Twain Mark, The Advantures of Tom Sawyes, Penguin, 1986

Tyldesley Joyce, Ramesses: Egypt's Greatest Pharaoh, Penguin, 2001

Vasari, Giorgio, Lives of the Painters, Sculptors and Architects, translated by

Gaston de Vere, Everyman, 1996

Wallace James, Hard Drive: Bill Gates and the Making of the Microsoft Empire Harper Collins, 1993

West Thomas G., In the Mind's Eye: Visual Thinkers, Gifted People with Dyslexia and Other Learning Difficulties, Computer Images and the Ironies of Creativity, Prometheus Books, 1991

Wolman David, A Left-Hand Turn Around the World: Chasing the Mystery and Meaning of All Things Southpaw, Da Capo Press, 2005

Woodcock George, Gandhi, Fontana, 1972

Wright, Ed, Celebrity Family Tress: The World's Most Celebrated and Scandalous Dynasties, Pier 9, 2006

Wullschlager Jackie, Inventing Wonderland, Methuen, 1995

Wyn Jones David, The Life of Beethoven, Cambridge Univeristy PRESS, 1998

Ziff Larzer, Mark Twain, Oxford University Press, 2004

(ㄱ)

가우가멜라Gaugamela 45

건초열 308

게테족Getae 39, 42~44, 50

견신론(접신론) 357

결정문제decision problem 304

고르디아스의 매듭 40~42

고제Godse Nathuram 266

골족Gaul 52, 57, 59

그라나치Granacci, Francescco 95

그랑제꼴Grandes Ecoles 245

글렌 굴드Glenn Gould 163

기를란다요Ghirlandajo, Domenico 95

(ㄴ)

나움부르크Naumburg 215

네루Nehru, Jawaharlal 263

네타냐후Netanyahu Benjamin 391

네프리타리Nefretari 32

넬슨Nelson, Horatio 149

닉슨Nixon, Richard 375, 377, 380, 383, 387, 393

(ㄷ)

다리우스Darius, King of Persia 45

다비드David 95, 98, 100~101

다테 기미코 371

도지슨Dodgson, Charles 187, 194

두치오di Duccio Agostino 100

뒤노아Dunois 69, 72

뒤러 알브레이트Durer Albrecht 118

드라이든Dryden Spencer 283

드뷔시Debussy, Claude 161

디라키온Dyrrhachium 60

디세뇨오Disegno 95, 100

디오 카시우스Dio Cassius 118

디오니시언Dionysian 56

딜런Dylan, Bob 340~341

(ㄹ)

라불리온Rabulione 135

라우렌치아나 도서관the Laurentian Library 118

라 퓌셀La Pucelle 75

라흐마니노프Rachmaninoff, Sergei Vasilyevich 163

러시모어 산Mountain Rushmore 32

레Re 23

레논Lennon, John 328, 332, 334~337, 340

로베스피에르Robespierre 137, 159

로셀리노Rossellino Antonio 100

로이Roy, Arundhati 255

뢴트겐Röntgen Wilhelm 247

루아르 계곡Loire Valley 74

르윈스키Lewinsky, Monica 377, 390

리델 가Liddell Family 184, 192, 194

리츨Ritschl Friedrich 215~216

리탈린Ritalin 201, 289

(ㅁ)

마르시아스Marsyas 37

마이크로소프트Microsoft 106, 344, 347~350, 352~354, 356

마틴Martin, Theodore 173

말러Mahler, Gustav 157, 161

매카시McCarth, J. R. 281~282, 285, 383

맥마너스Mcmanus, Chris 131

메디치 예배당Medici Chapel 118

모나리자Mona Lisa 78, 81, 114

모차르트Mozart, Wolfgang Amadeus 153~154, 157

무르실리Mursilli 24~25, 28

무와탈리스Muwatallis 23~24

미르보Mirbeau, Octave 241

(ㅂ)

바그너Wagner Richard 157, 161

바라스Barras 137

바사리Varsari, Giorgio 84, 115

바젤Basel 216~217

바흐Bach, Emanuel 163

박 소희Park Sohee 220

발모럴 성Malmoral Castle 173

벤야민Benjamin, Walter 283

배로Barrow, Isaac 125

번연Bunyan, John 187

베로키오del Verocchio, Andrea 82, 84

베르네Vernet, Horace 140

베르텔레미Berthelemy, Jean-Simon 42

보드리꾸르de Baudricourt 68

보리Borg, Bjorn 360, 364, 366~369

봄브Bombe 307

부케팔로스Bucephalas 37~38, 45

블라바츠키Blavatsky 209

비틀즈Beatles 322~323, 328, 332, 334~337, 341~342

빅토리아 왕조Victorian 165, 184

(ㅅ)

사르트르Sartre, Jean Paul 216

사보나롤라Savonarola 97

사티아그라하Satyagraha 260

삼왕예배 84

색스니Saxony 143

세트Seth 23

세티 1세Seti I 20, 22~23, 31

쇼펜하우어Schopenhaur 212, 215

시농Chinon 72

슐포르타Sculpforta 215

스와라즈Swaraz 263

스케르초Scherzo 157

스타Starr, Ringo 336~337, 341

스포르자Sforza Francesco 85, 98

스푸마토Sfumato 83, 115, 81

시스티나 대성당the Sistine Chapel 93,
101~102, 104~105, 107, 111, 115, 131

시에예스Sieyes 141

(ㅇ)

아르마냑Armagnac 66

아리스토텔레스Aristotele 38, 49, 127,
131, 217, 221

아문Amun 23

아부 심벨Abu Simbel 31~32, 28

아폴로니언Apollonian 217

아피아 가도the Appian Way 56

아헨O'hearn, Berti 391

암리차르Amritsar 263

야파Jappa 148

어도비 포토샵Adobe Photoshop 352

에니그마Enigma 300, 306~309

에세네이Essanay 277

에셔Escher. M. C. 118

역서mirror writing 81, 91, 195

예나Jena 143, 180

오노Ono, Yoko 336

오바마Obama, Barack 391

올메르트Ohlmert Ehud 391

우첼로Ucello 90

울스소프Woolsthorpe 125~126

움라우프Umlauf, Michael 161

이수스Issus 46

이집트Egypt 20, 22~25, 28, 31, 35, 38,
51, 141~142, 150

(ㅈ)

잔 다르크Joan of Arc 33, 65~66, 68~69,
72, 74~77, 172, 209, 216, 267, 325, 386

잭슨Jackson, Michael 332, 338

조비오Giovio, Paolo 97

조세핀Josephine, wife of Napoleon
137, 146

주세페Guiseppe 135

(ㅊ)

치틀런 서킷Chitlin Circuit 320

(ㅋ)

카데시kadesh 20, 22~24, 28, 31, 33

카라라Carrara 100

카발리에리del Cavalieri Tomasso 107

카터Carter, Jimmy 375, 380, 383

카테리나Caterina 81

캘러핸Callaghan, James 392

케루악Kerouac, Jack 216

코모두스Comodus 63

코스텔로Costello, Elvis 338

퀴리, 피에르Cuire, Pierre 244~245, 247

크로울리Crowley, Aleister 209

크세르크세스Xerxes 44~45

클레멘스 Clemens, Samuel 198, 200~201, 203, 205~206

클레이토스Clitus 50

(ㅌ)

테니얼Tenniel, John 188

테베Thebes 20

툴롱Toulon 136~137

트라키아Thrace 35, 39

트래몰로 바Tremolo Bar 316

티레Tyre 50, 148

티베리우스Tiberius 63

티치아노Tiziano 115

틴 리지Tin Lizzie 224

(ㅍ)

파르네세 궁전Palazzo Farnese 118

파르살루스Pharsalus 61

파올리Paoli, Pasquale 135~136

페루지노Perugino, Pietro 111, 114~115

폼페이우스Pompeius 60~62, 64

푸자Pooza 256

프라사드Prasad 256

프타Ptah 23

플리버Fliwer 224

피람세스Piramses 31

(ㅎ)

하리잔Harijans 265

하이에크Hayek, Friedrich 383

하일리겐슈타트Heiligenstadtd 154, 157

하투실리Hattuslli 24~25

하트포드Hartford 206

해리슨Harrison, George 332, 334, 336

허클베리 핀Huckleberry Finn 200, 202, 205~206, 208, 210

헤어조그Herzog, Werner 104

호렘헤브Horemheb 22

혼맨Horneman, Christian 153

홀바인Holbein, Hans 118

훼이트빌Fayetterville 290

히타이트Hittites 20, 23~25, 28, 33

왼손이 만든 역사: 람세스에서 빌 클린턴까지, 위대한 왼손잡이들의 역사

1쇄 인쇄 2008년 6월 27일
1쇄 발행 2008년 7월 10일

지은이 에드 라이트 · **옮긴이** 송설희, 송남주
펴낸곳 도서출판 **말글빛냄** · **인쇄** 삼화인쇄(주)
펴낸이 박승규 · **마케팅** 최윤석 · **편집** 성혜연 · **디자인** 진미나
주소 서울시 마포구 서교동 463-3 성화빌딩 5층
전화 325-5051 · **팩스** 325-5771
등록 2004년 3월 12일 제313-2004-000062호
ISBN 978-89-92114-32-5 03900
가격 24,500원

*잘못된 책은 바꾸어 드립니다.